FOCA **INVESTIGACIÓN**

99

Diseño interior y cubierta: RAG

Director de colección
Javier Ortiz

Sector Foresta, 1
28760 Tres Cantos
Madrid - España

Tel.: 918 061 996
Fax: 918 044 028

www.foca.es

ISBN: 978-84-96797-21-5

Depósito legal: M-18.059-2009

Impreso en Cofás, S. A.
Móstoles (Madrid)

IÑAKI ANASAGASTI

UNA MONARQUÍA PROTEGIDA POR LA CENSURA

FOCA

CAPÍTULO I

ESTE LIBRO

Puede que usted piense que estas páginas constituyen un libro biográfico más sobre el rey y su familia. Últimamente ya no sólo se editan tediosas obras laudatorias sobre D. Juan Carlos y su hijo, sino que empiezan a asomar por las librerías títulos como *El Pecado Original de la familia Real Española* de Josep Carles Clemente, *Retrato de un matrimonio* de Jaime Peñafiel, *Juan Carlos I, el último Borbón* de Amadeo Martínez Inglés, *La Corona está que arde* de Fernando Gracia y otros títulos escritos quizás al calor de las polémicas de 2007 y de los cumpleaños del rey y de su hijo. No son muchos, aunque estos libros por otra parte, comienzan a hablar desenfadadamente de los negocios del rey y su familia, de sus amistades peligrosas y de cómo se llevan personalmente unos con otros, cuestiones oportunas pues a fin de cuentas al rey y a su familia les pagamos todos su sueldo y sus caprichos con dinero público.

Por eso quizás una cierta originalidad de este libro consiste en que por primera vez está escrito desde la política y el fallido control parlamentario tratando de apuntar algo que es una evidencia: la actual Monarquía española aparece en todas las encuestas como la institución más valorada porque se sabe muy poco de ella y lo que se sabe está perfectamente diseñado para que usted crea que todo el monte es orégano.

Quizás en los años 1976 y 1977 fue necesario que así lo creyéramos para que el paso de una dictadura a una democracia resultara lo menos traumático posible para la convivencia, pero, treinta, años después, no creo que se puedan seguir manteniendo las mismas fábulas impropias de una democracia madura. ¿O no es una democracia madura la española?

Parece que no, pues sigue habiendo una especie de conspiración de silencio, en la que participan políticos, personalidades de todo tipo y medios de comunicación social, en torno a la familia real para seguir diariamente manteniendo la convención de que es ésta la única fórmula válida en la actualidad para que España no se rompa o para que no acabemos a garrotazos los unos contra los otros.

Quizás esta política se sigue llevando, bien porque la democracia es frágil y necesita la censura y la autocensura para mantener en pie sus instituciones, bien por una cierta inercia y comodidad porque a quien ose levantar el velo se le acusará de desestabilizador o de buscador fácil de notoriedad, dos puñetazos en medio de la nariz que no todo el mundo está dispuesto a soportar. A fin de de cuentas, se vive mucho mejor sin meterse en demasiados líos. Y aludir críticamente a la Monarquía no es políticamente correcto ni al parecer de buen gusto.

Y sin embargo es preciso ir diciendo que el rey está desnudo, que su legitimidad de origen no es democrática, por más que aparezca en títulos y artículos de una Constitución aprobada democráticamente en 1978; que su vida privada no es nada ejemplar; que sus gastos y sus relaciones con amigos comisionistas son impropios, y que su falta de responsabilidad ante el delito es algo único en una Europa democrática. Y la explicación de por qué digo estas cosas y de por qué un buen día me harté de seguir haciendo el papel de buen chico la encontrará usted en estas páginas.

Un periodista, Luis M. Anson, nada sospechoso de no ser un ejemplar monárquico, aunque no un «juancarlista» furibundo, sino más bien un «juanista» consecuente, dijo no ha mucho que «las cosas han cambiado, y las gentes que rodean al rey tienen que recapacitar. Tienen que programar sus actividades teniendo en cuenta lo que ha pasado en 2007. Si las cosas no se hacen, habrá críticas».

Ignacio Escolar, ex director de *Público*, el día del setenta cumpleaños del rey reflexionaba así:

> Estos días, a cuenta de su 70 cumpleaños, la conspiración de silencio se ha quedado sin adjetivos con los que edulcorar aún más las hagiografías reales. Y es cierto que en estos últimos 32 años España ha vivido el mejor periodo de su historia. Pero dentro del binomio «Monarquía democrática» tiene más mérito en nuestro éxito la democracia que la Monarquía, que es irresponsable según la Constitución tanto para lo bueno como para lo malo.

Al rey hay que estarle agradecido por traer sin sangre la democracia a España. Pero para muchos, la Transición es algo tan lejano como la isla de *Perdidos*, algo que sólo existe en la tele, en *Cuéntame cómo pasó*. Y los agradecimientos se ganan, no se heredan. El tabú real sólo se ha roto en la parte inane del cotilleo, la de la prensa del corazón, y sin tocar nunca al rey. No hay más libertad de expresión por publicar unas fotos de la princesa en bikini. No hay más transparencia en las cuentas del rey por nombrar a un interventor civil, y no militar, si de todas formas no se cuenta qué se hace con el dinero. Con nuestro dinero. Puede que en España, en el año 2000, existiese una conspiración de silencio en la que participaban todos los medios de comunicación. En el año 2008 que ahora empieza ya no es así.

LA INSTITUCION MÁS VALORADA

Sin embargo, hay gente a la que le gusta que le engañen. A mí no. Y si lo hacen, protesto, y, si soy parlamentario, pregunto. De ahí que uno de los comentarios que más me sacan de quicio sea el que dice que la Monarquía es la institución más valorada de acuerdo a unas encuestas amañadas cuyas preguntas son genéricas y condicionan previamente las respuestas. Es como si a usted le preguntan si quiere ser más guapo o guapa y dice que sí, pero si le preguntan si está de acuerdo con pasar por el quirófano y tener un postoperatorio, seguramente dirá que no quiere complicarse la vida.

Preguntar por el rey sin tener en cuenta sus cacerías, sus dispendios, sus amistades peligrosas y sus negocios con Javier de la Rosa, Mario Conde, Ruiz Mateos, Manuel Prado y demás comisionistas y sin preguntar por sus aventuras extramatrimoniales o sus extrañas desapariciones, ni por sus larguísimas vacaciones, supone seguir reconociendo que la censura y la autocensura son permisibles en un sistema democrático. Bien es verdad que a ello colabora un acrítico gobierno que impide el control parlamentario y unos medios de comunicación que siguen manteniendo el discurso *souflé* de una institución sin lunares.

Pero lo ocurrido en el 2007 no fue cosa menor. Por espacio de dos meses y a raíz del secuestro de la revista *El Jueves* se abrió la espita; sobre todo a la gente joven le gustó aquello, aunque no la quema de fotografías y efigies del monarca, pero sí que se tocara el tabú. No se entiende el viaje de los reyes nada menos que a Ceuta y a Melilla, ni la reunión en octubre del Consejo de Defensa Nacional, ni la celebración del setenta cumpleaños del rey por todo lo alto, de no haber habido aquel fortísimo cuestionamiento público que se saldó silenciando cualquier opinión crítica.

«Me acaban de legalizar» cuenta la leyenda que comentó el rey cuando se aprobó en la Comisión Constitucional el título II referido a la Corona. Ahora, treinta años después, sólo falta que comente: «Me tengo que normalizar», y quizás del «juancarlismo» se pase a la Monarquía institucional moderna y controlable, aunque para algunos lo más serio y democrático sería una República surgida del sufragio popular.

LA TEORÍA DE LA CONSPIRACIÓN

Cuando no se quieren abordar los temas de fondo, siempre hay alguien que saca a pasear la teoría de la conspiración (en tiempos de Franco llamada judeo-masónica) y la pone a circular para explicar lo que pasa. Me refiero con esto al hecho de que, de repente, la Monarquía se pusiera en cuestión y ciertas actitudes reales se hayan empezado a criticar sin cortapisa alguna. Algo sorprendente porque no estaba en el guión.

Unos dicen que detrás de este terremoto está la derecha más extrema, que no admite las carantoñas del rey al socialismo y a los nacionalismos. Otros que son los nacionalismos los que están contra el rey, porque el monarca es el símbolo de la unidad y permanencia del Estado español y hay que ir a por él.

Creo que las cosas son mucho más sencillas.

Y lo digo por mi experiencia.

Yo me enfrenté con dureza al rey, en la tribuna del Congreso, por su actitud en la guerra de Iraq. La gente no se acuerda de estas cosas, pero mientras la calle ardía y Aznar nos hurtaba el debate parlamentario, revisé la Constitución, y en su artículo 63-3 vi decía que el rey, previa autorización de las Cortes Generales, declaraba la guerra y hacía la paz. Y como lo de Iraq era una guerra, quisimos que nos recibiera. Una palabra suya, un gesto quizás, hubiera parado la locura de Aznar o se lo hubiera puesto más difícil. No lo hizo y sólo recibió a Zapatero. Nunca nos dieron la menor explicación, y aquello para mí fue muy grave. ¿Culpable? El rey y el jefe de la Casa Real, Alberto Aza.

Tras este comportamiento, que me demostró que la Monarquía no era ni muy útil ni muy ejemplar, he tratado de lograr que sus gastos sean controlados, que se sepa dónde está cuando desaparece, que su familia, que no está contemplada como tal en la Constitución, como base de poder, pase al ámbito de lo privado, y que todo ese cortesanismo barato, de genuflexiones y cabezazos, se actualice en saludos respetuosos pero sin servilismo.

En el verano de 2007, tras el secuestro de *El Jueves* por el juez Del Olmo a cuenta de una caricatura, escribí que me parecía más grave que un dibujo el que unos empresarios mallorquines le regalasen al rey el *Bribón 14* y que nadie puediera fiscalizar estas dádivas, pero debí cometer un grave delito, que fue introducir en el escrito la palabra «vago», no tanto dirigida al rey sino a parte de su entorno. Es lo que en todos los corrillos madrileños se comenta, pero al parecer no se puede decir en público. Y se armó la marimorena.

Como era de esperar, se cogió el rábano por las hojas y luego vino todo lo demás. Curiosamente, fueron los programas llamados rosas quienes rompieron la veda y abrieron la puerta. No los informativos. Y no dejó de ser éste un dato interesante. La Monarquía, al parecer, pierde su estatus funcional y, al pasar al decorativo, puede comenzar a ser presa de la llamada salsa rosa. Motivos más que suficientes viene dando. Últimamente todo esto se ha reconducido en lo mediático con una presión directa de la propia Casa Real.

PACTO DE SILENCIO

También se le acusó a Zapatero, «el Rojo», de todo esto. Se equivocaban quienes así lo hacían. Yo creo que acertaron los que cifraban el malestar en una Transición mal hecha por injusta y rodeada de tabúes. Uno de ellos la Monarquía, a la que se mantiene en el escaparate gracias a un pacto de silencio, ausencia de libertad de expresión y censura sobre ella, insensibilidad total con las víctimas de la dictadura franquista, grandes alfombras de la Real Fábrica de Tapices que ocultaban bajo ellas la inmensa suciedad acumulada en cuarenta años de tiranía, una sociedad anestesiada que pedía pan, circo, fútbol, bodas y bautizos, y el pensar que aquello de atado y bien atado del testamento de Franco se refería quizás mucho más a un rey, símbolo de unidad y permanencia de España, que a una clase política nacida y crecida en el invernadero de su nomenclatura, de la que el dictador no se fiaba ni un pelo. El resultado puede ser un malestar creciente que empieza con el secuestro de una revista, unas declaraciones llamando vagos a los miembros de la Casa Real, sigue con la quema de fotografías en Cataluña y un abierto desafío a una forma de representación del Estado heredero de una dictadura aunque camuflada por lo hecho un 23-F, fecha de la que no se pudo averiguar nada y que ha vuelto a saltar a la luz tras el libro del hijo del fiscal Herrero Tejedor, padrino de Suárez, que ha escrito que el rey propició la caída de Suárez y fue quien impuso, a pesar del presidente del Gobierno, al general Alfonso Armada como segundo jefe de Estado Mayor, uno de los grandes responsables de aquella asonada enloquecida.

Un 23-F por tanto harto sospechoso, del que no se ha podido investigar judicialmente casi nada y mucho menos el papel del Jefe de los Ejércitos, pero que ha servido para que los hagiógrafos del monarca marquen con esta fecha la consolidación de la Monarquía democrática, cuando fueron aquellos devaneos reales los que quizás propiciaron aquella jornada infausta. Y lo malo es que, por fas o por nefas, nadie ha querido o podido saber exactamente qué pasó aquella noche y el consabido mes previo, pero esto no ha sido óbice para que el discurso oficial se haya construido alrededor de un hecho falso o hartamente discutible. Yo, personalmente, en las decenas de cenas oficiales a las que he asistido en el palacio de Oriente, no he dejado de escuchar «el invalorable servicio de Su Majestad en el afianzamiento de la democracia aquella noche aciaga en la que su valentía y espíritu de servicio consolidaron una democracia que daba sus primeros pasos». Pero parece que no es duro aplaudir este pasaje que todos los jefes de Estado en visita oficial siguen pronunciando, como si este hecho no tuviera fecha de caducidad y, sobre todo, como si este hecho fuera verdad.

Pero se equivocan quienes crean que esta situación se reconduce con campañas y llamamientos a lo políticamente correcto. Quizás éste sea el diseño del jefe de la Casa Real, Alberto Aza. El mismo que no acudió en junio del 2007 al homenaje que gentes representativas de toda la sociedad ofrecieron a su antecesor Sabino Fernández Campo. Y se equivocan el rey y todos sus cortesanos, porque la juventud está en otra honda y es muy difícil ponerle vallas a un campo cada vez más abierto y ventilado.

SILENCIO

De hecho, parece que sorprendió, y mucho, en La Zarzuela el silencio catalán y el silencio oficial ante la quema de fotografías del rey aquel mes de septiembre. Esperaban otra cosa. Le pasó lo mismo que a Luis XVI cuando arrojaban piedras a las ventanas de Versalles. «¿Qué es esto?», preguntaba. «Sire, es la revolución», le contestaron.

En Madrid salió a defenderle la última organización que debería haber salido en auxilio del monarca, la CEOE. Y también el otrora portavoz de Jueces para la Democracia y entonces ministro de Defensa, José Antonio Alonso. Cuando le preguntaron por lo que estaba ocurriendo, contestó: «El Gobierno no es republicano, sino que el calificativo que mejor lo define es el de constitucional». También hizo hincapié en que «el futuro de la Monarquía es inmejorable», mientras le garantizaba aquel 26 de septiembre «todo el apoyo que necesitara en defensa de su papel constitucional como jefe del Estado y símbolo de su unidad y permanencia». ¿Querría enviarle algunos tanques en su defensa?

Me llamó la atención que, mientras el gobierno trataba de lograr que se aprobase en la VIII legislatura la Ley de la Memoria Histórica, el ministro Alonso dijera aquella obviedad de que el gobierno no era republicano. No hacía falta que lo jurase. Lo molesto fue el tono de este socialista dirigido hacia una República llegada de la mano del voto popular, pero ese tono encerraba una de las claves de por qué la Monarquía de

Juan Carlos ha superado treinta difíciles años de la historia reciente sin apenas una crisis, aunque sí con algunos rasguños.

El hecho de que Fraga llamara gamberros a los quemadores de fotos, estaba dentro de los análisis y exabruptos de un hombre que ha servido tan eficazmente a una dictadura, porque mientras decía esto, en otra Monarquía como la británica, el líder escocés Salmond propiciaba un referéndum de autodeterminación para su país y el rey Alberto II de Bélgica seguía colgado a la brocha de su incapacidad para que en Bélgica pudiera formarse un gobierno cien días después de las elecciones realizadas en un Estado que unos comenzaban a ver como inviable.

A todo esto habría que añadir un debate en Galicia, con ramificaciones en el Congreso, a cuenta de que la familia del general Franco no quería abrir al público el pazo de Meirás, regalado a la fuerza y bajo coacción en plena dictadura, lo que mostraba claramente que treinta años después en España la familia del dictador no había sufrido represalia alguna porque estaba bajo el manto de la Corona, cuestión insólita en un país que sufrió la crueldad de un régimen despótico. La pertenencia ilegítima del pazo de Meirás dado en herencia a la familia Franco es toda una afrenta, porque aquí no hubo como en Alemania, después de la victoria de los aliados en 1945, un juicio de Nuremberg. Esto es algo que pone ante los ojos de las nuevas generaciones que esa Transición tan ensalzada está llena de lunares.

«¿Y que se podía haber hecho?», preguntan muchos.

Desde luego algo más para que una derecha que usufructuó el poder cuatro décadas no nos dé a los demás lecciones de democracia. Sólo con eso casi nos podríamos conformar, y, sobre todo, que no nos digan que esa Inmaculada Transición es un modelo exportable, porque se asienta en el silencio, la mentira, y la injusticia. Tengo decenas de casos de honrados sufridores de aquella tiranía que han tenido que morir en silencio y, encima, obligados a aplaudir a quienes se beneficiaron de aquel horror.

Todavía recuerdo cómo en un debate parlamentario Enrique Fernández Miranda, hijo de D. Torcuato, presidente de aquellas Cortes franquistas, le espetó en un debate en el Congreso a Javier Solana que podía hacer aquellas preguntas parlamentarias porque fue su padre quien había traído la democracia a España. Y se quedó tan ancho el uno y tan callado el otro. Ése fue, pues, el espíritu de la Transición, cuyas costuras comienzan ahora a aflojarse un poco.

LA SOCIEDAD HA CAMBIADO

Pero aquí hay además algunas cosas evidentes.

La sociedad actual no tiene nada que ver con la de hace treinta años. La juventud pasa de monarcas, condes y marqueses, y no ve sensato que la elección de un jefe de Estado sea por procreación y no por elección. No ve tampoco justa la discriminación hecha en la intocable Constitución española a la figura de la mujer, y no está dispuesta a ver derroches e interminables vacaciones, mientras ellos luchan por conseguir su primer pisito. Si a esto se le añade la torpeza del procesamiento de dos periodistas por publicar una caricatura y la poca simpatía que despierta Letizia Ortiz, antigua colaboradora del nefasto manipulador informativo Urdaci, tienen ustedes un guiso que no obedece a conspiración alguna, sino a que la gente comienza a hablar y a estar harta de que no haya libertad de expresión sobre estos temas.

Tras el debate de 2007 creo que la Casa Real se tendría que poner bajo el control parlamentario en relación a sus gastos de forma pública, en la ejemplaridad de sus conductas sin estar amparados en el secreto oficial y en evitar que a su alrededor se siga con los usos y costumbres, poco menos que de la Monarquía de Alfonso XIII en cuanto a esas absurdas reverencias tan ridículas como serviles, que afrentan el concepto de igualdad y de democracia.

Estas páginas tratan de esto y de otras cosas, y sobre todo tratan de demostrar que, cuando escribí en julio de 2007 sobre el *Bribón*, habían existido previamente muchas intervenciones públicas, muchas preguntas parlamentarias, muchas cartas, muchas vivencias de todo tipo, en relación con la Monarquía aunque rodeadas de algo que explica un buen número de cosas: se silenciaron.

Hoy ese silencio comienza a romperse. Y no está mal. Si la democracia es un régimen de opinión pública, conviene que a ésta se le suministren elementos de juicio. No pretendo más con éstas líneas.

CAPÍTULO II

TODO EMPEZÓ EN BAGDAD

Tras seis años en el primer Parlamento Vasco (1980-1986), llegué al Congreso de los Diputados en junio de 1986, el año en que lo hizo Zapatero. Me habían precedido como portavoces del Grupo Parlamentario Vasco Xabier Arzalluz y Marcos Vizcaya. Y fui portavoz hasta marzo del 2004. Quizás haya sido el diputado que más ha durado en ese puesto de representación y acción política en todas las legislaturas y de todos los grupos parlamentarios de estos años.

Además de haber visto, controlado, criticado y apoyado a González y Aznar, he vivido bajo la presidencia parlamentaria de Pons, Trillo y Luisa Fernanda Rudí, y he visto como portavoces a Miguel Herrero y Rodríguez de Miñón, José Ramón Calero, Rodrigo Rato, Luis de Grandes, Julio Anguita, Ramón Tamames, Rosa Aguilar, Gaspar Llamazares, Luis Mardones, Martín Toval, Carlos Solchaga, Juan Manuel Egiagaray, Luis Martínez Noval, Jesús Caldera, Modesto Fraile, Paulino Rivero, Carlos Mauricio, José Antonio Labordeta, Francisco Rodríguez, Miquel Roca, Joaquín Molins, Josep López de Lerma, Xavier Trias y Joaquín Almunia. Mientras en todos los grupos había cambios, yo estuve en esa batidora clavado por espacio de 18 interesantes años.

Quiere esto decir que, durante esas casi dos décadas, por lo menos seis veces cada año acudía al Palacio Real a las cenas oficiales que se organizaban con motivo de cada visita oficial de un jefe de Estado extranjero. Desde el emperador del Japón hasta la reina de Inglaterra pasando por Gorbachov en sus mejores tiempos de la *perestroika*, se puede decir que junto al rey y a la reina, soy quizás el que más veces ha subido aquellas espléndidas escaleras para, después de saludar y cenar, pasar al salón contiguo, el de Gasparini, donde con un café en la mano y un puro con vitola firmada por el rey en la otra, que unos elegantes pajes con levita suelen obsequiar a los invitados pero que yo no fumaba, se departe y contacta con todo lo que políticamente se mueve en el corralito de la clase política española. Tengo, por tanto, de éstas casi cien cenas en Palacio infinidad de anécdotas y sucedidos donde he de reconocer que el rey casi siempre me llamaba para presentarme a su invitado principal.

En una de aquellas oportunidades me llamó para que saludara al presidente ruso Gorbachov diciendo que yo era el portavoz de los nacionalistas vascos. Gorbachov se llevó las manos a la cabeza y exclamó: «¡También tienen ustedes aquí nacionalistas!». «Sí –contestó el rey–, pero yo los tengo en Palacio», respuesta que celebró el entonces primer secretario del Partido Comunista de la todavía Unión Soviética.

Es cierto lo que dijo Jaime Peñafiel, que el rey me trataba con especial deferencia y simpatía a las que yo, como no podía ser menos, correspondía. Eso no me impedía cada año criticar su discurso de Navidad y el de la Pascua Militar. Siempre me han parecido actos irreales, excesivamente centralistas y poco originales, por lo que nunca me he cortado a la hora de decir lo que pensaba. El rey, en alguna oportunidad, me comentó que había sido muy duro con él, pero ahí quedaba todo el reproche. Y es que pienso que la cortesía no se debe confundir con la cortesanía, y mejor hubiera hecho el PSOE estos años en ser más cortés y menos cortesano. Le hubiera hecho incluso un favor al propio rey, al que esas loas edulcoradas propias de otros tiempos le han hecho creer que haga, lo que haga, va a tener una total impunidad en ciertas cuestiones.

Pero todo esto se rompió con la guerra de Iraq. No fue, pues, a raíz del secuestro de la revista *El Jueves* cuando a mí se me «fue la olla», como dijo ese escribidor que llama a don Juan de Borbón Juan III, pero que no es más que un cortesano insultador y monopolizador de todo lo regio por parte de la derecha española como es Alfonso Ussía, sino que esto viene de entonces. Y lo explicaré.

LE PEDIMOS QUE MODERARA A AZNAR

Corría noviembre del año 2000. En marzo de aquel año las elecciones legislativas frente a Joaquín Almunia (PSOE) las había ganado José

María Aznar con una mayoría absoluta. Y ese noviembre se cumplían 25 años de la entronización del rey ante unas Cortes antidemocráticas repletas de procuradores elegidos por el dictador a dedo o por un sistema electoral corporativo antidemocrático. A mí celebrar aquello me pareció de mal gusto político, porque, en todo caso, el rey era tal desde la aprobación de la Constitución en 1978, pero como el pudor y la sensibilidad democrática no eran virtudes de aquella mayoría y como el candidato opositor Zapatero tenía que ganarse las bendiciones del sistema, el caso es que se organizó un acto conmemorativo al que al final, tras muchos silencios, anunció su presencia el *lehendakari* Juan José Ibarretxe. Éste lo era desde diciembre de 1998, fecha en la que había sustituido a José Antonio Ardanza.

Por aquellos días, Ibarretxe andaba presentando su primer Plan, obsesionado como estaba con el fin de la violencia tras el fracaso de la tregua de ETA, que se resumía en un triple compromiso ético, político y de diálogo y normalización de las relaciones entre los partidos políticos, y no quería que aquella propuesta cayera en el olvido arrinconada por el estruendo de las bombas de ETA, la reclamación de elecciones o el permanente desencuentro entre las formaciones políticas.

En ese contexto y en vísperas de aquella inoportuna conmemoración, el *lehendakari* hizo una declaración que causó un cierto revuelo, pues parecía que le pedía al rey que se implicara en la búsqueda de un modelo de convivencia para la futura sociedad vasca. En una entrevista en Catalunya Radio, Ibarretxe declaró que «la relación de la sociedad vasca con el rey ha sido siempre muy específica y con una voluntad pactista». «Todavía hoy, en los tiempos que corren», agregó, «puede desempeñar un papel muy importante, ¿por qué no?, en el diseño y en la búsqueda de un modelo de convivencia para la futura sociedad vasca.»

Seguramente el *lehendakari* contestaría a alguna pregunta que le hicieron sobre la mediación del rey, porque Ibarretxe es muy respetuoso con todo lo que atañe a la Corona y siempre ha acudido a los actos a los que le han invitado, uno de los últimos la cena oficial en el palacio del Pardo con motivo del setenta aniversario del rey, donde le colocaron en una mesa en la que estuvo con los príncipes, Mariano Rajoy, la vicepresidenta De la Vega, Javier Solana y otros ilustres invitados.

Ante aquella pequeña tormenta informativa que se organizó con motivo del inducido comentario del *lehendakari* sobre el rey, a mí, en pasillos del Congreso, me preguntaron sobre la asistencia de Ibarretxe a ese 25 aniversario y sobre el primer Plan del *lehendakari*. Yo no me corté y dije claramente que «el *lehendakari* siempre ha asistido a los actos a los que le ha invitado el rey», si bien a continuación expresé lo que pensaba sobre los silencios del monarca ante la ofensiva que por aquellos días mantenía Aznar contra el nacionalismo. «Nosotros –dije– con la Corona siempre hemos tenido una especial relación. Otra cosa es que nos gustaría que el rey hablara mucho más a través de gestos, pero últimamente no lo hace. Parece que solamente es el rey de una cierta parte, importantísima, pero que no es toda. A nuestro juicio, el rey tendría que tener una mayor implicación y no permitir ciertos excesos que se están tolerando».

Todo esto mereció una página completa del diario *El País* con una viñeta de Peridis en la que se veía al *lehendakari* flotando sobre una nube, sentado en una silla y con gafas negras, y a mí encima de una roca y con txapela, diciéndole al rey: «Majestad: dígale que se ya que no hace nada, que se esté quieto y que nos deje en paz, que la tiene tomada con nosotros y no hace más que chincharnos». Aznar, en el otro extremo, disparaba con un tirachinas, sentado sobre una pequeña columna, y el rey, detrás en su trono, pensaba: «No hay quien haga vida de este José Mari».

No era, pues, la primera vez, antes de la guerra de Iraq, que solicitábamos al rey que se involucrara en los problemas reales del país y que arbitrara y moderara a aquel presidente que en aquel momento la tenía tomada contra el PNV.

NO NOS RECIBIÓ

Con la excusa de la existencia de «armas de destrucción masiva» y teniendo como anfitrión a José Manuel Durao Barroso, el presidente Bush con lo más granado de la derecha republicana de su país, el primer ministro Tony Blair y el inefable José María Aznar se fueron a las Azores a darle un ultimátum a Sadam Hussein. Fue la excusa para iniciar una guerra cruel, injusta, inmoral y absurda que el presidente español disfrazó con el argumento de que había que sacar a España del rincón de la historia.

En ese momento el portavoz socialista en el Congreso, Jesús Caldera, era firme partidario de plantar cara al gobierno de Aznar y romper así la absurda y continua política de pactos que en todo llevaba Rodríguez Zapatero, su jefe de filas. Caldera pudo imponer su criterio en relación a Iraq logrando formar en el Congreso una especie de consorcio opositor que hasta aquel momento era inédito. La mayoría absoluta del PP era tan asfixiante que sólo funcionaba el piloto automático de votaciones sin apenas debate.

En este contexto se produjo un hecho anecdótico aunque revelador. Resulta que estaba en la agenda del Congreso invitar a almorzar a los reyes tras un breve acto de develación de un cuadro de la pareja real, ya que a medida que van cumpliendo años sus retratos se van actualizando. El caso es que a alguien no le gustó el ceño fruncido con el que aparecía la reina Sofía, o el color de su traje, y no hubo develación del cuadro aunque sí almuerzo.

Por esos días los diputados de IU llevaban a los plenos y a las comisiones una pegatina en la que estaba escrita la frase «No a la guerra», de tal forma que cuando llegó el rey a la antesala del comedor del Congreso, donde estábamos los portavoces, al saludarnos le chocó aquel mensaje que Felipe Alcaraz, el portavoz de IU, llevaba con orgullo en la solapa, hasta el punto de que en la fotografía de los portavoces con el rey apareció con el citado cartelito.

Cuando nos quedamos sin reporteros gráficos, hablamos de la guerra con D. Juan Carlos. Nos preocupó su simplona argumentación justificando aquella odiosa aventura. Alcaraz y yo le argumentamos en contra de la misma y entablamos un interesante debate con él, en el que nos habló de su último veraneo y hasta de que en su niñez era zurdo pero le habían reeducado para que se convirtiera en diestro, lo que a veces le ocasionaba alguna disfunción en el habla. Estuvo, pues, humano y horizontal en su relato, permitiendo que nosotros le dijéramos en confianza nuestras opiniones sin el menor protocolo. Faltaría más. Pero también tuvimos un chasco. Nos dijo que a él como militar le gustaba la guerra, y fue entonces cuando le dije que por qué no se iba a Iraq o mandaba a su hijo a aquella locura. Lógicamente no le gustó mi comentario.

Tras el almuerzo y al pasar a mi lado me ofreció uno de los puros que se sirven tras la comida y que llevan una vitola con una vistosa bandera española. Le dije que yo no fumaba, pero que se lo daría a Xabier Arzalluz, que era entonces el presidente del PNV. Sin pensarlo dos veces me contestó: «Si es para Arzalluz, le meto una bomba». Aquella respuesta nos dejó a los presentes sin aire, y él, dándose cuenta de la barbaridad que había dicho, me abrazó campechanamente y me dijo que era una broma. Afortunadamente tuvo reflejos políticos y a la semana siguiente, en el Palacio Real y como consecuencia de una cena oficial, en el café y cuando hablaba yo con Luis de Grandes, Xavier Trias, Jesús Caldera y Luis Mardones, vino con un puro envuelto en plástico y me dijo: «Toma, para Xabier de mi parte».

A pesar de este encontronazo bien resuelto, en relación con la guerra de Iraq no estuvo tan fino. Quizás el hecho de haber tenido una educación militar le hacía olvidar que había condecorado en su día al dictador iraquí con la orden de Isabel la Católica, primando más en él el frustrado guerrero que todo militar lleva dentro, que su trabajo como jefe del Estado. El caso es que se me ocurrió recordar en público que aquella aventura en la que nos metía el presidente Aznar no se podía hacer sin consultar con las Cortes Generales y tener en cuenta al rey. La Constitución es clara al respecto. En su artículo 63-3 dice: «Al Rey corresponde, previa autorización de las Cortes Generales, declarar la guerra y hacer la paz». Más claro, agua. Y eso fue lo que pedí. Inmediatamente salió Gabriel Cisneros, ponente constitucional, a decirme que la Constitución fija un claro reparto de roles y que en aquel momento no había razón alguna que pudiera justificar una intervención del rey. «Me parece una pretensión muy grave y muy insensata.» Pero como había hablado ya con Felipe Alcaraz, éste recordó que el rey es una figura formal que reina pero no gobierna, por lo que lo único que tendría que hacer sería declarar la guerra una vez consultadas las Cortes.

Aquella petición originó una cierta polémica en los medios, hasta el punto de que el socialista y ponente constitucional Gregorio Peces Barba publicó un artículo en *El País* en el que justificaba el silencio de la Corona. La argumentación parecía más bien la de Alfonso Ussía o la de un monárquico trasnochado que la de un socialista ponente de una Constitución que tenía un artículo tan claro para el caso de una guerra. Me dio la impresión de que su visceral antinacionalismo vasco primó sobre su obligado equilibrio. «Si vemos el silencio como indefensión, como situación de debilidad, aparecen en su verdadera dimensión moral las palabras de quienes atacan al rey y especulan sin fundamento sobre su postura, o le piden que actúe al margen del marco constitucional, como el señor Anasagasti y otros. No merecen que su indignidad tenga más eco», nos decía este orgulloso personaje para el que la mera mención de las obligaciones constitucionales del rey se convertía en un «ataque indigno». Y decía más: «El rey no ha hablado, sino que ha mantenido un silencio largo y desde luego acorde con su respeto a la Constitución». Este silencio largo estaba dando cobertura a una guerra sucia en la que España se ponía a las órdenes de Polonia para administrar, como fuerza de ocupación, parte del territorio iraquí, donde en el atentado contra la ONU en Bagdad ya había muerto un capitán español. Pero esto a Peces Barba no le importaba. Lo medular para este ponente constitucional era la importancia del largo silencio. Así cualquiera es jefe de un Estado.

Como se ve, en pocos días nada menos que dos ponentes constitucionales, en clave de mayordomos reales, trataban de ponerme en mi sitio.

El asunto causó impacto por lo novedoso. Una muestra fue el telegrama que sin firma recibí en mi despacho del Congreso: «Usted, como parlamentario español, se expresa en el Congreso y podemos oírle todos los españoles y extranjeros, y yo, como ciudadano español, quiero decirle a usted lo que de usted opino porque la Constitución me da el derecho a la libre expresión, por eso opino que es usted un vil gusano».

El caso es que lo impopular de la decisión hacía que la calle estuviera agitada, la condena moral mundial iba en aumento y Carmen Rigalt describía la manifestación de la Puerta del Sol constatando que «la industria textil se está poniendo las botas con la fabricación de banderas tricolores: de manifa en manifa la presencia de banderas republicanas crece en progresión geométrica. Ya nadie se corta a la hora de cuestionar la

Corona o sacarle ripios al príncipe Felipe». Pero esto al rey parecía no preocuparle gran cosa, pues ese mismo día la prensa daba cuenta de que D. Juan Carlos probaba en aguas valencianas un nuevo *Bribón*, cuyo armador era el empresario Josep Cusí, su amigo de regatas.

Asimismo, en *El País* se informaba de que nunca había habido en Valencia, desde el 14 de abril de 1931, una aglomeración tan significativa de banderas republicanas como «la que se dio ayer (1 de mayo), cuando, para asombro de la furgoneta de la Plataforma para la Tercera República que las repartía, se agotaban las existencias en apenas unos instantes. Y más en un día en el que el rey Juan Carlos I estaba de visita en Valencia. Con cuatro banderas tricolores por metro cuadrado y ese valor añadido, a los mayores se les ponía la carne de gallina».

Quien no se cortó un pelo a la hora de denunciar esta situación de absurda y antidemocrática obsequiosidad fue el ex coordinador general de IU, Julio Anguita, quien dijo que «cuando un gobierno se salta la legalidad internacional e incurre en un delito, el jefe del Estado debe llamar la atención sobre este asalto a la legalidad internacional», añadiendo que «si el Tribunal Internacional tuviera la fuerza suficiente, sentaría en el banquillo a Bush, Aznar y Blair con la ley en la mano».

RODRÍGUEZ ZAPATERO EN LA ZARZUELA

En este clima en el que habíamos logrado incomodar a un gobierno como el de Aznar que tenía casi secuestrado a un rey que parecía se dejaba retener, se me ocurrió hablar con todos los portavoces parlamentarios a fin de sugerirles que pidiéramos oficialmente, los grupos de la oposición, una entrevista con el monarca. No pretendíamos involucrarle en nada sino tan sólo que nos escuchase. Aquella iniciativa inédita, de haberse llevado a la práctica, hubiera sido todo un gol en la portería de un Aznar que huía del Parlamento y trataba de que el debate sobre la guerra estuviera acolchado.

Esperando la respuesta del portavoz socialista Jesús Caldera, se hizo pública la noticia de que el rey se había entrevistado con el secretario general del PSOE, José Luis Rodríguez Zapatero. Aquello me indignó.

Alguien había echado agua a la pólvora de aquel posible acto, y el rey se había prestado a ello. Y lo denuncié públicamente. *La Razón*, como siempre, me sacó una fotografía en la sección «Bajan», pidiéndome que esa contundencia la utilizara contra los proetarras, y todos los tertulianos me acusaron de involucrar al rey en algo que no era de su incumbencia. La situación era tan indignante que, en la comparecencia parlamentaria sobre la guerra, desde la tribuna del Congreso, pedí al rey que no estuviera tan pendiente de lo que le dictaba el gobierno y cumpliera lo que dice la Constitución. Y fui más allá: «Lo tienen como un tótem, sólo para inauguraciones y reprimendas al nacionalismo. Así cualquiera. Se instala uno en el silencio y sobrevuela todo apalancado en el halago y en el cabezazo. Eso de la Monarquía parlamentaria, como lo del rey de todos los españoles, es pura retórica, hueca y falsa». Era la primera vez en el Congreso que se hablaba con tanta claridad y contundencia sobre el papel del rey, y que además era recogido en el diario de sesiones.

Como no podía ser menos, y tras los abucheos de los parlamentarios del Partido Popular, salió el diputado Gustavo de Arístegui, con quien había mantenido continuos enfrentamientos a cuenta de sus cambios de postura respecto a Sadam. Dijo que mis palabras eran intolerables, que había perdido el norte y que don Juan Carlos había ejercido siempre sus funciones de forma ejemplar a lo largo de toda la historia de la democracia, invitando a Rodríguez Zapatero a desmarcarse de la actitud de «su aliado parlamentario». El portavoz del PP, Luis de Grandes, pidió lo mismo a Zapatero, y éste replicó que yo era responsable de mis palabras. Tras el tenso debate, nuestra propuesta de oposición cosechó 146 votos. Habíamos votado el PSOE, CiU, IU, PNV, Coalición Canaria y Grupo Mixto. Todos. El PP sacó a pasear sus 177 diputados en clave de rodillo y nos derrotó, pero no sin que escucharan el rosario de argumentos que he expuesto, como destacó *ABC*, además de haberse producido por primera vez una descalificación a la Monarquía en la sede parlamentaria del Congreso de los Diputados. ¡Alguna vez tenía que ser!

Al parecer, lo importante no eran los muertos inocentes de Iraq. Lo vital era no aludir a Su Majestad el Rey. Y es que sobre este pilar virtual se ha construido todo un muro de silencio que hace de la democracia española una democracia de muy baja calidad. ¿Cuándo en democracia no se puede señalar lo que se cree inadecuado de la actuación de un jefe del Estado? Pues sí. En la moderna España, ejemplo y al parecer asombro del mundo.

Rodríguez Zapatero no me contestó en público, sino que en conversación privada me dio a entender que el rey no estaba de acuerdo con la guerra y que poco menos que lo tenían aislado. Le dije que no lo creía. Sin embargo, Mariano Rajoy, en lugar de contestar a una pregunta parlamentaria sobre otro asunto, salió por peteneras y aludió a mi falta de respeto hacia el rey y a que yo poco menos que estaba en una cruzada antimonárquica. No se daba cuenta de que eran ellos los que más daño estaban haciendo a un rey silente que sólo salía en los periódicos cuando probaba su nuevo yate mientras los soldaditos españoles viajaban a un incierto Iraq como tropas de ocupación por decisión de un gobierno que no había pedido permiso a las Cortes para hacerlo, como era su obligación constitucional.

SE ASUSTÓ DON CAMILO

Para todos aquellos que se extrañaron de mi artículo veraniego sobre el *Bribón* y pensaron que de la noche a la mañana me había vuelto antimonárquico, nada como recordar estas cosas o la crónica que el periodista de *El País* Camilo Valdecantos escribió a raíz de esta intervención parlamentaria en la tribuna.

Como tenía por costumbre, había hablado claro, y, una vez más, lo dicho figuraba en el diario de sesiones del Congreso; para colmo, decía así Camilo Valdecantos en *El País:*

> El portavoz del PNV, Iñaki Anasagasti, inició su intervención sobre la guerra de Irak con una broma y terminó lanzando el ataque más duro que se recuerda, en sede parlamentaria, contra la Corona y, específicamente, contra la figura y la actuación del rey Juan Carlos en el conflicto de Irak.
>
> La Cámara escuchó con asombro cómo Anasagasti iniciaba un *crescendo* antimonárquico, con ribetes rupturistas. Hablaba de que se utilizaba el eufemismo de la ayuda humanitaria «para no involucrar a la figura del Rey», y a partir de ahí se lanzó en tromba en una cascada incontenible de acusaciones.

Según él, al Rey se le trata «como un tótem, sólo para inauguraciones y reprimendas al nacionalismo. Así cualquiera. Se instala uno en el palacio y queda todo en el halago y en el cabezazo».

Anasagasti tomó como pretexto formal de su diatriba el hecho de que el Rey haya recibido sólo al secretario general de los socialistas, José Luis Rodríguez Zapatero, al que exculpó expresamente por haber acudido a la cita real.

A partir de ahí Anasagasti se embraveció: «El Rey nos ha lanzado un mensaje a los demás pobres mortales de que tenemos que llegar a un entendimiento. Pero no nos dice cómo. Y ante la diversidad de criterios, su papel es el de escuchar las distintas opiniones que se suscitan con espíritu integrador, al servicio de los valores democráticos y del interés general. Esto lo ha dicho el Rey», aseguró Anasagasti, «a nuestro juicio, esto es pura retórica vacía, esto no es verdad, y queremos que conste en el diario de sesiones para acabar con tanta hipocresía. En la Casa Real existe el criterio de que el artículo 1.3 de la Constitución española, el que dice que la forma política del Estado español es la Monarquía parlamentaria, cuando habla del parlamento sólo se refiere a dos partidos. La Constitución, para la Casa Real, al parecer, sólo es una Monarquía bipartidaria».

No había terminado el diputado vasco con su acometida: «Eso de la Monarquía parlamentaria, como lo del Rey de todos los españoles, es pura retórica hueca. Entiendo que el PP no quiera involucrar al Rey. Pero nos parece improcedente que el Rey siga a pies juntillas lo que dictan desde Moncloa y no tenga ni la más mínima cortesía real». Por si algo faltaba, cerró el capítulo con tono abiertamente despectivo: «Como dicen los castizos, que con su pan se lo coman».

Nada más terminar Anasagasti el portavoz del PP, Luis de Grandes, se ausentó del hemiciclo; volvió más tarde, llamó a Gustavo de Arístegui, que iba a intervenir en nombre de su grupo, y le pasó un folio con notas. Arístegui concluyó su intervención deplorando la intervención de Anasagasti, del que dijo que había «faltado profundamente al respeto a la Corona». El diputado popular recalcó el papel integrador y democrático que ha jugado la Corona desde 1976, y los diputados de su grupo mantuvieron una larga ovación que, sin duda en este caso, estaba dirigida más a la Zarzuela que a su portavoz.

Hasta aquí la crónica de ambiente y de hechos escrita por Camilo Valdecantos en *El País*.

CARTEO CON LA CASA REAL

Ante aquella bronca parlamentaria y como yo no estaba dispuesto a actuar como un cortesano al uso, le escribí una carta de protesta a Alberto Aza, el jefe de la Casa Real, a quien conocía de un viaje parlamentario hecho a Londres cuando era embajador ante la Corte de San Jaime. Aza, antiguo fontanero de Adolfo Suárez, es un hombre con muchos trienios tras de él por lo que me extrañó que una de sus primeras declaraciones fuera en clave tan patriótica como decir que el día más feliz de su vida sería cuando viera la bandera española ondear en Gibraltar. La carta que le escribí decía lo siguiente:

Madrid, 27 de marzo de 2003
Excmo. Sr. D. Alberto Aza
Jefe de la Casa Real

Estimado amigo:

Habrás percibido por los medios de comunicación nuestro malestar como partido por vuestra actuación en relación a la guerra en Irak.

Entiendo que el Rey tenga todo el derecho de hablar con quien considere oportuno, pero no es de recibo que en una situación de invasión militar como la que se vive y habiéndose hurtado el debate a las Cortes para una declaración de guerra como sería lo procedente, se entreviste el Rey con uno de los siete Grupos Parlamentarios del marco político, por muy importante que éste sea. Te recuerdo que la Constitución española habla de «Monarquía Parlamentaria» no de «Monarquía Bipartidaria».

Si la Casa Real quiere respeto, tiene que respetar. Si quiere confrontación y parcialidad, será ella quien elija el terreno de juego. En esta oportunidad ha elegido el terreno de la parcialidad y, por tanto, de la confrontación y el desistimiento.

Si el Rey no está de acuerdo con esta guerra sucia y criminal que tiene al 90 por ciento de la opinión pública en contra, que lo diga. El Rey Balduino abdicó una semana por no estar de acuerdo con la ley del aborto aprobada en el Parlamento belga. Y no estampó su firma.

Si veis en la televisión imágenes de manifestaciones, verás cada vez más banderas republicanas porque, si la Monarquía sirve sólo para inauguraciones, cenas oficiales y sellos de correo, esta Monarquía tiene fecha de caducidad. Y si no lo veis, peor para vosotros. Deberías hablar más con la gente y despachar menos con el PP.

Profundamente desengañado.

Un abrazo,

Iñaki Anasagasti

El 14 de abril, curiosamente día del aniversario de la República, me contestó de la siguiente manera:

Palacio de la Zarzuela, 14 de abril de 2003
Excmo. Sr. Don Iñaki M. Anasagasti
Portavoz del Grupo Vasco
Congreso de los Diputados
28071 Madrid

Estimado Iñaki:

He leído las reflexiones personales que me transmites con tu carta del pasado 27 de marzo. No comparto en absoluto tus análisis ni tus conclusiones, y lamento, en todo caso, la reacción exasperada que refleja tu carta, pues no se compadece con el clima de buen entendimiento que siempre ha dominado nuestros contactos y relaciones.

El papel del Rey no lo define esta Casa sino la Constitución. Creo que cualquier persona con un mínimo de memoria y objetividad puede constatar la trayectoria de la Corona en la construcción y defensa de una España democrática, plural, próspera, multipartidista, tolerante y dialogante.

Te señalo que, como Jefe de esta Casa, no me corresponde despachar con los partidos políticos, sino sólo con S. M. el Rey. En cambio, sí hablo con muchas personas y, desde luego, con los miembros de los partidos democráticos, incluyendo –como es lógico– los del tuyo, y lo hago siempre, desde el respeto mutuo y la observancia de nuestro marco constitucional con un espíritu constructivo e imparcial, en busca del mejor clima de entendimiento.

En ese espíritu, que es el que me ha guiado y seguirá guiando en el desempeño de este cargo, quedo a tu disposición para charlar en el momento que lo consideres oportuno.

Alberto Aza Arias

Sabiendo que todo esto no servía para nada, habida cuenta de lo almidonado de una institución con la que es imposible llevar una relación normal, le recordé la carta de Xabier Arzalluz que le había entregado el año 2000 y cerré el intercambio de la siguiente manera:

Madrid, 22 de abril de 2003
Excmo. Sr. D. Alberto Aza
Jefe de la Casa de S. M. el Rey
Palacio de la Zarzuela

Estimado Alberto:

Contesto tu carta del 14 de abril. Buen día.

He de decirte que no creo haber tenido la menor reacción exasperada sino simplemente he constatado un hecho que tú apuntas en relación a las obligaciones del Rey tasadas en la Constitución.

El artículo 13-3 en relación a la guerra contra Irak no se ha cumplido y el Rey ha estado sospechosamente callado ante semejante barbaridad. Cuando ha querido hablar de ese asunto sólo lo ha hecho con el Partido Socialista, que, siendo un partido muy importante, no representa esa pluralidad de la que hablas. Si vivimos en una «Monarquía parlamentaria» lo debemos estar a todos los efectos y no sólo a lo que interesa parcialmente al rey en virtud de la coyuntura.

Mis declaraciones en la tribuna tuvieron la repercusión lógica por haber sido hechas en sede parlamentaria y en el hemiciclo del Congreso de los Diputados, y he de decirte que seguiré haciéndolas ante lo que considero una dejación de vuestras responsabilidades como creo ha ocurrido en la presente ocasión. No volveré a estar callado sobre todo cuando a nuestro Grupo se le trata con menosprecio.

Ahonda esta situación el silencio del Rey ante la carta que el presidente del EBB del PNV, Xabier Arzalluz, le hizo llegar a través de mi persona, en la oportunidad en la que S. M. el Rey me recibió en su despacho hace tres años antes de la formación del actual gobierno. El silencio y la pasividad más absoluta han sido la respuesta mientras observábamos con estupor mensajes de Navidad claramente ofensivos y totalmente plegados a la política sectaria del gobierno de Aznar.

¿Es ésa la promesa de querer ser «el Rey de todos los españoles»?

Para nosotros y, cada vez más, lo es el Rey de esa rancia españolidad que pensábamos superada. Si no os dais cuenta, allá vosotros. Mi propia desafección, aunque sea un hecho mínimo, te debería ilustrar que hay algo que no funciona y que va a ir a más en su deterioro.

Lamento que esto no tenga remedio.

Aprovecho la oportunidad para saludarte.

Un abrazo,

Iñaki Anasagasti

Todo este trasiego epistolar sólo sirvió para evidenciar el grado de incapacidad para la discusión serena y abordar la crítica argumentada. Al parecer, no era de recibo, como dijo un comunicado de la sección sindical en RTVE del CSIF, que el rey «hubiera sido vejado por el frente de diputados que están vinculados políticamente con el terrorismo. La ofensa ha sido realizada en una de las sesiones de debate sobre la guerra de Irak...».

El caso es que, en la siguiente recepción, el Rey no me miró con especial simpatía y, en la siguiente ocasión, como ya he relatado, me echó en cara que le criticara, aunque me lo dijese en un tono cordial. No se terminaban de dar cuenta de que para él es mejor que lo que yo representaba le dijese ese tipo de cosas a la cara y en público en lugar de un cortesanismo vacío y pelotillero que no sirve para nada salvo para que siga viviendo en un mundo de ficción. Si el peor y más dañino gas letal para un político es el incienso, de continuar como hasta ahora y como le decía a Alberto Aza en la carta, la Monarquía española tiene fecha de caducidad, pues lo que se le ha perdonado al padre no se le va a perdonar al hijo. El juancarlismo no es hereditario, aunque ahora pretendan que se dé ese paso y saltemos del juancarlismo a la Monarquía hereditaria.

CAPÍTULO III

¿ARBITRA Y MODERA?

«El Rey es el Jefe del Estado, símbolo de su unidad y permanencia, arbitra y modera el funcionamiento regular de las instituciones, asume...» Éste es el artículo 56 de la Constitución donde ésta acota el marco de actuación del rey.

Sin embargo, en 22 años de trabajo parlamentario en Madrid jamás he visto al Rey cumplir esa encomienda de arbitrar y moderar.

«No lo puede hacer de forma evidente –me dicen–. Tiene que insinuar y actuar con tiento.» «Sin embargo –les contesto–, cuando vas al fútbol, tú sabes lo que hace un árbitro, y si vas a un coloquio, te das cuenta de cuál es el trabajo del moderador. ¿Por qué el trabajo del rey está tan en la sombra que no tengo ni idea de qué es eso del arbitraje y la moderación que dice la Constitución sobre su papel? ¿No sería bueno, ya que no lo ejercita, que esta mención se quite?» Sin embargo, a esto no me contestan. Es como si les preguntara por el secreto de los pastorcillos de Fátima.

Y cuando he pedido públicamente que arbitre y modere, siempre me han dicho que no es su papel. Entonces, ¿cuál es?

Sorpresivamente, el mismo Zapatero que ha argumentado de esta manera y me lo ha dicho, pública y privadamente, no dudó en pedirle que arbitrara y moderara al PP según informó *El País* diciendo que él, como presidente del gobierno, le había pedido al rey que llamara a Mariano Rajoy, antes de una de las sesiones de control al gobierno los miércoles en el Congreso, para que el líder de la derecha española estuviera más comedido en relación con la tregua de ETA y diera una oportunidad a la paz.

Este dato, hecho público, lo sacó a la palestra el periodista Federico Jiménez Losantos con toda su trompetería diciendo que eso jamás se le hubiera ocurrido en Inglaterra al primer ministro, comentando que los socialistas habían convertido España en una escombrera y «que esto ya ni era España ni era nada».

Losantos no decía que en Inglaterra no hizo falta nunca semejante presión porque conservadores y laboristas, juntamente con los liberales, jamás se echaron a la cara los atentados del IRA.

Pero el dato sobre la mediación del rey pedido por Zapatero no dejaba de tener su interés, sobre todo porque a mí me lo han negado siempre.

Quizá entre los años 1975 y 1977 Juan Carlos de Borbón se ganó su sueldo logrando convencer desde el poder de que no iba a ser Juan Carlos «el Breve». sino una instancia arbitral y moderadora, como llegó a ver consagrado su papel en la Constitución de 1978, muy lejos de todo ese empalagoso cobismo que a todas horas nos recalca, poco menos, que sin él la democracia no hubiera llegado a España. Es como decir que el amanecer no se hubiera producido de no haber cantado los gallos. España hubiera amanecido a una democracia con Juan Carlos o sin él, con Suárez o sin él. Por eso va siendo hora de ir poniendo poco a poco las cosas en su sitio, habida cuenta que el gran actor de aquella transición fue un pueblo que, por lo que sea, no pasó factura. Si la hubiera pasado, desde luego el actual rey no viviría en La Zarzuela.

De hecho, la actual Monarquía fue instaurada por Franco y no por un derecho sucesorio o de otra clase, y además fue legitimada por la puerta de atrás incluyéndola en el referéndum constitucional de 1978, dentro del mismo «paquete» político. Aquí no ocurrió como en Italia en 1946 o en Bélgica, países en los que el ciudadano juzgó a sus monarcas –por los años de colaboración con Mussolini en el caso de Víctor Manuel, o por el equívoco comportamiento de Leopoldo II en relación con los alemanes en Bélgica–. Aquí no. El llamado «motor del cambio» fue proclamado así en octubre de 2003 por los ponentes constitucionales reunidos veinticinco años después en el parador de Gredos, destacando además el papel «insustituible de la institución monárquica». ¿Hubo posibilidad de conocer otra? Invitado, no acudí a aquella reunión para no avalar uno de los dogmas de la transición política española.

De hecho, y con gran despliegue por parte del diario *El Mundo*, se pusieron a la venta las memorias de doña Emmanuelle Dampierre, esposa que fue de don Jaime, primogénito sordomudo del rey Alfonso XIII, cuyo hijo Alfonso de Borbón podía haber sido tranquilamente en 1975 tan rey como don Juan Carlos si así lo hubiera decidido el dictador.

Pero si en su día D. Juan Carlos se ganó el sueldo, hoy a lo que se limita es a leer discursos, muchos de ellos un auténtico conjunto de tópicos, algunos de los cuales fueron en tiempos de Aznar ofensivos para el nacionalismo y el socialismo, o a inaugurar todo lo que le pongan en su programa, hablar de sus nietos, ir a cazar, presidir ceremonias oficiales, desaparecer sin que nadie sepa dónde está y pasarse unas magníficas vacaciones en Mallorca, tras haber aceptado el regalo hecho por unos empresarios de un yate que lleva el dudoso nombre de *Bribón* mientras su familia se pasea en el *Fortuna*, nombres los dos que se las traen.

Hace poco un periódico ironizaba sobre el rey diciendo que éste reivindicaba la jornada de 35 horas, pero no semanales sino anuales, y que para ese esfuerzo se debería sortear el puesto a un español, quien sea, para que fuera rey durante un mes, habida cuenta lo fácil que es en España ser jefe del Estado, lo bien que vive su familia a cuenta del erario público y las pocas preocupaciones que reviste el puesto, salvo en su día casar bien a las hijas y al hijo, mientras en la calle, tras la muerte del dictador que lo había designado, se gritaba «Sí, sí, Dolores a Madrid», «Mañana, España será republicana». El rey, tras la muerte de Franco y después de jurar las Leyes Fundamentales y los principios del Movimiento, se había comprometido ante aquellos prohombres de la dictadura a «encarnar una Monarquía integradora y un futuro de concordia nacional». En los últimos tiempos no creo que haga mucho de una cosa ni que encarne la otra, a pesar de que el marketing diga lo contrario. Durante los ocho años de gobierno del PP, fue en sus discursos la voz de Aznar sin haber hecho el menor esfuerzo de matizar absolutamente casi nada. Y lo digo con conocimiento de causa, porque su papel, ni constitucional ni políticamente, es ése. Podemos decir que estamos, pues, ante una instancia con poder arbitral y moderador que no ha hecho absolutamente nada para lubricar las relaciones entre partidos, ni entre el centro y la periferia, ni por mejorarlas y evitar los enfrentamientos. Simplemente es un espectador pasivo y lejano como si la cosa no fuera con él. ¿Culpa suya o de su entorno? Culpa de él, porque a su entorno y a su Casa los elige él.

Es en lo único que tiene mando, mientras su entorno se ha dedicado a protegerle entre algodones como si fuera un niño imprudente al que había que vigilar y del que no se esperaba nada de interés por sí mismo, sino todo lo contrario. Cuando un día intervino por su cuenta e improvisó, la organizó parda con el «¿Por qué no te callas?».

Algo de eso me contaba quien fuera ministro de la Presidencia con Franco y con Arias Navarro, y posteriormente diputado de AP y miembro de la Mesa del Congreso, Antonio Carro, muy crítico con el rey por sus comentarios descalificatorios a toda la clase política de los años setenta. «Criticaba tanto a los políticos que el general Armada se creyó en la obligación de eliminar aquella plaga de un plumazo», me comentaba el diputado gallego, que había sido hombre de confianza del almirante Carrero Blanco, en una recepción en el Palacio Real.

PELIGROSO IR A LA ZARZUELA

No obstante, las relaciones que hemos mantenido parte de estos años no han sido tan malas en lo personal, aunque hayan sido casi nulas en lo político. Estando una vez en el palacio de La Moncloa, a Xabier Arzalluz, tras el pacto de investidura de 1996 entre el PNV y Aznar, éste le preguntó si hacía mucho tiempo que no hablaba con el rey. «Sí, mucho, y a raíz de la manipulación de unas declaraciones que me hicieron utilizándolas para enfrentarme con Garaikoetxea.» En un *off the record* confidencial, el periodista Carlos María López había dicho que el rey le había pedido a Arzalluz en 1985 buscar hombres de diálogo y consenso para las relaciones con Madrid y, para ello, decía el citado periodista, le había sugerido cambiar al *lehendakari* Garaikoetxea. Decía también que le había pedido que el PNV se olvidara de Navarra, así como de cualquier negociación con ETA y de buscar un pacto con el Partido Socialista. Asimismo, este confidente decía que Arzalluz le había dicho que estaba de acuerdo y que en Ajuria Enea había un hombre que no valía para el diálogo.

Todo aquello había sido un burdo montaje en momentos en los que el enfrentamiento en el seno del PNV era muy intenso, hasta el punto de que en 1986 desembocó en una escisión. Ante aquello, Arzalluz había hecho tres cosas. La primera fue ponerse en contacto con Carlos María López, a través de un colaborador suyo, pidiéndole que se aclarara este asunto y para que contara cómo había transcurrido en realidad la entrevista, en la que no se había hablado nada de esto, porque si esto no se hacía, el PNV iba a hacer público que el citado Carlos María López era miembro del Cesid. Tras un leve forcejeo aceptó hacerlo, y el desmentido lo envió a la entonces sede del PNV en la Gran Vía bilbaína.

La segunda fue escribir una carta al director de *La Vanguardia*, Escofet, por haber publicado aquella insidia. Y la tercera fue dirigirse al rey diciendo que era peligroso entrevistarse con él en La Zarzuela, pues luego se producían montajes como el vivido, escribiéndole que no pensaba volver, como efectivamente así fue. Como siempre, La Zarzuela dio la callada por respuesta.

Todo eso se lo contaba Arzalluz a Aznar dándole el detalle de que efectivamente había estado con el rey aquel año 1985 y que recordaba aquella entrevista como la más breve de su vida. Arzalluz le había planteado la necesidad de llegar a algún tipo de encuentro del Gobierno con ETA para iniciar algo que desembocara en una tregua y, como única respuesta, el rey le había contestado con un comentario simplón sobre lo que iba a pensar y decir la Guardia Civil, no el Ejército, sino la Guardia Civil.

Tras comentarle esto a Aznar y también que aquella relación había sido considerada en aquellos años como el «Pacto con la Corona de Arzalluz», a pesar de no haber logrado más que el silencio de la Casa Real, le dijo que había dejado de interesarse por el rey y por todo lo que éste hacía. Pero Aznar insistía y, ante el comentario de Arzalluz de que estar con D. Juan Carlos no servía absolutamente para nada, Aznar pidió que le pusieran con don Juan Carlos. «Señor, ¿a que no sabe con quién estoy? Nada menos que con Xabier Arzalluz que quiere saludarle.» Y a Xabier Arzalluz, no le quedó más remedio que hablar por teléfono con D. Juan Carlos creyendo éste que aquello era todo un deshielo. Hasta hoy. Nunca volvió a hacer nada para consolidar una relación. Mucho menos tener un mínimo gesto de acercamiento o que le dijera a Aznar que su posterior confrontación con el PNV no era lo más conveniente para esos intereses generales.

PACTO CON LA CORONA

Sin embargo el llamado Pacto con la Corona había sido otro y había dado mucho de que hablar.

Los parlamentarios del PNV, en compañía del Euzkadi Buru Batzar, se habían reunido en Amorebieta a fin de elaborar las enmiendas a la Constitución. Fueron cuatro días de intenso trabajo, durante los cuales se redactaron 101 enmiendas que serían entregadas a finales del mes de enero de 1978.

Conscientes del momento histórico que suponía la elaboración de una Constitución, y con el ánimo sincero de buscar una fórmula óptima a la hora de establecer un marco de convivencia en el que pudieran caber todos, se optó por exigir la devolución de los poderes a las instituciones forales. Hubo quien pensó que hablar de renovación de los pactos forales, en el caso de un partido que se proclama nacionalista, no obedecía sino a un mero oportunismo. Sin embargo, nada más lejos de la realidad, toda vez que para el nacionalismo los Fueros jamás habían sido un almacén de leyes caducadas y periclitadas, sino que representaban un nivel de poder político, una disponibilidad propia, al mismo tiempo que constituían la expresión de una soberanía originaria, a la que por ninguna razón se podía renunciar. Y es a partir de aquí como se entendió el hecho constitucional y, por ende, el Estado, estructuración superior formada a partir de las soberanías originarias que, por medio del Pacto, ceden parte de sí mismas para conformar de esta manera el Estado; en esta línea se encontraba la enmienda que afirmaba que la soberanía residía en los pueblos que componían el Estado. Nos habíamos manifestado dispuestos a ceder parte de esa soberanía, toda la que fuera indispensable para estructurarse conjuntamente con otros pueblos a los que consideramos, asimismo, soberanos, formando un ente superior en bien de todos, en respeto a todos y en solidaridad con todos. Y en medio, para lograrlo, el Pacto Foral con la Corona, es decir, con el Estado. En una palabra: reconocimiento de la soberanía originaria del País Vasco, solidaridad y respeto hacia el resto de los pueblos del Estado español, y un anhelo de convivencia democrática basada en la negociación o, por utilizar la fórmula histórica, en el Pacto Foral.

El 5 de abril de 1978, y con motivo de un Pleno en el Congreso en el que se debatió el cumplimiento por parte del gobierno de los compromisos adquiridos en los Pactos de La Moncloa, Xabier Arzalluz aprovechó la ocasión para anunciar públicamente el contenido de la enmienda foral:

> No ha sido infrecuente acusar al partido que represento de ambigüedades y de intenciones ocultas de futuro. Está claro que detrás de estas acusaciones se esconde la intención de regateo en materia autonómica. Pero he de decir, de una vez por todas, que los vascos hemos vivido durante siglos en régimen de Pacto con la Corona; que nunca atentamos contra tales pactos; que mi partido propone, y ahí están nuestras enmiendas constitucionales, la renovación del Pacto Foral con la Corona, en esta nueva ocasión monárquica, y que lo cumplirá cabalmente si llega a plasmarse.

Esta declaración tuvo importantes consecuencias, ya que al final del debate, en un aparte, Adolfo Suárez indicó a Xabier Arzalluz el deseo de negociar y de llegar a un acuerdo; por otra parte, sirvió para cortar –aunque sólo momentáneamente– la campaña antinacionalista que en aquellos momentos comenzaba a desencadenarse. Sin embargo, al proponer el Pacto con la Corona y defender los derechos históricos, el Partido Nacionalista Vasco no pretendía efectuar una finta de marcado carácter oportunista, sino que trataba, más bien, de situar la cuestión vasca en su auténtico contexto, en la debida perspectiva histórica, demostrando así que sus reivindicaciones eran el fruto de una larga contienda, de un hecho histórico muy grave, y que su resolución requería un engarce constitucional concreto y específico que, a nuestro modo de ver, pasara inevitablemente por el reconocimiento de los derechos históricos vascos, actualizados por la vía del Pacto con la Corona.

La entrevista con el rey en Candanchú, celebrada el 16 de abril de 1978, y a la cual, por parte del Partido Nacionalista Vasco, asistieron Carlos Garaikoetxea, Eli Galdós, Xabier Arzalluz y Mitxel Unzueta, respondía al mismo objetivo. La reunión se efectuó de una manera un tanto informal, en el despacho del jefe de monitores de la estación de Candanchú. Los representantes del Partido Nacionalista Vasco plantearon al rey sus puntos de vista y su visión acerca del problema vasco. El rey pareció escuchar de buen grado lo que se le decía, mostrando finalmente su satisfacción por el discurso pronunciado por Xabier Arzalluz en el pleno del Congreso, anteriormente citado. La entrevista duró alrededor de dos horas, entregándosele, durante su transcurso, un documento que recogía los planteamientos más importantes del PNV. De esta reunión surgió la idea de un encuentro con don Juan de Borbón, a cuyo efecto Unzueta y Zabala se desplazaron a Estoril, manteniendo una entrevista de la que se extrajo una impresión positiva.

GANAS DE ESTAR MÁS EN EUZKADI

Se aprobó la Constitución en diciembre 1978, sin la famosa enmienda, y el Pacto con la Corona quedó en agua de borrajas, pero a pesar de aquella divergencia de 1985 logramos que Arzalluz acudiera al palacio de Miramar en el mes de julio de 1991. Los reyes habían viajado al País Vasco aquel 29 de julio y curiosamente no iban a acudir ni a un acto del BBV ni a otro organizado por los jesuitas, como en una ocasión nos lo había comentado el propio rey. Posteriormente ha estado en actos tan pintorescos como la inauguración de la remodelación y pintura del puente colgante de Portugalete, con comida en el Club Marítimo, así como en la inauguración de la empresa gasística Bahías de Bizkaia.

En aquella ocasión, volaron en helicóptero del aeropuerto de Sondika a Gernika, donde los esperaba el gobierno vasco en pleno y un antiguo diputado del Grupo Vasco, que era entonces el alcalde de la Villa, Eduardo Vallejo. Visitaron la Casa de Juntas, el palacio de Montefuerte y las esculturas de Chillida y Moore. Hacía diez años que, en aquel lugar y con la presencia del rey, los junteros de HB le habían cantado, dentro del recinto, el *Euzko Gudariak* siendo desalojados por un servicio interno de orden del PNV. A ese hecho se le dio mucha importancia. Yo no le di tanta, porque podía ser hasta pintoresco que una fuerza parlamentaria manifieste su rechazo cantando. Prefiero a HB dentro cantando que no fuera, temiendo como ocurrió en 1991, diez años después de aquello, que los mismos representantes de HB estaban fuera poniendo a tope una megafonía que lanzaba al aire las notas del Euzko Gudariak, himno de guerra vasco. Cuando se les acabó la canción no les quedó más remedio que poner música de romería. Los reyes comentaron lo alegre de la música, y la reina mostró su interés por un mapa lingüístico que vio en el palacio de Montefuerte. Eduardo Vallejo, que no daba puntada sin hilo, aprovechó la oportunidad para pedirle una escultura de Richard Serra. La de Henry Moore la habíamos conseguido gracias a nuestras preguntas parlamentarias sobre el *Guernica* de Pablo Picasso. «No os lo prestamos, pero a cambio os compramos un Moore», fue la transacción que logramos con Javier Solana y que inauguró Semprún. Pero, como era de esperar, los reyes no hicieron nada para conseguir ese Richard Serra, y no han cumplido todavía lo que dijeron que harían, que era plantar un retoño del Árbol de Gernika en La Zarzuela. Volvieron con el tiempo a estar en la inauguración de Chillida-Leku y, como era lo normal, fueron invitados, agasajados, fotografiados, enaltecidos, besuqueados, reverenciados y recibidos con un petardazo de ETA. Pero de lo solicitado y de lo que podía haber sido alguna iniciativa de la pareja, nada de nada.

Tras una comida privada y la clausura de un seminario sobre san Ignacio, donde pronunció unas breves palabras en euskera, que todos agradecieron como gesto, se trasladaron al palacio de Miramar en San Sebastián, donde don Juan Carlos había vivido de pequeño cuatro años. El palacio, donación del ayuntamiento donostiarra a la reina María Cristina, lo había vendido su padre don Juan de nuevo al ayuntamiento, que lo utiliza hoy como universidad de verano y para recepciones.

En este acto nos dijo que le gustaría viajar al País Vasco más a menudo. Nos dijo que desearía estar más presente en el paisaje político vasco. Pero, sinceramente, el hombre no hace nada para merecerlo. ¿Qué le costaría en los mensajes de Navidad hacer un saludo en euskera, catalán y gallego, que también son idiomas constitucionales? ¿Qué le costaría tener pequeños gestos de acercamiento y concordia? Nada. Sólo un mínimo de sensibilidad para no dar la sensación de ser muchas veces un caro florero.

El caso es que aquel día 29 de julio de 1991 había mucha gente en el palacio de Miramar, entre ellos el presidente del EBB. En las escalinatas del palacio mantuvimos una conversación en la que el rey nos decía que su presencia en Euzkadi –había pronunciado por primera vez esta palabra en un discurso– animaba a mucha gente que se podía sentir confusa porque eran más ruidosos los gritos de una minoría que la presencia de una mayoría. Nos extrañó que nos dijera que él, al estar por encima del gobierno, podía hacer más gestos, y dirigiéndose a mí me comentó que le habían gustado mis declaraciones según las cuales yo había dicho que no era muy lógico que visitara Euzkadi cada diez años y que había que hacer las cosas con más normalidad y asiduidad.

Nos contó que había vivido en aquel palacio, que en él había aprendido a contar en euskera y que tenía muy buenos recuerdos de su estancia en Donostia, así como que estaba contento por volver y que tenía preparadas sus habitaciones arriba. Curiosamente llevábamos el mismo modelo de corbata, aunque le puntualicé, como le dijo Manuel de Irujo a Alfonso XIII, que le saludaba «desde la acera de enfrente». Se rió. Y quedó con Arzalluz en que le llamaría. Hasta hoy. De allí se fue al restaurante Akelarre con una representación de las instituciones vascas. El día de San Ignacio estuvo en la misa concelebrada por el cardenal Sukia en la explanada de la basílica de Loyola con motivo del V centenario del nacimiento, allí, del santo. Tras la misa visitaron a don José Miguel de Barandiarán en su pueblo de Ataun. Barandiarán estaba considerado el patriarca de la cultura vasca.

EL ALMANAQUE MONÁRQUICO DE BOLSILLO

Cuando los nacionalistas vascos solemos decir que la democracia española no nos parece una democracia madura, entre otras cosas nos referimos a que todo lo que atañe a la Monarquía sigue siendo un asunto tabú por intocable. Y no deja de tener su gracia que siempre, en todas las encuestas, salga don Juan Carlos como la personalidad más apreciada por la ciudadanía. Faltaría más. ¿Sería igual si se conociera su pensamiento sobre ciertas cosas, sus negocios, sus andanzas o su vida privada como ocurre en Inglaterra? Mucho me temo que en esa valoración caería una buena parte de su consideración. Y no estoy diciendo con esto que tengamos que hacer de picapedreros iconoclastas ante una institución que pocos cuestionan. Pero sí que se erradique de una vez por todas el papanatismo, la coba sin límite, las mentiras enfáticas y el pensar que el ciudadano es bobo y traga todo cuanto le echan. Y lo decimos nosotros, que en la discusión constitucional reivindicamos el Pacto con la Corona como algo útil para la convivencia y el encaje de Euzkadi en el Estado. Y lo dice alguien que hizo lo posible para que el *lehendakari* Ibarretxe estuviera en el acto organizado en el Palacio Real con motivo de la presentación de los actos del 25 aniversario de la Constitución y quien hizo de puente cuando el presidente de la Real Academia de la Lengua Española, Víctor García de la Concha, me pidió que averiguara si el *lehendakari* estaría dispuesto a participar en el Patronato de la Academia al corresponderle a la Comunidad Autónoma Vasca, por turno, formar parte de dicha institución. El *lehendakari* contestó afirmativamente, pues no en vano el castellano es por ley tan cooficial como el euskera en el País Vasco y allí estuvo en La Zarzuela para gran satisfacción de don Juan Carlos.

Sin embargo, es poco lo que recuerdo de alguna crítica pública al rey por algún político en ejercicio. En enero de 1998, Joaquín Almunia, secretario general del PSOE, se quejaba suavemente de no ver bien que el rey en sus palabras de felicitación a las Fuerzas Armadas en la Pascua Militar, mostrara su optimismo ante la tendencia apuntada a incrementar el presupuesto de Defensa. Almunia estaba molesto porque no había un consenso parlamentario al respecto. No era el caso del portavoz de Defensa de IU, Willy Meyer, que decía, con toda claridad, que el rey había tomado partido a favor de los planteamientos del PP. Recuerdo asimismo una insólita salida de pata de banco de Javier Rupérez protestando con razón por los viajes del rey. La Casa Real salió a puntualizarle, mientras que el ABC de Anson le zurraba la badana, y de Rupérez nunca más se supo como crítico monárquico. Recuerdo asimismo cómo escribía quien ejercía de superpatriota, Federico Jiménez Losantos, que pedía un poco más de seriedad en relación con la Casa Real en julio de 2001:

> Aquí por la delicada situación sentimental entre la novia polémica y la pertinaz soltería del Príncipe de Asturias, así como la creciente actividad y extraordinaria popularidad de las Infantas y sus respectivos maridos, Marichalar y Urdangarin, se plantean la misma necesidad de separar las tareas de representación institucional y nacional, y las faenas de tipo privado para pagar el alquiler y ganarse el pan, léase caviar, de la regia parentela. Precisamente porque en España –mérito de los Reyes y de la Prensa– no hemos te-

nido escándalos como los británicos, podría hacerse ahora ese reglamento de incompatibilidades entre lo público y lo privado como norma interna de la Casa Real. No es de recibo ético ni estético que personas de la Familia Real salgan en televisión regateando en barcos con nombre de compresa, de banco o de perfume, como tampoco lo es que el yate del Rey sea un regalo de los hoteleros y no corra a cargo del Presupuesto.

No creo, por tanto, que hablar de la Monarquía sea faltarle el respeto a nadie. Hasta Anson me dio su razón cuando en el Debate del Estado de la Nación de julio de 2003 critiqué que en la Constitución española se discriminara a la mujer como así sucede en el artículo 57, en el que se precisa que tendrá prioridad el varón sobre la mujer en la sucesión. «Con esta reflexión en voz alta, Anasagasti –decía *La Razón*– volvió a poner encima de la mesa la necesidad de una reforma imprescindible, como siempre defendió *La Razón*.»

En un almanaque monárquico de bolsillo se publicaron los mandamientos del buen monárquico de don Antonio Goicoechea. Comenzaba con el primero: «Amarás y defenderás la Religión Católica y educarás en ella a tus hijos». El tercero decía: «Amarás a la Monarquía como a la institución a la que España, tu madre, debe su unidad, su grandeza y su gloria, a través de los siglos y en la que tiene puesta su esperanza para el porvenir». Y el cuarto, la gran clave: «Amarás al Ejército y defenderás su honor como el de la más visible representación de la Patria. Porque en él colaboran todos sus hijos y es siempre el símbolo de su autoridad y el instrumento de su gloria». Almanaque publicado en diciembre de 1935. Siete meses después, Franco y sus sublevados decidieron ponernos a todos el calendario en nuestras casas de forma obligatoria, hasta el punto de que setenta años después el almanaque monárquico sigue imponiendo su criterio. Pasaron de fidelidad a la República a fidelidad y lealtad sumisa a Franco sin que se les moviera un pelo.

LOS TÓPICOS DE LA PASCUA MILITAR

Finalizaba el año 2003. La presidenta del Congreso había dicho al levantar la sesión de aquel martes 23 de diciembre algo que ya es un clásico: «Se levanta la sesión, y algo más». Y es que en una semana iban a ser disueltas las Cortes Generales. Pero la vida seguía. El viernes 26, Maragall y Esperanza Aguirre acudían a La Zarzuela. La segunda le hacía una reverencia al monarca que casi se queda pegada al suelo. El segundo daba un cabezazo más propio de aquel Piqué que ante Bush dio cinco, que de un socialista catalán que acababa de pactar con un partido republicano. Sigo pensando que una cosa es la cortesía y otra muy distinta la cortesanía. Y eso es en lo que han quedado convertidos los jefes socialistas. Nada que ver con la visita que le hizo Ramón Rubial y todos los miembros del Consejo General Vasco en 1978, cuando, al ir a visitarle a La Zarzuela, le recordó que todos sus antecesores habían acabado en el exilio. Nada tampoco que ver con lo que nos recordaba Paul Preston sobre lo que se dijo en 1969 cuando el dictador le designó sucesor a título de rey:

> El PSOE emitió un manifiesto denunciando el nombramiento como último conato desesperado de supervivencia de aquellos que habían destruido la democracia treinta años antes. Juan Carlos era tachado de «príncipe de opereta» y toda la operación de un intento de «imponer, en grotesca escenografía medieval, un futuro rey de cartón piedra». El maoísta PCE (Marxista-Leninista) describía al príncipe y futuro rey como un «engendro franquista y un fiel lacayo de sus amos yanquis». Salvador de Madariaga escribió una artículo titulado «Die spanische Monarchie», que fue publicado en el *Neue Zürcher Zeitung* y reproducido en muchos otros periódicos europeos y latinoamericanos, en el cual decía que «España no aceptará nunca un monarca que traiciona a su padre y declara abiertamente que será el rey de los vencedores de la guerra civil».

Ya, ya.

Sin embargo, no había más que escuchar a Rodolfo Ares comentar el discurso del rey del 24 de diciembre. Parecía el conde de Romanones. Lo de menos era que aquello fuera un discurso de La Moncloa en lugar de uno propio de la Zarzuela. Lo de menos era que el rey, al hablar de las víctimas del terrorismo, se olvidara siempre de las víctimas del franquismo, víctimas olvidadas por espacio de cuarenta años y sólo recordadas un poco en la 8.ª legislatura al aprobarse la Ley de la Memoria Histórica.

¿No es el rey de todos los españoles? Lo de menos es que fuera un monarca monolingüe hablando de pluralidad pero no teniendo ni el detalle de saludar en las lenguas cooficiales. Lo de menos era que hubiera camuflado su altísima responsabilidad por haber dado cobertura a un gobierno que había desconocido el hecho de que, para hacer la guerra o declarar la paz, había que pasar por las Cortes Generales. ¿Dónde quedó el recuerdo para el cámara de televisión José Couso, para Anguita Parrado y para los miles de asesinados en Iraq? ¿No habíamos quedado que la de Iraq era una guerra humanitaria convertida sin permiso de nadie en guerra contra el terrorismo? Lo de menos, pues, era lo que había dicho de que la Constitución no era de nadie, y sí un marco flexible en el que había que trabajar con consenso y diálogo. Para Ares todo lo dicho por el rey de España era maravilloso, estupendo, fantástico. No había omisiones ni había reflexiones fuera de lugar. Todo era una pieza digna de grabarse en piedra. Ares, como López Garrido (PSOE), dijera lo que dijera el rey, siempre lo alababan de forma acrítica. Es la consigna.

Lógicamente, los que no agachamos la cabeza, los que matizamos todas estas cosas, los que recordamos que al rey no lo elige nadie y representa el sistema más antidemocrático del mundo, los que protestamos porque en una televisión pública como la española sólo haya loas y ningún comentario adverso, los que denunciamos en la tribuna del Congreso en el Debate del Estado de la Nación que la Constitución hace prevalecer en la sucesión al hombre por delante de la mujer y ahora resulta que hay que cambiar ese artículo, somos gente asilvestrada y montaraz. Los hombres de Estado son los profesionales del botafumeiro con sus cabezazos monárquicos y los Rodolfo Ares con sus loas cortesanas. Es normal que luego nos digan que la Monarquía es la institución más valorada.

¿Resistiría la española la crítica que se hace a la inglesa?

Y un dato. Cada 6 de enero toca pronunciar el discurso de la Pascua Militar. ¿Por qué el Rey nunca ha dicho nada de la brutalidad que supuso la guerra contra Iraq en búsqueda de unas armas de destrucción masiva que nunca aparecieron? Algo debería haber dicho, pues es nada menos que el jefe de los Ejércitos. El acto siempre es en el Palacio Real, con todos los militares uniformados, salvo el gobierno, y el Rey, de jefe supremo de las Fuerzas Armadas. Nunca se oyó la mínima asunción de responsabilidad por la guerra de Iraq, ninguna por todas las mentiras que se dijeron, ninguna por hurtar el debate y el permiso al Congreso. Nada. Mucho saludo militar, mucho taconazo, mucha charretera, pero poca humanidad. Todo es apariencia, marcialidad, superficialidad y unanimidad. Y lógicamente, yo ante eso no me callo. Y así me va.

CAPÍTULO IV

CREÍMOS EN EL PACTO CON LA CORONA

Costó que la viuda de Franco, D.ª Carmen Polo, saliera de la residencia en la que había vivido con su marido durante toda la dictadura. El 31 de enero de 1976 abandonaba el palacio de El Pardo, recibiendo todos los honores del momento, mientras se hablaba del frenazo Arias Navarro y el príncipe Felipe cumplía ocho años.

Por aquellos días llevaba secuestrado tres semanas el joven de Bérriz José Luis Arrasate, y Manuel Fraga, que era el ministro de la Gobernación y vicepresidente para Asuntos del Interior, le decía al *Times* de Londres que España tendría elecciones generales basadas en el sufragio universal directo en la primavera del año 77, elecciones para elegir a la cámara baja del futuro Parlamento. Y se atrevió a más. Anunció enfático que, antes de que acabara 1976, el ciudadano participaría en un referéndum para aprobar la creación del nuevo sistema parlamentario. No se equivocó. Lo que ocurrió fue que quien promocionó las dos cosas no fue él, sino Adolfo Suárez.

Europa, por aquellos días, estaba muy lejos y se la seguía viendo como un horizonte de libertad al que había que llegar. En Atenas, tras sacudirse a los Coroneles, trabajaban intensamente por la adhesión al Mercado Común, pero la Comisión Europea recomendaba para Grecia otro periodo de asociación, en vez del estatuto de adhesión que se solicitaba. Atenas criticaba a Bruselas porque veía en esta iniciativa una maniobra para revisar todos sus criterios relativos a la política de incorporación de nuevos miembros. Sin embargo, en Madrid, además de Europa, les preocupaba lo que hacía Hassan II, quien tras la Marcha Verde, cuando Franco agonizaba, imponía sus criterios. De hecho, aquellos días se anunciaba que los legionarios no volverían al Sahara, ni siquiera en calidad de cascos azules. No se habían repetido combates entre argelinos y marroquíes en el antiguo territorio español, pero la tensión era máxima entre Rabat y Argel.

Así las cosas, en Euzkadi había inquietud. La amnistía no acababa de llegar. El rey daba sus primeros pasos políticos tras su coronación, y el sermón de Tarancón y su promesa de ser el rey de «todos los españoles». Se le veía débil y fugaz, pero ahí estaba y quizás podría hacer algo. Por eso un grupo de personalidades vascas le escribió una interesante carta. Desgraciadamente la amnistía llegó año y medio después. Demasiado tarde.

Las personalidades vascas eran treinta y representaban la vida económica, cultural y política del País Vasco. Suscribían el documento, entre otros, los escritores Blas de Otero y Gabriel Celaya, los notarios José María Segura y Miguel Castells, el entonces concejal José Ángel Cuerda, el industrial Eloy Lobo, el alcalde y teniente alcalde de Pamplona Francisco Javier Erice y Tomás Caballero respectivamente, el escultor Chillida, el entrenador de fútbol Elizondo, el antropólogo Julio Caro Baroja y el portero del Athletic y titular de la selección José Ángel Iribar.

Estas treinta personas le solicitaban una audiencia, mientras le dirigían un documento en el que le exponían la situación política por la que atravesaba Euzkadi, situación que necesitaba de una amplia amnistía. Eso fue en febrero de 1976. El documento, encabezado por el patriarca de la cultura vasca, D. José Miguel de Barandiarán, decía así:

> En este largo camino alguien ha de dar el primer paso, y el primer paso lo debe dar la autoridad. Hondamente preocupados por el futuro de nuestro pueblo, hemos sido testigos del fracaso de la política represiva aplicada tenazmente, durante muchos años, en un fallido intento de resolver los problemas. Asustados por la espiral de violencia creemos que seguir aplicando la misma política supondría un alto grado de ceguera e irresponsabilidad. Por el contrario, creemos en la solución democrática y como primera medida para ella la amnistía. Conocemos la dificultad de lo que pedimos a la autoridad, pero no es menor, en nuestra opinión, la trascendencia de la contrapartida que podría conseguirse: propiciar la renuncia a los deseos de réplica y reivindicación de quienes durante años se han considerado vejados y oprimidos. Nuestra gestión responde a esta voluntad de una paz que aún parece posible, abandonando las actividades de enfrentamiento que nos llevan a una escalada de violencia que tienen raíz secular en las luchas de nuestro país.

Para los firmantes, el que se excluya de la amnistía lo que llaman «delitos de sangre», sería una solución equivocada, y el error arrancaría de desconocer la situación socio-política del País Vasco, donde la violencia, con precedentes históricos de más de un siglo, se ha visto exacerbada a partir de la última guerra civil por una opresión cultural, económica y política, y, particularmente, por un desconocimiento de los derechos humanos con reiterados ataques a la dignidad e integridad física de las personas, que ha empujado a muchos a la vía extralegal, donde actualmente se encuentran situados.

Los firmantes desean estar convencidos de que, si la amnistía no es total, la situación vasca puede degradarse y llegar a un máximo de violencia. Creemos que el momento actual es crítico; hoy existe la posibilidad de una amnistía total que durante cuarenta años se ha estado esperando en el País Vasco y que puede ser un primer paso para la convivencia necesaria y para la paz.

Un buen texto al que no se le hizo caso. En Madrid no tuvieron en cuenta este llamamiento dirigido a la «autoridad» que en aquel año sólo era el rey. En 1976 se perdió un tiempo vital y precioso para haber hecho muchas cosas, entre ellas ésta. Es lo que treinta años después no se cuenta.

FRENAZO ARIAS

Tras unas semanas de optimismo originadas por las declaraciones de varios ministros del gabinete de la Monarquía, el jefe del Gobierno español, Carlos Arias Navarro, dio el miércoles 28 de enero de 1976 un frenazo en toda regla. Repitiendo el concepto de «democracia a la española», señaló al Movimiento Nacional como integración «de las particulares corrientes políticas para el logro de un proyecto sugestivo de convivencia patria».

Traje gris oscuro, camisa color crema y corbata azul, el primer ministro de la Monarquía subía al estrado, ante la mirada expectante de los procuradores, el visible nerviosismo de algunos miembros del Gobierno y el interés de millones pendientes de sus televisores.

Sus primeras palabra fueron: «Ocupo esta tribuna de nuevo en un momento político que, sin duda, será calificado como excepcional en la historia de nuestra patria».

Arias Navarro recordaba a Franco y su obra, y señalaba que debía rebajarse la mayoría de edad para los descendientes del rey Juan Carlos y desaparecer el Consejo de Regencia en aras de la plena regulación de la institución monárquica que era la encargada de designar testamentariamente el regente. Los primeros aplausos apasionados se producían cuando Arias señalaba que no podía volverse a un «imposible e indeseable punto cero». Frente a la ruptura democrática defendida por la oposición, Arias señalaba que la actitud del Gobierno, «que desea la plena normalidad democrática»,

> es la de consolidar todo lo bueno que tenemos; de no rechazar nada que pueda perfeccionarlo o mejorarlo; de abrirse a toda clase de iniciativas y sugestiones; de promover una serie de reformas en el sentido de un avance controlado y no de un cambio improvisado e irresistible; de moverse, en definitiva, sin prisa y sin pausa, hacia lo que es el destino indudable de nuestro gran país; una sociedad más homogénea, con menos diferencias en sus grupos sociales, cada vez más próxima a los países más prósperos y educados del mundo occidental, cada vez más rica, libre y tolerante y, en definitiva, más democrática.

En fin, Arias anunciaba una «democracia a la española»: democracia coronada, representativa (sin olvidar el corporativismo) y social de acuerdo con los esquemas joseantonianos.

En esta democracia «no tendrán cabida ni el terrorismo, ni el anarquismo, ni el separatismo, ni el comunismo».

Especialmente duro en estas referencias y especialmente reiterativo en estos temas, más a la defensiva que a la ofensiva política, más en el deseo de preservar que de construir, Arias insistía una y otra vez en la autoridad y en la jefatura del monarca.

LOS AYUNTAMIENTOS RECLAMAN A LA ZARZUELA

Desde sus orígenes, a principios del siglo XX, el diario madrileño *ABC* se ha caracterizado como uno de los más encarnizados enemigos de la autonomía, en particular de los pueblos que tienen conciencia de su personalidad y voluntad para hacerla valer. Pero hete ahí que el 20 de febrero de 1976 había vuelto a referirse a temas de trascendencia y lo hizo con un espíritu diametralmente contrario al de su actitud de siempre.

Bajo el título «En defensa del vascuence» realizó un recorrido histórico sobre tal materia que difícilmente podría haberse leído en sus páginas en tiempos anteriores. Declaraba, para comenzar, que,

> entre la riqueza cultural de España, ocupa un destacado lugar la lengua vasca, cuya persistencia a través de los siglos constituye un fenómeno lingüístico de excepcional importancia, ya que, a pesar de la influencia de elementos extraños, el vascuence ha demostrado extraordinario vigor al conservar casi intacta su personalidad original.

Motivo para tan inesperada defensa del idioma euskérico había sido la decisión del ministro de Educación, Robles Piquer, de reconocer oficialmente la Academia de la Lengua Vasca, a la que desde entonces se denominaría nada menos que Real, no como una afirmación y reconocimiento de un hecho evidente, indiscutible, sino en el concepto de «regia», como patrocinada por el rey, una rey que jamás mostró el menor interés por saber más de dos palabras en euskera.

Para revestir de mayor realce su intervención en favor del idioma vasco, recordaba el *ABC* que ya el monarca Alfonso XIII asistió el año 1918 al Congreso de Estudios Vascos celebrado en la antigua Universidad de Oñate. Y agregaba que la Academia de la Lengua Vasca llevaba trabajando en la recuperación de este idioma nada menos que impulsada por las alentadoras palabras que en aquella oportunidad hubo de pronunciar Alfonso XIII.

Destacaba también el *ABC* que en esta ocasión se había registrado la intervención del monarca Juan Carlos a fin de revitalizar el rango de la mencionada Academia conforme al mismo espíritu que inspiró a su abuelo Alfonso XIII en el recordado acto de Oñate.

Con todo lo cual, el *ABC* se había dado el gustazo de apuntarse un tanto a favor de la Monarquía, no restaurada, sino instaurada. Pero lo hizo de tal manera, que no había podido menos de poner en evidencia el verdadero sentido y finalidad de su salida en aparente apoyo del euskera. Porque, si bien en apariencia simulaba romper lanzas a favor del idioma vasco, lo cierto es que el verdadero objeto de su interesada intervención había sido el de arrimar el ascua de la popularidad a favor de la sardina monárquica, según lo probaba su recuerdo del acto de Oñate y el elogio al modestísimo rasgo ministerial de conceder el rango de Real a la Academia de la Lengua Vasca.

En ese ambiente empezó a recordar que el 21 de julio se cumpliría el centenario de la ley que abolió los Fueros del País Vasco. En 1875 terminó la Segunda Guerra Carlista, consecuencia del triunfo de Alfonso XII sobre su primo Carlos VII. El pretendiente carlista se exilió en Francia el 28 de febrero, lanzando su histórica palabra: «Volveré». Hasta hoy.

Un siglo después, semanas antes de llegar a estar fechas, algunas entidades municipales vascas celebraron sesiones extraordinarias para discutir y plantear varias peticiones, entre las que destacaba la redacción de un proyecto de autonomía parecido al aprobado el 14 de julio de 1931 en Estella.

Abriendo el fuego, el Ayuntamiento de Bergara, después de un acuerdo adoptado en sesión celebrada el día 28 de marzo, cursaba al rey una serie de peticiones reactualizando el problema de los Fueros, Estatutos y Autonomía. Lo hacían así porque, como hemos visto al principio del capítulo, era entonces la «Autoridad», y desde Euzkadi se seguían muy de cerca sus primeros pasos, que aunque cortos, tenían algún matiz que otro. Pero todo se frustró en diciembre de 1978. La Constitución no reconoció la reintegración foral plena con la que desde Euzkadi quisimos hacer aquel Pacto con la Corona. Quizás hoy la historia hubiera sido otra.

MENSAJE DE ARZALLUZ AL REY

Tras la extenuante campaña legislativa del año 2000 que le dio mayoría absoluta a José María Aznar, y poco después de constituirse las Cortes Generales, la Casa Real fue llamando a los distintos portavoces parlamentarios con el fin de evacuar consultas en relación a quién debía proponer el rey como candidato a presidente de Gobierno con objeto de que se realizara el Debate de Investidura en el Congreso. Con este cometido he estado en el palacio de La Zarzuela en 1986, 1989, 1993, 1996 y 2000. Se trata de un mero trámite, pero le da al rey la oportunidad de hablar con todos los grupos parlamentarios, cuestión que sólo hace una vez cada cuatro años. No es para herniarse.

En la reunión que mantuve en 1986, el rey fue muy crítico con Juan Alberto Belloch y Margarita Robles a cuenta de haber propiciado éstos que se sacase a la luz el caso GAL. Aquello me extrañó tanto que le pregunté por qué en un Estado de Derecho no se podía saber nada sobre aquel delito de Estado. Y es que aquella salida me pareció insólita, porque en realidad no era creíble que en La Zarzuela lo ignoraran todo sobre el asesinato de 28 personas e incluso que el rey no sólo no supiera nada, no intuyera nada, no sospechara nada, ni preguntara nunca nada, sobre el hecho imperdonable que desde las cloacas de un Estado, del que él era el máximo representante, se asesinara a esas 28 personas a pesar de recibir continuamente información reservada. Por otra parte, en ningún mensaje de Navidad, a la hora de condenar el terrorismo o en los de la Pascua Militar, el rey aludió a semejante cuestión ni condenó a los GAL, mientras en privado me criticaba que se hubiera quitado la tapa al puchero.

El caso es que tras la mayoría absoluta de Aznar tuve que volver a La Zarzuela a decir lo evidente, que no era otra cosa que Aznar debería ser el propuesto. Sin embargo, no quería una reunión más con el monarca en momentos en los que se adivinaba, tras el espléndido resultado del Partido Popular, una legislatura guillotina, dura y bronca, y por eso solicité al presidente del EBB, Xabier Arzalluz, que me escribiera unas letras para el rey. Arzalluz me contestó que aquello no serviría para nada, pero teniendo en cuenta mi insistencia lo hizo, y con aquellas letras en el bolsillo fui el 12 de abril de 2000 a visitar al rey.

Desde la puerta de Somontes al palacio hay seis kilómetros de un parque natural en el que saltan los ciervos y hurgan en la tierra con su hocico los jabalíes. Al llegar al palacio me recibió un teniente coronel que me acompañó al primer piso. Al poco de estar en la sala de espera vino Fernando Almansa, un granadino que había estudiado en la Universidad de Deusto. Hacía cuatro años lo había hecho Ricardo Martí Fluxá y en la primera ocasión recuerdo al marqués de Mondéjar, quien me contó de qué manera el rey recibía cajas de puros de Fidel Castro, mientras yo veía en esa antesala sólo revistas de coches y motos.

Tras una breve espera conversando con Almansa me recibió don Juan Carlos. Departí con él durante tres cuartos de hora. Y le entregué la carta. Ésta decía:

> Bilbao, 11 de abril de 2000
>
> Señor:
>
> Me permito enviarle un respetuoso saludo aprovechando la visita «protocolaria» de nuestro portavoz Anasagasti.
>
> Pienso que desde Madrid se nos ve cada vez más lejos. Lejanía que puede ir aumentando hasta no poder ya vernos, si sigue la política cerrada y la absoluta incomunicación del Gobierno Aznar.
>
> No quisiera aumentar sus preocupaciones. Pienso que Anasagasti podrá comentarle mucho más directa y competentemente nuestros problemas, que lo son también de Su Majestad.
>
> Afectuosamente,
>
> Fdo:
>
> Xabier Arzalluz

Estas correctas letras me dieron pie para que le contara cómo estábamos viendo la situación y cómo la frase de Arzalluz de que cada vez estábamos más lejos era una buena descripción de la situación, que además iría a más. El rey estuvo receptivo y amable y, sobre todo, sonriente cuando le pedí que se mojara más, que hiciera gestos de distensión, que no fuera tan neutral ante una situación de atropello, que si bien el enemigo era ETA, él era el jefe de un Estado que se decía plural, en teoría, pero no era así en la práctica.

Cogió la carta, me dijo que la estudiaría. Hasta hoy. Nunca más supe de ella. Arzalluz había vuelto a tener razón. Todo aquello era una pérdida de tiempo.

Tras la reunión y a la entrada de palacio, a los periodistas les habían situado en una gran carpa para la habitual rueda de prensa. Por allí pasábamos los portavoces para repetir las generalidades de costumbre. Estuve en un tris en decir que le había entregado al rey un sobre con una carta de Arzalluz. Me mordí la lengua. Hubiera sido toda una primicia informativa y sólo hubiera servido para que los tratadistas constitucionales y los periodistas del pensamiento políticamente correcto me dijeran que el rey es una instancia intocable.

Y, sin embargo, era el día en el que Aznar pedía la dimisión de Ibarretxe desde Bratislava, capital de una Eslovaquia que se había separado por las buenas en 1993 de Chequia, con el simple argumento de que ejercitaba su derecho a la autodeterminación, hecho que el Gobierno español había reconocido inmediatamente.

Al ser preguntado por estas acusaciones, les dije a los periodistas que, si por Aznar hubiera sido, no habría habido transición, ni una Constitución con capítulo VIII, ni hechos diferenciales, sino la «España Una, Grande y Libre» de los Reyes Católicos. Con semejante cerrazón no se hubiera legalizado al PC, ni se hubiera desmontado el Movimiento. No había más que haber leído los artículos de Aznar en el periódico *Nueva Rioja* de Logroño en los tiempos en los que era un inspector fiscal con querencias neofalangistas. Comenzaba a ser normal que un presidente de Gobierno pidiera nada menos que la dimisión de un *lehendakari* porque no le gustaba lo que decía. Dije también que era más fácil hablar con el rey que con Aznar y que ya estaba bien de que todo un Gobierno tuviera tan poco respeto institucional hacia una Comunidad Autónoma. Aquello al PP le sentó fatal, sobre todo por el lugar desde el que lo dije y por el eco que aquellas palabras habían tenido en momentos de euforia y machaqueo al PNV por parte del Partido Popular.

MÁXIMO Y TABUCCHI

Sin embargo, en esta España de recurrente silencio respecto al rey suelen ser raras las voces que se escuchan indicándole lo que debe hacer. Una de ellas es la del editorialista y dibujante gráfico de *El País* Máximo, quien, en mayo de 2003, en su esporádica sección «Diario Regio» y bajo una corona, se hacía la siguiente reflexión poniéndose en los zapatos del Rey: «Soy Rey de todos los vascos (con perdón) y me preocupa que unos lo acepten más que otros. ¿Debo permanecer pasivo ante esta disyuntiva? ¿Debo hablar con unos y con otros? Ya sé que el Gobierno tiene las atribuciones constitucionales, pero yo tengo las atribuciones de la historia de España. ¿O no? La Reina y yo (no sé si el Príncipe) estamos hechos un lío, Máximo».

Fantástica reflexión políticamente incorrecta, como lo fue al mes la carta que el escritor italiano Antonio Tabucchi le dirigió al presidente de la República Italiana Carlo Azeglio Ciampi a cuenta de Berlusconi:

> Yo soy un ciudadano y usted un presidente de la República; dirigirse al propio presidente en una democracia es cosa normal, al menos mientras ésta exista. Y le ruego que disculpe las molestias si ha asumido la carga de convertirse en presidente de la República en una coyuntura histórica como la actual, a su venerable edad, sin carrera política a sus espaldas. Debía de estar usted muy convenido a la grave tarea a la que hacía frente. Su alto cargo, aunque en Italia haya muchos que preferirían verle relegado a un empíreo equivalente al del papa, donde la palabra no es discutible siendo dogma, prevé en una democracia normal pelmas como yo. La democracia significa también reciprocidad: usted es el garante de mi Constitución, yo le pido cuentas por ello. Y así, a mi manera, me convierto en garante de lo que usted debe garantizar. En caso contrario, como decía Paul Celan, ¿quién ha de testificar por el testigo?

Aquella carta abierta, cuyo título era tan sólo un «Señor Presidente», se le habría podido ocurrir a algún intelectual español. Sin embargo, esto no ha sucedido nunca, salvo en el caso de Máximo, y dudo que suceda. Sobre todo que alguien hubiera descrito a Aznar como Tabucchi había descrito a Berlusconi:

> Berlusconi no parece tener rémoras; evidentemente, tiene las espaldas bien cubiertas. Y no sólo por la «honorable sociedad» que lo sostiene, sino a nivel mundial. Ha entrado en nuestra Unión Europea como ciertos kamikazes entran en un autobús con un cinturón de explosivos.

Algo así había estado a punto de hacer Aznar con relación al tema vasco. Sin embargo, en Italia se denunciaba públicamente por un intelectual, pero en España sólo cabía entregarle de tapadillo al rey una carta en palacio y sin que se enterara nadie. «Pienso que desde Madrid se nos ve cada vez más lejos...», le decía Arzalluz.

Y el rey en silencio.

SILENCIO, SÓLO SILENCIO

En la Nochebuena de 1975 hacía un mes que había fallecido Francisco Franco. Tras cuarenta años de dictadura la gran novedad era la aparición, en el mensaje navideño, de un joven rey designado por el dictador que borraba las imágenes de los últimos años de éste con su voz aflautada, sus tópicos al uso y su brazo derecho subiendo y bajando de manera mecánica. Allí estaba el futuro deseando un nuevo año y diciéndole al pueblo español:

> El año que finaliza nos ha dejado un sello de tristeza, que ha tenido como centro la enfermedad y la pérdida del que fue durante tantos años nuestro Generalísimo. El testamento dirigido al pueblo español es, sin duda, un documento histórico que refleja las enormes calidades humanas y los sentimientos llenos de patriotismo sobre los que quiso asentar toda su actuación al frente de nuestra nación.

Todo un mensaje democrático el de aquel año 1975.

En 1977, tras las elecciones generales de junio, tuvo que cambiar radicalmente de registro, y en 1997 nos indignaba aquella Navidad cuando nos decía que aquel año el pueblo vasco había dicho «Basta ya» a la violencia terrorista de ETA. No analizaba don Juan Carlos que el nacionalismo vasco democrático y mayoritario había estado siempre en contra de la violencia, incluso de la que a él le había hecho rey con su apoyo a la dictadura. El PNV ya en 1978, antes de ser aprobada la Constitución española, había organizado una gran manifestación en contra de ETA.

Esa Navidad, además de olvidarse del secuestro de Cosme Delclaux, también se le olvidó, como se le olvida siempre y no me canso de repetirlo, que, además del castellano, son cooficiales el euskera, el catalán y el gallego. ¿Le cuesta tanto un «Zorionak», un «Boas Noites», un «Bon

Nadal»? Puede parecer una anécdota menor, pero evidencia la profunda castellanidad de un Estado que no admite convivir en serio con la pluralidad.

Por eso decimos que el rey simplemente está. ¿Cuánto durará esta situación? Quizá hasta que seis intelectuales como Tabucchi empiecen a denunciar su pasividad o el portavoz de un grupo parlamentario de ámbito estatal se atreva a decir lo que dije en la tribuna, o cuando desde dos periódicos comiencen a decirle que se gane el sueldo o se rompa la cortina de silencio que le envuelve y ésta comience a correrse para dejar ver lo que hay.

Yo lamento que don Juan Carlos no hiciera caso a la carta que le entregué en 2000. Quizá las cosas no habrían ido tan lejos. Por eso es bueno recordar que el Arzalluz que en 2000 le avisaba sobre quién era Aznar, era el mismo que finalizaba aquella intervención de 1978 explicando el espíritu de la enmienda presentada al proyecto constitucional sobre la restauración foral el 20 de junio de 1978 de la siguiente manera:

> Los que tenemos empeño en que efectivamente lleguemos a una concordia, a una satisfactoria integración, dejando otras líneas mucho más expuestas y discutibles, hemos creído absolutamente necesario plantear en estas Constituyentes el tema de la restauración foral. Con esto queremos ser fieles a una constante histórica, porque, como vascos, al menos a nosotros –cada cual tiene su filosofía, sus puntos de vista perfectamente respetables– nos pesaría la conciencia el no hacer en este momento este planteamiento. A través de esta restauración foral pensamos en nuestra propia identidad política, en nuestro modo de entender la inserción de los territorios forales en el conjunto del Estado.
>
> Somos perfectamente conscientes de que la idea de pacto produce en muchos algo así como si aquí viniéramos a discutir de tú a tú con el Estado un determinado territorio. Y, sin embargo, no es así. Es simplemente la afirmación de que el Estado, el Reino, se formó de una manera determinada. Esa manera determinada que realmente daba satisfacción por lo menos a esos ámbitos del país y que se vieron distorsionados unilateralmente, esa manera de integración ha de ser reproducida para que, efectivamente, el Estado –y otra vez el Reino, puesto que estamos en una Monarquía– a través

de una fórmula de siglos pueda encontrar un acomodo, una integración consensual y pacífica.

Además nos fuerza a ello también la coyuntura, el momento. Es evidente, y está en la mente de todos, la situación desagradable, por no decir trágica, que se vive en el País Vasco, que no sólo afecta a nuestra vida de vascos, sino a todo el mismo ser del Estado. En ese sentido, quisiéramos en este momento encontrar un entronque de esta plurinacionalidad, que al fin y al cabo se abarca en la unidad del Estado en el artículo 2.°, con estos derechos históricos que son para nosotros absolutamente imprescindibles.

Éste es el espíritu de nuestra enmienda. Yo no puedo llamarme a engaño y pienso que ésta enmienda no va a prosperar, lo cual lamentaré profundamente. Yo quisiera que el futuro no nos demostrara que con este rechazo tal vez hemos perdido en esta ocasión constitucional un gran momento para arreglar un problema que no es de hoy, un problema que tal vez tampoco hoy ha vivido sus puntos más virulentos, y que efectivamente su solución nos ayudaría a esta consolidación de la democracia, a esta formación solidaria de un Estado que, por supuesto, es uno, y que todos aceptamos y estamos colaborando precisamente en esta tarea.

Y nada más, señoras y señores.

Pocos analizan hoy que éste era el meollo del llamado Plan Ibarretxe. Treinta años después, lo vasco sigue sin encontrar encaje, mientras el Rey sigue en silencio. Y eso que en la Constitución le piden que arbitre y que modere. Pero lo más que hace es invitarle a El Pardo en su setenta cumpleaños y, eso sí, sentarle en sitio preferente para que luego el presidente de Cantabria diga al día siguiente que el *lehendakari* brindó por España.

CAPÍTULO V

UN PRÍNCIPE CON PREMIO

El año 2008 fue el del treinta aniversario de la Constitución y de los cumpleaños reales. El rey setenta. El príncipe, cuarenta. Así empezó aquel año. Cantando todas las instituciones el «cumpleaños feliz».

El padre cumplió setenta el 5 de enero. No creo que antes de los cincuenta pueda acceder el hijo a la jefatura del Estado vía sucesión, prevista en la Constitución de 1978, una Constitución machista que relegó a sus dos hermanas, Elena y Cristina; y es curioso que la única alusión que hace la Constitución a la figura del Príncipe de Asturias se plasma sólo en el artículo 57-2, que dice así: «El Príncipe heredero, desde su nacimiento o desde que se produzca el hecho que origine el llamamiento, tendrá la dignidad de Príncipe de Asturias y los demás títulos vinculados tradicionalmente al sucesor de la Corona de España». No dice nada más. Franco, a su padre, habida cuenta de que la Monarquía era una instauración y no una restauración, no le dejó utilizar este tratamiento sino el de Príncipe de España, ya que se trataba de la Monarquía del Movimiento.

Todos los viajes a las tomas de posesión de los presidentes iberoamericanos, todas las inauguraciones a las que asiste, todo ese boato que le rodea, está inventado, ya que actúa por delegación, pero Felipe de Borbón, como tal, sólo tiene como trabajo suceder a su padre. Así de claro y así de crudo.

Por eso me indignó sobremanera el que, tras acordar en la Mesa del Senado que fuera él quien hiciera entrega de los Premios Carandell que entregamos en 2007 al periodista Gonzalo López Alba y a la periodista Marisol Castro, los profesionales, y, llenos de buena gente, servicios de protocolo del Senado, en la organización del acto, por presión de la Casa Real, relegaron al presidente del Senado, que era el anfitrión, al segundo lugar, siendo el preferente el del Príncipe con un rotundo y vistoso número 1.

«Me parece indignante –le comenté yo al presidente Javier Rojo– que permitas este atropello democrático. Tu eres por elección el presidente de una de las dos Cámaras del poder legislativo donde reside la soberanía popular, y el que dejes que tu puesto lo ocupe un señor que no ha sido elegido por nadie, que sólo es el hijo del jefe del Estado, me parece bochornoso. Yo creo que al príncipe hay que tratarlo con respeto, colocarlo en la mesa presidencial y que entregue lo que le dejes entregar, pero que protocolariamente ésta casa le de a él una representación que no tiene, me parece un desenfoque muy grave.» Pero así fue, porque, entre la debilidad de Rojo y las exigencias de la Casa Real, el caso es que, siendo los anfitriones, estuvimos todos en el Salón de los Pasos Perdidos del Senado como de prestado. Mantengo con Rojo una buena amistad, pero esto sinceramente me pareció inadmisible.

Es ésa la cortesanía sin sentido que ha hecho que ese mundo que rodea a La Zarzuela haya terminado por creérselo y pensar que está por encima del voto popular. Si siguen así y si no captan que por este camino van mal, tarde o temprano, si al frente de una de estas instituciones hay alguien en el futuro con coraje y verdadero sentido democrático y popular, van a llevarse un buen disgusto.

CARTA AL REY

Mi última carta al rey iba por ese camino. Harto de esa mentalidad acólita de obsequiosidad extrema, no se le ocurrió mejor cosa a la Mesa del Senado que ir a cumplimentarle porque sí. Y como yo no estaba de acuerdo ni con el fondo ni con la forma, le envié la siguiente carta:

Madrid, 5 de abril de 2005
S. M. el Rey Don Juan Carlos de Borbón
Palacio de la Zarzuela
Madrid

Señor:

Un año después de constituidas las mesas de las Cortes Generales en esta octava legislatura, nos informan de la cortesía de S. M. que ha tenido a bien recibir a la Mesa del Senado este lunes que viene.

A pesar de casi veinte años de relaciones con usted, por medio de la presente le informo que no acudiré a dicho encuentro como secretario primero de la Mesa del Senado.

Estoy crecientemente en contra de la manera de actuar de usted y de su familia, así como de la falta de profesionalidad del jefe de la Casa Real y su falta de respeto institucional.

Atentamente,

Iñaki Anasagasti
C. C. Javier Rojo, presidente del Senado

Como era de esperar, la carta semejó la caída de una piedra en un estanque quieto. No había un precedente de algo así, porque la gente se muere por ir a La Zarzuela a dar el cabezazo, y la primera llamada, alarmada, fue la de Alberto Aza al entonces presidente del EBB Josu Jon Imaz. Pero toda su preocupación, según me dijo éste, era que no se supiera el feo que yo le iba a hacer. Era lo único que les preocupaba.

Podían haberme llamado y preguntado por qué había escrito aquellas letras, o dejar el Everest de palacio y bajar a la tierra. No. Hicieron lo que se hace en un colegio. Llamar a los padres. Así maneja el entorno del rey los posibles conflictos y las discrepancias.

Han sido incapaces de evolucionar y por eso digo que este hombre, Alberto Aza, está ya superado por la actualidad al seguir con aquella mentalidad que tenía cuando fue fontanero mayor del presidente Suárez en el palacio de la Moncloa al inicio de la Transición. El marqués de Mondéjar lo hubiera hecho mejor.

Como dije en la carta, no fui a palacio. Tampoco monté una bronca, pero queda este texto como mentís a ese buenismo que nos presenta a un rey que llama por teléfono y trata de meterse a la gente en el bolsillo cuando hay algún problema. Quizás lo habrá hecho con otros, pero desde luego con un nacionalista crítico, no.

LA CARTA AL PRÍNCIPE

He hablado en varias ocasiones con Felipe de Borbón en alguna recepción, en una comida con él tras la conferencia del *lehendakari* Ardanza en una universidad y cuando me dijo un día que me llamaría para hablar conmigo. Hasta hoy. También cuando le recibimos en la Junta de Portavoces del Congreso y a raíz de su boda.

Ya estaba prometido con Letizia Ortiz y se iban a casar, por lo que las Mesas del Congreso y del Senado organizaron un almuerzo en el comedor del Congreso, donde estuve departiendo, en el vinito previo, con los comensales. Allí hablamos de todo y, como yo estaba siendo muy crítico con el funcionamiento de la Casa Real, me dijo, delante de un grupo de diputados y senadores, que si veía alguna cosa que no me gustaba, le escribiera una carta.

«No se preocupe. Lo haré», le contesté siendo jaleado por mis compañeros, todos ágrafos, que consideran una rareza utilizar la vía epistolar para mantener una relación política.

La ocasión se me presentó a los pocos meses, cuando recibimos en la Mesa del Senado una carta del jefe de la Casa Real, Alberto Aza, agradeciendo el regalo que le había hecho dicha Mesa de un óleo de la pintora M. P. Herrero con motivo de su boda.

«A vosotros que os cabreasteis porque no os invitaron a la boda –dije a mis compañeros de la Mesa– y que hicisteis la cortesanía de, con dinero público, regalarles un cuadro caro, va y ahora ni os contesta el príncipe sino que lo hace el jefe de la Casa Real. Eso os pasa por paletos», y les anuncié que le iba a escribir aquella carta que me había pedido Felipe de Borbón si veía algo que no me gustaba.

Éste fue el texto de las letras que le envié, donde aproveché la coyuntura para hablarle claro sobre otras cosas. Fue así:

Excmo. Sr. D. Felipe de Borbón
Palacio de La Zarzuela
Madrid
Madrid, 27 de septiembre de 2004

Estimado D. Felipe:

El pasado mes de mayo usted me comentó que ya no recibía mis cartas, mientras me decía que siguiera trasladándole aquello que no me gustaba. Lo hizo en el corrillo previo al almuerzo oficial que le ofrecieron las Cortes Generales dos semanas antes de su boda. Por cierto, la presencia allí de todo el arco parlamentario se logró gracias a gestiones del presidente del Senado, ya que la Casa Real deseaba hacer algo más restringido.

La presente viene al caso ya que en la reunión de la Mesa del Senado del pasado martes 7 de septiembre se leyó una carta de agradecimiento de la Casa Real por el regalo que la Mesa del Senado les había hecho con motivo de su boda. La carta venía firmada por D. Alberto Aza.

Ante el hecho les comenté a mis compañeros del PP, PSOE y CIU: «No os invitan a la boda, pero se aprueba el regalo de un cuadro y os lo agradece un alto funcionario».

¿Cuál es la razón por la que ustedes no podían firmar una carta en relación a un regalo que se les hizo a ustedes y no al jefe de la Casa Real? ¿Hemos vuelto al concepto de Monarquía decimonónica o de inspiración divina según la cual el príncipe heredero no puede firmar una simple carta?

Ésta es mi primera observación.

La segunda viene al caso de su viaje a República Dominicana con motivo de la toma de posesión del presidente Leonel Fernández.

Me encontraba en Punta Cana. Pude seguir el acontecimiento por televisión y comprobar el caluroso trato que les dispensaron. Me llamó la atención la colección de lugares comunes que usted expuso en su discurso. Me atrevo a sugerirle a su secretario que renueve algo su repertorio. Por ejemplo. En el caso de República Dominicana una mención a Jesús Galíndez no hubiera estado nada mal.

Como sabe, Jesús Galíndez fue ayudante del ministro de la República por el PNV, Manuel Irujo. Obligado a exiliarse, recaló en República Dominicana en tiempos del dictador Rafael Leónidas Trujillo. De allí tuvo que salir hacia Nueva York tras escribir su tesis de grado sobre «La Era de Trujillo». Aquel dictador tropical le persiguió y secuestró en el metro de Nueva York tras salir de la Universidad de Columbia en 1956. Como consecuencia del secuestro lo llevó a Santo Domingo, lo torturó y lo mató. Aquel crimen tuvo tal repercusión que Galíndez en toda América es un símbolo de libertad. Aquí, Vázquez Montalbán le dedicó una novela.

No entiendo cómo, mientras se nombra a todas horas a Isabel la Católica, a Felipe II y a toda aquella corte celestial de hace quinientos años, hay un temor reverencial a incursionar por el mundo contemporáneo del exilio republicano y nacionalista, mientras se habla de Monarquía integradora y otros conceptos que no se constatan por ninguna parte.

Otro asunto. Usted acaba de estar en Hungría con su esposa. Ha inaugurado el Instituto Cervantes de Budapest y ha dicho que «la cultura es el mejor instrumento para acercar a los pueblos». Sin embargo, cuando usted dice esto, sólo habla de la cultura en castellano. ¿Acaso el euskera, el gallego y el catalán no son idiomas cooficiales y no es parte de la cultura que usted representa? ¿Qué hace la institución de la que es usted Príncipe de Asturias para dar a conocer que en el Estado español hay una riqueza lingüística que no se agota en un poderoso castellano en expansión por todo el mundo? ¿Sabe usted que la sede el Instituto Cervantes de París es la sede que compró el PNV en agosto de 1936, incautada por la GESTAPO en 1940, recuperada en 1944 y requisada por el gobierno franquista en 1951 como consecuencia de una sentencia del Tribunal del Sena en plena ocupación alemana? Hoy es el día en que ese patrimonio no se nos ha devuelto, mientras se siguen abriendo Institutos Cervantes por el mundo con el discurso monocolor de una sola lengua. ¿Para qué nos sirve a nosotros el Estado español?

Finalmente. Le adjunto la pregunta que he formulado al Gobierno sobre el accidente del Yakolev. Usted estuvo en Torrejón de Ardoz en aquel funeral, lo mismo que sus padres. Usted recordará cómo el rey, uno a uno, condecoró aquellos ataúdes que unos militares desaprensivos habían preparado, porque lo importante era la ceremonia y que no se hablara del accidente. Si se reune usted con los familiares, se enterará de lo que dicen de ustedes.

Mi pregunta es: ¿un jefe de Estado sólo puede estar a las maduras y no a las duras? ¿Qué autoridad moral puede tener un rey al que le engañan de semejante manera y que no dice absolutamente nada, no hace el menor gesto y se refugia cómodamente en el papel institucional de las Pascuas Militares, desfiles, taconazos y demás parafernalia vacía de contenido, argumentando que no es su papel intervenir en nada?

Sé que estas letras le extrañarán, pues usted está rodeado de cien capas de corcho, pero mi creciente estado crítico contra una institución a la que cada vez veo más lejana, más centrada en lo ceremonial y cada vez más sostenida por un pacto de silencio, me hace escribirle desde mi acostumbrado estilo directo.

Atentamente,

Iñaki Anasagasti Olabeaga

Como suele ser habitual, no recibí ni un acuse de recibo. Esta gente no contesta nunca. Nada. Como se ve, son gente insensible a la opinión ajena y a la crítica política hecha incluso con papel oficial. De ahí que cuando me refiero a que esta familia tiene que bajarse de la nube, también me refiero a esto. Por lo menos a tener la mínima educación de enviar un acuse de recibo.

CARLOS Y FELIPE

Carlos de Windsor es el Príncipe de Gales, heredero de la Corona británica. Le gusta la arquitectura clásica, opinar saliéndose del guión, la caza del zorro y, como apasionado del medio ambiente, quiere seguir los pasos de Al Gore para llamar la atención sobre la relación desequilibrada del hombre con la naturaleza. Acaba de abrir en Tetbury un establecimiento llamado Highgrove, una tienda para vender tazas, platillos, bandejas y tazones pintados a mano. También se pueden adquirir jabones perfumados con fines verdes.

An Inconvenient Truth es una llamada de atención sobre el cambio climático y fue un éxito de taquilla y un Oscar para el ex vicepresidente. *The Armony Project* es una idea que procede del mismo heredero de la Corona inglesa que la ha inaugurado cuando cumplió sesenta años. Es, pues, un hombre con personalidad, que cultiva hortalizas y comercializa productos de su finca, todos ellos trabajados de la manera más respetuosa con el medio ambiente.

En España, los tertulianos y políticos llaman a los Príncipes de Gales como los Príncipes de Cornualles. A él le describen como «orejudo metepatas, conservador, vetusto de escasas luces y un tanto cobardica». De Camila dicen que no es Einstein y que son dos feos innegables llenos de contradicciones y miserias, mientras a la reina madre le recordaban en vida su afición al gin tonic.

¿Se imagina alguien de por aquí tratar así a Felipe y a Letizia a cuenta de ser ella una divorciada, nieta de un honrado taxista, y ex colaboradora de un personaje tan poco recomendable como Urdaci, y de ser él un príncipe que se construye un palacete en La Zarzuela cuyo costo desconocemos? Pues no.

IDIOMAS COOFICIALES

Mi compañero José Juan González de Txabarri, que fue diputado once años en Madrid y los últimos cuatro Diputado General de Gipuzkoa, es un experto en la enseñanza del euskera. Fue director de HABE, un instituto oficial de aprendizaje de la lengua vasca. Fue él quien me dijo que a partir de los cuarenta años no hay hijo de su santa madre que pueda aprender este ignoto idioma preindoeuropeo cuyo origen se desconoce.

El príncipe cumplió cuarenta años en enero de 2008, por lo que todavía tiene algo de tiempo para darle al *Nork, Nori, Nor*. Le vendría mejor aprender euskera, catalán y gallego, como sabe flamenco su homólogo belga, que pilotar un F-18, que no le va a servir para nada.

Lo de los cuarenta años tiene su importancia, pues a mí se me ocurrió decir en público una expresión venezolana cuando designaron como obispo de Bilbao a monseñor Blázquez. Aquello de «Loro viejo no aprende a hablar». Todavía me lo recuerda más de uno junto a lo que dije de los ex presidentes como jarrones chinos, expresión que me robó Felipe González; y también saqué a pasear lo de la «Brunete mediática». El lenguaje político tiene que ser plástico.

Pero es el Gobierno la institución que refrenda los actos del rey y, por delegación, los del príncipe, y por eso le he hecho una serie de preguntas sobre estas incursiones internacionales de la pareja principesca cuando inaugura sedes del Instituto Cervantes por el mundo.

Transcribo a continuación una de ellas y la respuesta que me dio el Gobierno:

> El miércoles 13 de octubre se dio cita la Academia de la Lengua Española en San Millán de la Cogolla con el fin de aprobar el *Diccionario de dudas*.
>
> Paralelamente se ha recordado que uno de los monjes de San Millán escribió durante el siglo XI unas notas en latín vulgar y dos frases en euskera en los márgenes de un libro.
>
> Esos apuntes –las Glosas Emilianenses– están considerados como el primer testimonio escrito del castellano y del euskera.
>
> Don Iñaki Esteban ha recordado que el castellano escrito surgió en la mente de un estudiante o de un predicador que no alcanzaba a entender bien ciertas

expresiones en latín del texto que estaba leyendo. Así empezó a hacer lo que aún continúa siendo una práctica habitual: escribir en los márgenes del libro.

Por ejemplo, al lado de la palabra latina *certamina* anotó otra que entendía mejor, *puga*. También escribió dos frases en euskera: «izioqui dugu» («lo hemos solicitado») y «guec aiutuez dugu» («nosotros no nos arrojamos»).

Está claro que aquel predicador o estudiante era bilingüe.

A este pleno académico acudió el Príncipe de Asturias pronunciando unas palabras en las que, como siempre ocurre, este tipo de datos históricos fueron continuamente olvidados, porque en el fondo no se considera al euskera lengua oficial. Sólo lo es el castellano, que goza de una espléndida proyección en sus 400 millones de hablantes.

Don Felipe de Borbón acababa de llegar de un viaje desde Alburquerque en Nuevo México dedicado a fomentar el español. Durante su intervención, el Príncipe de Asturias destacó que «uno de cada diez estadounidenses mayor de cinco años habla castellano en su casa y dos de cada tres alumnos norteamericanos lo tienen como segunda lengua, instando a ver el gran futuro de la lengua española como lengua de comunicación al lado del inglés». En este sentido, abogó por reforzar la presencia del español en Internet.

Nadie en Bélgica entendería que el príncipe heredero de aquel país promocionara únicamente el francés frente al flamenco y al alemán como lo hace en sus constantes salidas al exterior don Felipe de Borbón, dando a entender que ni el euskera, ni el catalán, ni el gallego son lenguas estimables, oficiales y dignas de tener un trato especial, habida cuenta que no gozan de la robusta salud del castellano.

Por este motivo este senador pregunta al Gobierno si considera que los demás idiomas oficiales, además del castellano, no deben ser objeto de respeto y mención por parte de don Felipe de Borbón y del propio Gobierno en su difusión internacional, y si esto no es así, si no considera que debe crearse un instituto internacional para que, en vista de la reiterada omisión del Gobierno y de la Casa Real incluso de la existencia de estos idiomas, puedan darse a conocer y, allí donde existen colectividades que demandan su uso, darles satisfacción con presupuesto y acción propia.

Palacio del Senado, 22 de octubre de 2004.

Iñaki Mirena Anasagasti Olabeaga.

Respuesta del Gobierno:

Las palabras del Príncipe de Asturias en San Millán de la Cogolla, el pasado 13 de octubre, en un acto de la Academia de la Lengua Española, en ningún caso pueden considerarse, por omisión, un olvido del euskera como lengua cooficial de las Comunidades Autónomas Vasca y Navarra, de acuerdo con el artículo 3 de la Constitución.

Tampoco es posible considerar que la no mención del euskera en su viaje a Nuevo México suponga ignorar la importante contribución vasca al desarrollo de la economía y la sociedad de EEUU.

No obstante, el artículo 3 de la Constitución hace del «castellano la lengua española oficial del Estado» y, en todos los actos citados por S. S., el Príncipe de Asturias actuaba en nombre del Estado.

Las demás lenguas españolas, cooficiales en las respectivas Comunidades Autónomas, no sólo son objeto de respeto y mención, sino que el Instituto Cervantes, principal instrumento de difusión cultural y lingüístico en el exterior del Estado, ha firmado numerosos convenios con instituciones de la misma naturaleza de las Comunidades Autónomas para difundir en el exterior el rico patrimonio pluricultural y plurilingüístico de España.

La actividad cultural nunca es suficiente y más cuando se trata de difundir el patrimonio cultural diverso de España. Depende de las prioridades asignadas en los Presupuestos Generales del Estado y del impulso de las Comunidades Autónomas. Pero el Gobierno tiene la voluntad política de avanzar en esta senda, como lo demuestra la solicitud a la Unión Europea de que las lenguas cooficiales distintas del castellano puedan ser no sólo lenguas cooficiales para la traducción del Tratado constitucional europeo, sino también medio de petición ante los órganos comunitarios.

La extensión en el uso y el proceso de normalización lingüística de las lenguas cooficiales distintas del castellano que ha tenido lugar en estos últimos años en España son señal de una vitalidad y de un esfuerzo político que debe tener también su proyección exterior. Para ello, es necesario un esfuerzo presupuestario y un desarrollo legal que lo permita, como quiere el Gobierno, en estrecha cooperación con las Comunidades Autónomas.

Tal como ya se ha señalado, el Ministerio de Asuntos Exteriores y de Cooperación, a través del Instituto Cervantes, además de ofrecer cursos de catalán, gallego y vasco en sus centros, y de difundir la lengua y cultura de todo el territorio español, en su deseo de fomentar el conocimiento de nuestro rico y diverso patrimonio cultural y lingüístico a través de sus centros en el exterior, ha suscrito convenios de colaboración, entre otras, con las siguientes instituciones: Instituto Valenciano de Arte Moderno, Ayuntamiento de Sevilla, Fundación Festival de Cine Iberoamericano de Huelva, Universidades (como las de Alicante, Murcia, Granada, Zaragoza, Salamanca, Deusto y Barcelona: Central y Autónoma), Instituto Municipal de Cultura del Ayuntamiento de Burgos, Institut d'Estudis Balearics, Consorcio Casa del Traductor de Tarazona, Fundación Instituto Castellano y Leonés de la Lengua, Real Academia Galega, Institut Ramon Llull, Consorcio Català de Promoció Exterior de la Cultura y otros.

Madrid, 2 de marzo de 2005.

El Secretario de Estado de Relaciones con las Cortes.

Entiendo que, leído esto en Madrid o en Sevilla, la música de la respuesta del Gobierno suene bien. Pero pónganse usted en los zapatos de un catalán, un gallego o un vasco que no siendo nacionalistas, consideren que alrededor del Príncipe de Asturias hay un corsé de españolismo exacerbado con un pivote alrededor del cual gira todo esfuerzo, que es el castellano, y luego sáquense conclusiones sobre lo de la riqueza lingüística, la plurinacionalidad y pluriculturalidad del Estado, porque la mejor manera de hacer *abertzales* en Euzkadi es leer estas respuestas del Gobierno en clave de irrestricta defensa numantina, absurda y aconstitucional de una institución privilegiada que no cumple ni los propios mandatos que la propia Constitución le marca en su artículo 61, donde se le recuerda que debe respetar los derechos de los ciudadanos y de las Comunidades Autónomas. ¿Un idioma cooficial no es un derecho a defender si además es cooficial de cuatro comunidades autónomas? No para el rey, no para el Gobierno, no para el príncipe.

EL PREMIO PRÍNCIPE DE ASTURIAS

No tengo absolutamente nada contra Oviedo, mucho menos contra Asturias, y aplaudo que desde su asturianidad le saquen brillo al nombre del Principado de la Corona. Hacen muy bien.

Pero sí pongo en cuestión el montaje acrítico de unos premios alimentados con dinero público y que están concebidos en función del propio príncipe en lugar de apostar por nuevos valores o por ser algo más equilibrados en su acepción, llevando como llevan el nombre de una región donde ha primado el socialismo y el comunismo, pero sobre todo por la presencia de una vida tan dura como la del minero y su familia.

El 30 de mayo de 2005, le hice al Gobierno una pregunta sobre estos premios. Fue así:

> El Gobierno aportará 12 millones de euros entre 2006 y 2008 a la Fundación Príncipe de Asturias, que anualmente concede los premios del mismo nombre, con el fin de fortalecer sus recursos propios y sus actividades.
>
> Esta importante inyección de recursos, junto con otras aportaciones, entre ellas las del Gobierno de Asturias por otros seis millones, permitirá duplicar el capital fundacional de la institución, que actualmente maneja unos recursos de unos 16 millones de euros, insuficientes todavía para que la Fundación pueda autofinanciar sus gastos anuales con los ingresos financieros generados por su patrimonio.
>
> La vicepresidenta del Gobierno, María Teresa Fernández de la Vega, que suscribió en Oviedo este compromiso mediante un convenio con el presidente de la Fundación, José Ramón Álvarez Rendueles, atribuyó la iniciativa al presidente José Luis Rodríguez Zapatero y la justificó porque la Fundación y sus premios son «un importantísimo activo tanto para el Principado como para España, para nuestro desarrollo interno y para nuestra proyección exterior».
>
> Habida cuenta que se trata de la utilización de dinero público y que vivimos en un Estado autonómico, ¿de qué manera contempla el Gobierno el trabajo de dicha Fundación en lo referente a la pluralidad del Estado y en el respeto a sus lenguas cooficiales?
>
> Palacio del Senado, 30 de mayo de 2005.
>
> Iñaki Mirena Anasagasti Olabeaga

A continuación reproduzco la respuesta del Gobierno:

> El Gobierno firmó el pasado 28 de mayo de 2005 un Protocolo de Intenciones de Colaboración entre la Administración General del Estado y la

Fundación Príncipe de Asturias, con el objeto de apoyar las iniciativas de esta Fundación en su XXV Aniversario. Este Protocolo contempla, como Su Señoría apunta, una participación económica por parte de la Administración General del Estado que asciende a 12 millones de euros en tres ejercicios presupuestarios, que se hará efectiva mediante la suscripción del correspondiente convenio. Los Premios Príncipe de Asturias se han convertido en uno de los más importantes de cuantos se convocan en el mundo y su ceremonia de entrega es uno de los eventos culturales más importantes del calendario internacional. El Gobierno de España, además, reconoce con esta iniciativa la aportación que la Fundación Príncipe de Asturias viene realizando desde hace ya veinticinco años a la difusión de la imagen internacional de una España comprometida con los más nobles valores.

El Gobierno ha entendido que la celebración del XXV Aniversario de los Premios Príncipe de Asturias supone una oportunidad extraordinaria para potenciar externamente la imagen de nuestro país y para situarlo como un cualificado centro de producción intelectual de concordia y de debate cultural.

La propia UNESCO (Organización de Naciones Unidas para la Educación, la Ciencia y la Cultura) ha reconocido la «excepcional aportación de los Premios Príncipe de Asturias al patrimonio cultural de la Humanidad» y por tanto ha decidido ofrecer su auspicio a los actos conmemorativos de este XXV Aniversario.

Por tanto, el Gobierno apoyará plenamente los actos conmemorativos del XXV Aniversario de los Premios Príncipe de Asturias por considerar esta efeméride una ocasión excepcional para resaltar el compromiso de España con la investigación, la ciencia, la cultura y la concordia, y supone una buena oportunidad para fortalecer las estructuras de la Fundación Príncipe de Asturias, con el fin de consolidar su prestigio como una de las instituciones culturales más importantes del mundo y situar a los Premios Príncipe de Asturias en el más alto grado de reputación internacional.

Madrid, 5 de julio de 2005.

El Secretario de Estado de Relaciones con las Cortes

¿Adónde vas? Manzanas traigo.

A MAYOR GLORIA DEL PRÍNCIPE

En su última edición pude ver aquel viernes por Euro News la llegada de la reina Sofía, Felipe de Borbón y Letizia Ortiz al teatro Campoamor de Oviedo para la entrega de los premios.

En aquel paseíllo de los Oscar no vi a la tierra brava y dura, minera y de izquierda, de Belarmino Tomás proyectada en el siglo XXI. Aquellos vítores tan efectistas estaban montados en función de una campaña de imagen de la Monarquía y su continuidad, cosa plausible en una Casa que tiene que pensar en el futuro, pero poco presentable en un sistema democrático igualitario.

Porque no es de recibo que se hable del éxito de estos premios si detrás hay una máquina millonaria alimentada sin control con dinero privado y público y sin posibilidad alguna de la menor crítica. Porque estos premios no se dan a nadie que empieza a despuntar y promete pero no es conocido, sino a los muy consagrados o que tienen una gran imagen. La fórmula, pues, es muy fácil. Llega el jurado y pregunta: ¿quién es el personaje o el que más suena en el mundo del cine, del deporte, de la literatura, de la animación internacional, de la economía, de la política o de cualquier otra actividad cuya visita a Oviedo a recibir un premio de Felipe de Borbón vale la pena que premiemos?

Y ya está. Se le da a ese presidente, a ese actor, a ese Woody Allen, a ese Al Gore, a ese Bill Gates, a ese Schumacher, a esa luminaria que suene, y si además suena mucho y nos viene aquí, miel sobre hojuelas.

Pero eso sí. El centro del acto no son los premiados. No, eso no. Eso es el atrezo. El centro de esa obra de gran teatro es Felipe de Borbón, y ahora él con Letizia. Cómo sonríen, cómo visten, si está embarazada o no, si saluda efusivamente o está almidonada, es decir, superficialidades rodeadas de gran oropel, invitados de lujo, muchos ministros y excesivo marujeo.

El éxito, pues, cada año, está asegurado. La idea del montaje es un éxito porque nadie, jamás de los jamases, critica absolutamente nada. Ni la elección de los premiados ni los discursos. Todo es fantástico. Ni un solo carraspeo, ni un mal gesto, ni una alfombra con una mota de polvo, todo es maravilloso, de cuento de hadas y sobre todo a mayor gloria de una institución para que suene de forma clara y directa eso de Príncipe de Asturias en clave de conservación de la especie dinástica. Un planteamiento redondo.

Más ejemplos. Como he comentado, vi en directo en la última edición televisiva la entrega de uno de los premios al director del Museo del Holocausto. Previamente habían pasado varias víctimas del gueto de Varsovia y de campos de concentración nazis. Fue emocionante ver a gente anciana, con el tatuaje de su número en el brazo, ir a recibir un reconocimiento. Quizás fue el momento más emotivo. Y no lo critico. Lo aplaudo. Pero los Premios Príncipe de Asturias, si de verdad fueran galardones para premiar trayectorias, no tenían que ir tan lejos. Hasta que yo no vea que premian a supervivientes republicanos de la construcción del Valle de los Caídos, del bombardeo de Gernika, de los miles de encarcelados, de los curas perseguidos y aventados por el franquismo, de los campos de trabajo, de los mineros masacrados, seguiré pensando que estos premios están hechos sólo para mayor gloria de la pareja principesca. Y eso, para la aguerrida Asturias, no deja de ser algo impropio de su heroica historia.

CAPÍTULO VI

LA FAMILIA SÍ RECIBE

Pregunte usted a los ponentes constitucionales, esos respetables señores, todos hombres, que se llaman a sí mismos «padres de la Constitución», por qué en 1978, habiendo nacido en 1963 la infanta Elena, en 1965 la infanta Cristina y en 1968 el príncipe Felipe, se pusieron la historia del siglo XIX por montera y decidieron consagrar en el artículo 57-1 que «la sucesión en el trono seguirá el orden regular de primogenitura y representación, siendo preferida siempre la línea anterior a las posteriores; en la misma línea, el grado más próximo al más remoto; en el mismo grado, el varón a la mujer y, en el mismo sexo, la persona de más edad a la de menos». Pregunte usted, pero nadie le contestará.

¿Cómo es posible que, teniendo el rey Juan Carlos en 1978 tres hijos y siendo la mayor Elena, se consagrara en la Constitución que tenía que sucederle Felipe, el tercero, sólo por ser varón? En 1978 ya la mujer pedía paso en la sociedad, y este abuso de poder gratuito tiene que obedecer a alguna causa que nadie nos ha explicado. Algo así como cuando ahora se trata de reformar este artículo quitando lo de «varón a la mujer» a cuenta de las dos hijas de Felipe y Letizia por si el tercero es un chico, si es que algún día nace. Y si esto ocurriera, la situación no sería reversible, es decir, Felipe será rey, le guste a Elena o no.

Aquí pasa algo de lo que no se quiere hablar aunque se puede intuir. Pero es uno de los tabúes que tiene la actual Monarquía española. Por menos de eso hubo dos guerras carlistas en el siglo XIX.

¿No se podía haber hecho algo distinto en una Monarquía instaurada, que no restaurada, la única en el siglo XX?

Esta situación, ¿se podría revertir? Por supuesto. No hay más que mirar a Suecia. El rey Gustavo le quitó a su hija Victoria su mejor derecho para dárselo a su hijo varón Carlos Felipe. Sin embargo, como el Parlamento sueco no tiene nada que ver con las Cortes Generales españolas, le negaron al Rey la maniobra y devolvieron a la hija los derechos que como mujer primogénita tenía. ¿Sabe usted por qué de esta historia no se habla por estos lares?

PREGUNTÉ AL GOBIERNO SOBRE LA INFANTA ELENA

Habida cuenta que éste es otro de los tabúes, pregunté al gobierno sobre Elena de Borbón. Fue así:

> Es práctica habitual todos los meses de diciembre no sólo recordar un aniversario más de la Constitución, sino ensalzar a los ponentes constitucionales a los que además se les llama «padres» del texto aprobado.
>
> Tras el debate sobre la necesidad de un cambio constitucional como consecuencia del nacimiento de un hijo/a de D. Felipe de Borbón, se entiende mucho más lo de «padres» y no «madres» de la Constitución, sobre todo porque en 1978 tenía ya quince años la infanta Elena, primogénita de los reyes de España, dato importante que no fue tenido en cuenta por estos «padres», a pesar de que en Inglaterra reinaba una mujer, Isabel I, en Holanda Juliana de Orange y en el turbulento siglo XIX español hubo dos guerras carlistas a cuenta de que las mujeres no podían heredar el trono.
>
> En plena discusión sobre este asunto, el presidente del Consejo de Estado, D. Francisco Rubio Llorente, el lunes 9 de mayo comentó que la reforma constitucional pudiera tener carácter retroactivo, por lo que no era necesario acelerar dicha reforma.
>
> Habida cuenta de la discriminación machista e impresentable, propia de países tercermundistas, consagrada por los llamados «padres» de la Constitución contra la infanta Elena, y teniendo en cuenta las declaraciones del presidente del Consejo de Estado sobre la posible retroactividad de la reforma, ¿piensa el gobierno que la misma pudiera llegar hasta reponer en sus derechos a la infanta Elena, primogénita de los actuales reyes?

La respuesta del Gobierno fue la siguiente:

Mediante Acuerdo del Consejo de Ministros de 4 de marzo de 2005, el Gobierno ha elevado consulta al Consejo de Estado sobre la reforma de la Constitución en relación con los concretos aspectos que expuso el presidente del Gobierno en su discurso de investidura.

En relación con la cuestión formulada por S. S., la posición del Gobierno se ha expresado en el escrito remitido al Consejo de Estado. En él se afirma lo siguiente: «En consecuencia, y en relación con esta propuesta de reforma constitucional, se solicita del Consejo de Estado que se pronuncie acerca del modo de eliminar la preferencia del varón en el acceso al trono, establecida en el artículo 57.1 de la Constitución, salvaguardando expresamente los derechos del actual Príncipe de Asturias en relación con la sucesión a la Corona de España».

LA BODA

Quizás por eso a la infanta Elena la casaron en Sevilla con todo el boato de la corte, con el cardenal Carlos Amigo proclamando que aquel matrimonio era para toda la vida y que lo que unía Dios no lo separara el hombre, con 1.300 invitados (yo no fui) –entre ellos 38 representantes de Casas Reales–, sin dar nunca cuenta de este dispendio y con un regalo de Elena a Jaime de Marichalar de un reloj de oro y acero valorado en 1.200.000 pesetas, que quizás usted y yo pagamos con nuestros impuestos y que tenía una curiosa inscripción: «Para Jaime de tu osita Elena». Digo lo de curiosa porque no sabía yo esta estrecha relación entre los Borbones y los osos. Lo que sí me llamó la atención cuando una vez visité El Prado fue la figura de María Luisa de Parma, esposa del rey, en *La familia de Carlos IV* de Goya, pues descubrí que es la viva imagen de la infanta Elena. Y Goya no pintó aquel cuadro sobre aquella familia a humo de paja.

Hizo todo un editorial con su magnífica obra maestra. Marichalar parecía, por su parte, el conde de Orgaz en el cuadro del Greco. Las veces que he podido hablar con el en las recepciones me ha parecido un tipo de mundo y original, no sólo por aquellos pantalones cuyos dibujos son iguales a una cortina que tengo en casa, sino porque es un personaje al que le gusta la moda y la buena vida, como a todo buen Borbón, aunque él provenga del condado de Ripalda y su señora madre sea una señora discreta, adusta y religiosa. Lo raro de esa familia es que su hermano Álvaro haya encabezado la lista al Congreso por el partido de Rosa Díez y Fernando Savater.

Todavía recuerdo de él la rueda de prensa que dio en julio de 1998, cuando nació el famoso Froilán, al que deben llamar «Pipe». El hombre, nervioso, en la clínica Ruber dijo una verdad como un templo refiriéndose al recién nacido: «El pobre se parece a su madre»; luego trató de explicar lo dicho sumando virtudes, pero ese *flash* fue muy ilustrativo. La cortina de silencio que rodea a esa familia, pero que todavía no se había rasgado, hizo que los medios no utilizaran la frasecita como posteriormente utilizaron la del abuelo Juan Carlos cuando, dirigiéndose a Chávez, le preguntó por qué no se callaba.

CESE TEMPORAL

El 13 de noviembre del 2007, en plena bronca con Hugo Chávez, la Casa Real anunció «el cese temporal de la convivencia matrimonial». La infanta Elena no le había hecho mucho caso al cardenal Amigo cuando les dijo aquello de que debían estar juntos en la salud y en la enfermedad. Al parecer, un cuadro de Goya y uno del Greco no eran compatibles, mucho menos después de la isquemia cerebral que tuvo el duque de Lugo en diciembre de 2001. El día de esa separación teníamos la última comparecencia del ministro Moratinos de la VIII Legislatura en el Senado.

Fue una trabajada intervención, ya que el ministro era la primera vez que hacía pública su versión del incidente de lo que había pasado en Santiago de Chile con el presidente venezolano.

Habíamos estado casi tres horas en la Comisión de Asuntos Iberoamericanos interpelando a Moratinos. A las 9:45 terminó la sesión porque el ministro tenía que ir urgentemente al Congreso, ya que se votaban los

Presupuestos Generales del Estado, partida de la Casa Real incluida. Zapatero sacó adelante su presupuesto sólo con los votos del PNV.

Tras un cuerpo a cuerpo con el ministro a cuenta de la errática política del Gobierno con Venezuela, creo que fui el primero en salir de la Sala Campoamor. Nada más hacerlo me vi rodeado por los medios de comunicación. Creí que me iban a preguntar por aquella comparecencia tan dura. Pues no. La primera pregunta fue: «¿Qué opina usted de la separación de los duques de Lugo?». «Nada, absolutamente nada –respondí extrañado–. Es cosa de ellos. Lo único que nos puede importar es que queden bien los críos y que la separación no nos cueste un duro a los contribuyentes.»

Sin embargo, el circo mediático ya tenía una nueva pista.

Luego me enteré del eufemismo utilizado por la Casa Real, más propio del No-Do.

«Cese temporal de la convivencia.» ¡Qué orfebrería lingüística para decir que una señora se separa del pelma de su marido! Pero es así. Ellos no tienen hijos. Tienen príncipes.

Al propio Marichalar, cuando se separe del todo, le quitarán el ducado de Lugo, pero a ella los cursis de Madrid y provincias seguirán haciéndole ridículas genuflexiones. Como se decía en tiempos de la República, ¡qué país, Miquelarena!

LA FAMILIA REAL NO EXISTE

Existen las familias reales, es decir, las normales, pero no la Familia Real. Por lo menos en la Constitución sólo se les nombra a la hora de cobrar. Es el artículo 65 aparece por única vez: «El Rey recibe de los Presupuestos del Estado una cantidad global para el sostenimiento de su Familia y Casa, y distribuye libremente la misma». Eso es todo. Tampoco dice este artículo que esos presupuestos no puedan ser controlados, luego deberían ser conocidos porque es dinero público el que se gasta, por lo que, al hablar de la Familia sólo a efectos de su mantenimiento, tenemos que colegir, porque nadie informa de esto, que la infanta Elena y sus dos hijos viven del erario público.

Tenemos, pues, dos constataciones: la Familia Real, a efectos constitucionales, no existe como tal; cuando actúa, inaugura algo o va de viaje, actúa por delegación real; y, segundo, vive de lo que les pagamos entre todos. No es poco tener ya estas dos evidencias, algo incómodas para algunos.

Por eso, cuando una vez acudí a uno de estos actos y los servicios de protocolo me dijeron que me tenía que poner de determinada manera porque venía la infanta, le dije a la persona que me abordó que por favor me dejara en paz. Yo era una persona elegida democráticamente y tenía detrás de mí una representación popular, y esa señora era tan sólo la hija del jefe del Estado; yo le daría la mano con respeto, pero que a un electo, por favor, no le dijera cómo tenía que tratar a una señora que no representaba nada. Como era de esperar, se quedó cortada y, efectivamente, me dejó en paz.

Carmen Enríquez, periodista que ha estado 17 años informando hagiográficamente sobre la Familia Real, sin poder salirse del guión, siendo una buena profesional, comentaba que lo que más le había costado era definir el tratamiento a dicha familia y cómo, en este asunto, había tenido alguna metedura de pata que otra, sobre todo con Felipe de Borbón. En una entrevista le trató de usted y al día siguiente le llamó su tutor, José Alcina, para decirle que había que utilizar el «Señor» y hablarle como al papa, en tercera persona. También contaba que un día trató de tú a Letizia Ortiz, compañera de profesión, y tuvo que disculparse porque ya no era la compañera de trabajo que Carmen Enríquez había conocido en televisión.

Cuando hasta la jerarquía eclesiástica ha eliminado lo de «Su Ilustrísima», «Su Reverendísima» y el besanillo, que en pleno siglo XXI nos vengan con estas monsergas subleva mi sentido de la igualdad y de la ciudadanía. Si a mí algún día me vienen con este cuento, tienen que tener seguro por adelantado el lugar al que los voy a enviar. Y ojalá hiciera esto toda la clase política democrática, que no debería tolerar a los Alcinas de turno estas patochadas. Al que trata de usted, de usted, y al de tú, de tú. Si el rey tutea, tiene que saber que le van a tutear, pero nunca lo del «Señor» al príncipe ni el tratamiento de la tercera persona de la Santísima Trinidad. ¡Faltaría más!

Desgraciadamente, este tipo de gentes trasnochadas existen porque existe gente a la que le encantan las reverencias, los cabezazos y los tratamientos en tercera persona, y sobre todo porque tenemos una clase política bastante paleta y cortesana. Esto no ocurre en un país que ha abolido los títulos nobiliarios y en el que todo ciudadano tiene sólo el más ilustre título que se puede tener: ciudadano. Por otra parte, tratarles así los aísla, los atonta, y terminan por creerse que tienen un cromosoma de más.

Frente a estas cursiladas tan de Corte madrileña me acordaba de un resistente vasco llamado Flavio Ajuriaguerra, que trabajó en la clandestinidad al servicio de los ingleses en tiempos de la Segunda Guerra Mundial. Enfermo de leucemia y sabiendo que iba a morir, se lo notificó a su superior inglés, que, agradecido por el extraordinario trabajo que había hecho logrando datos sobre los movimientos de los barcos en el puerto de Bilbao y el envío de wolframio desde León, gestionó que se le entregara una condecoración. Los ingleses así lo aprobaron, pero, como es preceptivo, consultaron con él si la iba a aceptar. Éste dijo que sí, pero ponía una pequeña condición: que en la esquela le dejaran poner bajo su nombre el título inglés de la condecoración. Era su último acto de propaganda. Los ingleses dijeron que no, y él no aceptó la presea.

Frente a esta digna historia de resistencia democrática, ¡que me vengan a mí pidiendo que trate de Alteza o de Señor a una persona veinte años menor que yo! Quien lo pida tiene que estar seguro de que le mando donde fue el padre Padilla. De hecho, en una oportunidad, estando en el Palacio Real, tenía que ausentarme de allí antes de las once de la noche, pues debía ir a un informativo en directo de una televisión. Cuando iba a salir, se me acercó uno de estos chambelanes de Corte a decirme que, hasta que el rey no abandonara palacio, no se podía salir. «Pues yo le voy a demostrar cómo se puede », le dije. Y cogí el portante y me fui.

Lo malo de estas situaciones es que hay mucha gente alrededor del monarca que cree que poniendo todos estos tratamientos, cortapisas y minucias logra que se dé a la institución un toque más consonante con eso del símbolo de la unidad y la permanencia. Pues que lo sigan creyendo, a ver cuánto les dura.

UNA PREGUNTA PARLAMENTARIA SOBRE LA MARETA Y LOS VIAJES

Ya he escrito que el Gobierno socialista ha demostrado un especial celo en proteger a esta familia de cualquier crítica, pero esto no me ha impedido tratar de utilizar el control parlamentario para que se informase sobre los abusos a este respecto. De ahí que formulase al gobierno la siguiente pregunta que fue contestada de forma inadmisible en un sistema democrático. Fue así:

> El pasado mes de julio, las infantas Elena y Cristina con todos sus hijos, maridos y cuñados pasaron unos días de vacaciones en Lanzarote, al parecer aprovechando que Iñaki Urdangarin, vicepresidente del Comité Olímpico Español, se encontraba ya en la isla para pronunciar una conferencia sobre la integración de los valores del deporte.
>
> En las reseñas que se hicieron a esta visita se destacaba la gran sencillez de esta familia, por haber viajado en línea aérea regular, así como que se habían alojado en el hotel donde Urdangarin pronunció su conferencia y no en La Mareta, residencia que se trata de una propiedad regalo del rey Hussein, que es Patrimonio del Estado y que el presidente del Gobierno ha utilizado, con todo merecimiento, como residencia de descanso oficial.
>
> No deja de producir sorpresa el leer semejantes reseñas auspiciadas sin lugar a duda por el entorno de esta familia, cuya existencia no aparece en ninguno de los artículos de la Constitución española y, por tanto, carente absolutamente de ningún derecho para viajar en otro medio que no sea la línea regular, ni utilizar otro alojamiento que el hotel y, además, pagado de su bolsillo.
>
> Sin embargo, este servilismo trasnochado, impropio de un país europeo serio, debe tener algún tipo de fundamento, pues de lo contrario este tipo de comentarios no se producirían.
>
> Este senador es consciente de la opacidad que distingue a este Gobierno a la hora de no informar sobre todo lo que afecta al palacio de La Zarzuela, utilizando el poco transparente criterio de que el rey es irresponsable, pero habida cuenta que se habla del Patrimonio Nacional y de los aviones, no del rey, sino de aparatos adscritos al Ministerio de Defensa, ¿es práctica habitual

que esta familia haga uso de estas dependencias y de estos servicios sin que esto se haga público?

Palacio del Senado, 12 de septiembre de 2006

Iñaki Anasagasti Olabeaga

He aquí la respuesta del Gobierno:

> La utilización por Altas Autoridades del Estado de los medios aéreos del Ejército del Aire está regulada por una Norma de Presidencia del Gobierno.
>
> Razones de seguridad aconsejan mantener la adecuada confidencialidad en todos los movimientos aéreos de las Altas Autoridades del Estado.

Es decir. La coartada de la seguridad impide informar, para, de esta manera, seguir con el cuento.

PILAR DE BORBÓN Y LAS SELECCIONES DEPORTIVAS AUTONÓMICAS

Además de los hijos, también tenemos cerca a las hermanas y a los sobrinos, que no dan mucha guerra, pero gozan de la misma opacidad informativa que cualquier pregunta hecha sobre los hijos y yernos.

Esta pregunta que reproduzco a continuación ilustra la nula información sobre un peligroso comentario de la hermana del rey. Decía así:

> La infanta doña Pilar, hermana de don Juan Carlos y presidente de la Federación Internacional de Hípica, se erigió el 3 de junio en la portavoz del aparente malestar existente entre los presidentes de las Federaciones españolas contra la propuesta aprobada en el Congreso de promover las selecciones deportivas autonómicas en los torneos internacionales.
>
> Al parecer, hizo esta crítica en la Asamblea General del Comité Olímpico Español ante el secretario de Estado para el Deporte, Jaime Lissavetzky.
>
> Además de mostrar su protesta, comentó que ella había informado de su postura «a los máximos organismos internacionales y en carta privada al Rey».

Siendo legítimo que cualquier Federación muestre públicamente lo que considera conveniente, no es de recibo se esgrima el nombre del Rey como elemento de presión ante un asunto estrictamente político.

Por todo esto, este Senador solicita del Gobierno la respuesta a la siguiente pregunta:

¿Es admisible que se esgrima el nombre del Rey como elemento de presión ante una votación parlamentaria y que el secretario de Estado no haya puntualizado que este comentario es inadmisible? ¿Piensa el Gobierno cumplir el acuerdo del Congreso de los Diputados en relación a la promoción de las selecciones deportivas autonómicas?

Palacio del Senado, 15 de junio de 2004

Iñaki Mirena Anasagasti Olabeaga

Respuesta del Gobierno:

El Ministerio de Educación y Ciencia, a través del Consejo Superior de Deportes, valora las diferentes opiniones de los/as presidentes/as de las Federaciones de una forma discreta y respetuosa con el principio democrático y constitucional de libertad de expresión.

Asimismo, el Consejo Superior de Deportes comparte el acuerdo del Congreso de los Diputados de promocionar las selecciones deportivas autonómicas, en el marco de la normativa vigente.

Madrid, 15 de julio de 2004

El secretario de Estado de Relaciones con las Cortes.

No fue noticia. Si lo hubiera sido, debería haber tenido un lugar en primera plana de cualquiera de los medios de comunicación de ámbito estatal con este contundente titular: «El Gobierno desautoriza a la hermana del rey». Pero como nadie dijo nada, la noticia no existió.

LA DIFERENCIA ENTRE EL PRÍNCIPE DE GALES Y EL DE ASTURIAS

Al Gobierno mis preguntas parlamentarias le incomodan. Las contestan a regañadientes porque por ley deben hacerlo, pero se limitan a cumplir los servicios mínimos. No quiero pensar lo que me ocurriría si en lugar del Partido Socialista gobernara el Partido Popular.

Una vez, en pasillos, a quien le toca en Moncloa contestar estas preguntas me abordó para decirme poco menos que no les siguiera poniendo en un brete. «Precisamente eso es lo que quiero –le contesté–. Algún día, cuando la Monarquía sea un recuerdo, si alguien se toma el trabajo de estudiar esta época, verá cómo un Gobierno socialista, teóricamente republicano, dejó de cumplir sus obligaciones y eligió el oscurantismo, el manto de silencio y el encubrir todos los pequeños desaguisados de una institución de forma majadera, porque ¿qué os cuesta contestar la verdad a la que tenéis obligación? Estoy seguro de que un palo informativo a tiempo reconduciría muchas cosas.» Se encogió de hombros y se fue. Por eso me gusta compararles con lo que ocurre en otros sitios. Por ejemplo en el Reino Unido, del que Faruk dijo en su día que sólo quedarían los reyes de la baraja y la reina de Inglaterra.

Por eso formulé esta pregunta comparando al Príncipe de Gales con el de Asturias. Carlos de Inglaterra, Príncipe de Gales hasta que a su augusta madre le dé la gana, es el heredero británico a una Corona de un país democrático. No me gusta el personaje ni su entorno, pero alabo su gusto por la arquitectura y el medio ambiente, y el control que sobre él se ejerce desde el Parlamento.

Frente al Príncipe de Gales, el de Asturias es un personaje protegido, alabado, mantenido y endiosado, sobre todo por el Gobierno socialista.

Hice la siguiente pregunta parlamentaria tratando de saber qué opinaba el Gobierno Zapatero sobre lo que ocurre en una Monarquía democrática europea como la inglesa, y me encontré con dos líneas de protección servil, acrítica y no democrática, a la Monarquía española.

Juzguen ustedes:

> El Príncipe de Gales ha expresado que quiere proteger el medio ambiente y demostrar que es posible liderar una vida verde. Ha ordenado cambios radicales en sus residencias familiares, sus actividades personales y compromisos oficiales. En los viajes domésticos e internacionales, el heredero de la Corona británica desea recortar su dependencia de los altamente contaminantes aviones y helicópteros privados. Siempre que sea «apropiado», viaja-

rá a partir de ahora en vuelo regular, como la mayoría de los británicos. Intentará también desplazarse por ferrocarril por tierras del Reino Unido, pese a que el tren real pasó a la historia hace años.

El nuevo estilo de vida de Carlos incluye también modificaciones en su flota de automóviles. Sus tres residencias –Clarence House, en Londres; Highgrove, en el condado de Gloucestershire, y Birkhall, en Escocia– están en proceso de conversión a energías no contaminantes. Quiere reducir la emisión de dióxido de carbono y evitar daños innecesarios al medio ambiente. Los nuevos arreglos se extienden a los hábitos de su entorno familiar y de su séquito de empleados, por encima del centenar de personas. El Príncipe de Gales sentará ejemplo también en la esfera profesional. Ha lanzado esta semana una iniciativa, Accounting for Sustainability (Responsabilidad a favor de la actividad sostenible), enfocada a contabilizar el impacto medioambiental de la industria y los negocios. Su propia empresa, Duchy Original, que produce alimentos orgánicos, evaluará el volumen de gases con efecto invernadero que emite a la atmósfera.

Habida cuenta que la Monarquía inglesa es una sólida institución arraigada en el sistema político británico, ¿no considera el Gobierno español que un tipo de iniciativa de este tipo debería ser llevada a cabo por D. Felipe de Borbón, habida cuenta la necesaria ejemplaridad que personas mantenidas por el erario público han de llevar a cabo? ¿No le parece al Gobierno una mejor respuesta la de Carlos de Inglaterra, que anuncia la utilización a partir de ahora de líneas regulares de aviación, como la mayoría de los británicos, en sus desplazamientos, en lugar de la respuesta que le ha dado el Gobierno a este senador en relación a que la utilización por Altas Autoridades del Estado de los medios aéreos del Ejército del Aire está regulada por una Norma de Presidencia del Gobierno y que razones de seguridad aconsejan mantener la adecuada confidencialidad en todos los movimientos aéreos de las Altas Autoridades del Estado como el Sr. Marichalar? ¿No cree el Gobierno que se extralimita en su oscurantismo a la hora de facilitar una adecuada información para un mayor control político como así está establecido?

La respuesta fue la siguiente:

Se señala a S. S. que no hay nada nuevo que añadir a la contestación dada por el Gobierno a la pregunta del Sr. Senador, de 25 de octubre de 2006.

IÑAKI

Estuve en la boda de Cristina de Borbón e Iñaki Urdangarin. Fue en Barcelona, y por primera vez se hizo un cierto esfuerzo por dar visibilidad al catalán y al euskera, quizás porque el novio es hijo de un afiliado al PNV que suele ir todos los años al Alderdi Eguna. Mikel, que es uno de los hermanos de Iñaki, creo que también está afiliado al PNV, e Iñaki nació en Zumárraga. Por eso pasé un calor de película viendo de cerca todas aquellas pompas y vanidades a mayor gloria de la realeza.

Posteriormente sí me extrañó que a ninguno de los hijos de la pareja le pusieran un nombre en euskera. Juan, Pablo, Miguel e Irene son sus nombres de pila y, a pesar de que dije que los padres son muy dueños de ponerle a sus hijos el nombre que quieran, llamándose Iñaki su padre, ¡hombre!, no hubiera estado nada mal que como gesto, uno al menos y en base a esa pluriculturalidad del Estado en una familia que se dice simbólica, un solo nombre en euskera, creo que se imponía.

Me dijeron de todo, pero me mantengo en mis trece por haber vivido en carne propia la persecución a los nombres en euskera por parte de una dictadura que el abuelo materno de los niños avaló.

Yo me llamo Iñaki por haber nacido en el exilio de mis padres, y fui registrado y bautizado con este nombre, pero cuando vine de Venezuela, en 1955 en el Colegio de los Marianistas de San Sebastián me lo cambiaron por Ignacio María, y a mi hermana, que se llama Maitena, se lo cambiaron por Amada en el Colegio del Sagrado Corazón.

Aquello fue toda una agresión a nuestra identidad, y fue mi padre quien, a través de la Embajada de Venezuela en Madrid, movió Caracas con Santiago hasta lograr que nos restituyeran nuestros nombres que, por ejemplo, en el diario *ABC*, nunca se me reconoció hasta que Iñaki Urdangarin se casó con la infanta Cristina. Solo entonces comenzaron a llamarme Iñaki en el periódico monárquico por excelencia y, todo en función de Iñaki Urdangarin al que su padre, de modo militante, le bautizó y llamó con el sabiniano nombre de Iñaki. Por eso y porque mi abuelo donostiarra bautizó a sus tres hijas con los nombres de las vírgenes de Itziar, Arantzazu y Begoña para que no se los cambiaran es por lo que hice ese comentario, que me nacía del sentimiento de haber padecido las consecuencias de un idioma perseguido, cuyos nombres habían sido incluso quitados hasta de las lápidas de los cementerios.

Me contestó Jaime Peñafiel diciendo que el mayor de los nietos se llamaba Juan Valentín porque eran familiares del santo de Elorrio, Valentín de Berrio Otxoa, sin darse cuenta de que el nombre en euskera es Balendin y no Valentín. El caso es que el duque de Palma ha demostrado tener una sensibilidad hacia el euskera más bien escasa y que ningún catalán tendría. Y no me equivoco.

A esto se le unió el comentario público del marido de una de las hijas del ex rey Constantino, hermano de la reina Sofía. Habían tenido una niña y el muy cretino, hinchando el pecho dijo: «Le vamos a poner de nombre Arrieta, que es el nombre de un pueblo canario, pero que quede claro que éste no es un nombre vasco». Sinceramente la agresividad del comentario no venía a cuento, porque Arrieta es un nombre euskérico que significa «lugar de piedras» y que seguramente algún vasco que anduvo por Canarias se lo dedicó a alguien. Cerca de Ávila hay un pueblo llamado Mingorría puesto por los vascos que trabajaron como canteros en El Escorial. ¿Y qué? ¿A que venía la imbecilidad de aquel comentario? ¿A lo que había oído en casa?

Por todo eso deduje que los Urdangarines-Borbón no son precisamente gente muy sensible a la eufonía de los bellos nombres vascos y fue por lo que hice aquel comentario donde se constata que una cosa es predicar y otra dar trigo.

Lástima que a aquella boda celebrada en la catedral de Barcelona el 4 de octubre de 1998 el *lehendakari* Ardanza, entre otros regalos, les obsequió con la intervención del Orfeón Donostiarra cantando también en euskera en aquella joya gótica. Iñaki Urdangarin no lo mereció.

AQUEL FORUM «ILLES BALEARS»

Dicen que Jaime de Marichalar cobra alrededor de un millón de euros anuales de siete multinacionales. Desde su noviazgo a la situación actual pasó de ser un asalariado más que vivía en un modesto piso de París, a ser consejero de estas siete multinacionales y propietario de un *triplex* en plena milla de oro madrileña. De vivir en Francia en un bajo de cuarenta metros cuadrados, un pisito que hubiera hecho las delicias de la ministra Trujillo y trabajar para la banca Indo Suez y Credit Suisse en cargos de segundo nivel hasta llegar a ser asesor financiero en España en solo una década.

Marichalar adquirió su inmueble madrileño a la familia Corsini. Esta familia, como los Fierro, son también amigos de los Marichalar-Borbón. Famosas son las cacerías que organiza Javier Corsini en la finca La Flamenca que pertenece a Manuel Falcó. Siempre aparece en el fondo una cacería. La escopeta nacional.

¿Y los Urdangarin? De los tres hermanos, la casa más grande y cara es la de Cristina, que vive en 2200 metros cuadrados en el lujoso barrio de Pedralbes, que les costó en el 2004 unos seis millones de euros, gastando un millón más en su reforma.

De ser un buen jugador de balonmano a incorporarse a la Fundación del Barça, ha ido rebajando poco a poco sus actividades empresariales, que ejerce a través de una empresa que organiza eventos deportivos, para dedicarse cada vez más a las tareas de representación después de que se desatara la polémica por su participación en dos muestras deportivas en Baleares y en la Comunidad Valenciana, donde cobró dinero público por su trabajo.

Y es que el Gobierno balear pagó a Iñaki Urdangarin 100.000 euros (unos 17 millones de pesetas) de dinero público para que montara el gabinete de prensa del foro de Turismo y Deporte que organizó en Palma con ayuda del PP, entonces gobernante.

Esta cantidad formaba parte de los 1,2 millones de euros que destinó el Ejecutivo balear a sufragar el denominado Forum Illes Balears, que se celebró el mes de noviembre del 2006 bajo la dirección del marido de la infanta Cristina.

El evento corrió a cargo del Instituto Nóos, entidad que preside el duque de Palma y que se dedica, según reza su página web, «a investigar procesos de formulación e implementación de estrategias de patrocinio, mecenazgo y responsabilidad social».

Sólo para coordinar las relaciones con los medios de comunicación, Nóos creó la figura de una «directora de comunicación», a la que se le abonaron 25.000 euros, la de un «responsable de relación con la prensa», que cobró 15.000 euros, así como la de un «director de publicaciones», que recibió por su trabajo 40.000 euros.

No obstante, y a pesar de la existencia de estos puestos, la entidad dirigida por Urdangarin recurrió a los servicios de un gabinete de prensa externo, a cuya contratación se destinaron un total de 20.000 euros. Estos son sólo algunos ejemplos del desglose de los gastos que acarreó una iniciativa que el propio duque de Palma anunció que se repetiría el 21 de noviembre de aquel año en Mallorca.

A la vista del contenido del convenio suscrito entre el Gobierno balear y el Instituto Nóos, el PSOE acusó públicamente al Ejecutivo que presidía Matas de «gestionar pésimamente los recursos públicos», pero también de recurrir a la mencionada entidad para organizar el ciclo de conferencias «por orden directa de Jaume Matas».

No en vano, la figura legal escogida para plasmar el acuerdo por escrito fue el convenio, lo cual permitió al Gobierno de las Islas sortear el concurso público y poder adjudicar a dedo la iniciativa al Instituto Nóos.

En la lista de gastos se contemplaban también 120.000 euros para pagar a los ponentes de las jornadas, 90.000 en concepto de «acuerdos de investigación con universidades» y 35.000 a la «investigación sobre la red de regiones». A estas partidas hay que sumar 5.000 euros para pagar abogados, 30.000 para el «diseño y la construcción de muebles» y 50.000 euros para la «subcontratación de los equipos técnicos y audiovisuales». Asimismo, 46.000 se emplearon en la edición de unos libros sobre las jornadas. Así, hasta sumar 1,2 millones de euros públicos gastados en apenas tres días, entre los días 22 y 25 de noviembre del 2006.

El gobierno balear, a través del consejero de Turismo, Joan Flaquer, aseguró que «ninguno de los pagos efectuados fue irregular» y pidió «paciencia para ver los frutos de esta iniciativa».

Ezquerra Unida-Els Verds acusó a Iñaki Urdangarin de «utilizar su relación con la Casa Real en beneficio de una entidad privada», una conducta que esta formación política calificó de «poco ética». «Emplea su nombre y la influencia que le da pertenecer a la Familia Real en beneficio de una institución privada, el Instituto Nóos, especializado en desarrollar actividades relacionadas con las administraciones públicas.»

Toda esta denuncia no apareció en ningún medio audiovisual, ni en las tertulias al uso. No es extraño pues que se nos siga diciendo que la Monarquía es la institución más valorada. Así cualquiera.

Pero como todo el asunto cantó mucho y llegó a instancias de control político en Baleares se le pidió al duque que trabajara de forma más discreta. De aquella crisis surgió la iniciativa de César Alierta, presidente de Telefónica, de incorporarle como consejero de la división internacional en el 2006, a la que ya se había sumado la presencia de Fernando Almansa, el jefe de la Casa del Rey, en el Consejo de Telefónica desde el 2003. Como en los tiempos de Franco.

Si la Monarquía está basada en una ficción y en su correspondiente tradición, todos estos enjuagues y opacidades la hacen muy vulnerable, porque la ficción consiste en considerar que una determinada familia (llamada dinastía) tiene un especial carisma que les permite presidir los destinos de un Estado, siendo sólo el nacimiento el hecho determinante que hace a una dinastía. El segundo es la tradición. Para mantener la ficción hay que respetar la tradición que la envuelve y la preserva. Si se descuida esto, se acaba el encanto. Pero si el heredero se casa con una periodista divorciada y nieta de un honrado taxista y el yerno hace negocios como cualquier conseguidor, ¿adónde va la intangible Monarquía española? De ahí viene la obligación del cabezazo, la genuflexión, el tratamiento y la opacidad.

Está todo inventado.

ELENA, EMPRESARIA POR DIEZ DÍAS

A pesar de que se nos critique acerbamente por opinar, preguntar y escribir sobre la Casa Real, algo de esto sirve para que ciertas conductas, intocables solo hace unos años, sean hoy difíciles de mantener.

Lo vimos tras el cumpleaños del rey cuando el diario económico *Cinco Días* informaba de que la infanta Elena había comprado una empresa de inversiones. Había adquirido el 10 de diciembre de 2007, el año de la bronca, Global Cinoscéfalo, una sociedad limitada con un capital de 3.600 euros. Lo llamativo era que por primera vez se hiciera público algo así. Y, lo llamativo también, demostrando que todo quedaba en casa, era que el secretario personal y empleado de la Casa del Rey, Carlos García Revenga figurara como administrador de la sociedad y el hermano de éste como apoderado. Y que todo esto se produjera un mes después del «cese temporal de la convivencia».

Pero lo más curioso era que la infanta Elena que tiene el título profesional de maestra y que trabaja como profesora de inglés en una guardería montara una empresa para el asesoramiento en materia económica, contable y financiera.

Todo un poco raro, ¿no?

Y es que doña Elena recibe una parte de la asignación económica que los Presupuestos Generales del Estado otorgan a la Casa del Rey y que éste administra y distribuye opacamente.

Ante la noticia, saltaron las alarmas. Se le recordó a la infanta que en Noruega estaba el ejemplo de Marta Luisa, la hija de los reyes Harald y Sonia que en el año 2002 renunció a su título y a la dotación estatal para dedicarse a la vida empresarial. Sin embargo, viendo las orejas al lobo, a los diez días la infanta cerró su empresa y fue la Casa Real la que dio la noticia, pero, sinceramente, lo que a mí me extrañó, y mucho, no es que esta señora hiciera lo que hiciera, sino que empleados de la Casa Real fueran los autores del montaje de la empresa de asesoramiento económico y financiero. Todo muy raro y muy oscuro. Pero si no hubiera ocurrido lo que sucedió en el 2007, aquella empresa estaría facturando hoy no sabemos qué. De algo sirve, por tanto, levantar la voz y pedir ejemplaridad.

CAPÍTULO VII

CELEBRACIONES Y CACERÍAS

En el año 2000 se cumplieron los 25 años de la coronación de D. Juan Carlos ante aquellas fantasmagóricas Cortes franquistas designadas a dedo por el dictador. Sólo tenían como misión aplaudir y ratificar lo que los ministerios de la dictadura les enviaran. Estaban compuestas por procuradores, no por diputados electos, y allí se podía encontrar desde un obispo hasta un representante de Guinea o del Sahara con chilaba antes de los procesos de descolonización tan garrafalmente llevados a cabo. Pero nadie representaba nada elegido democráticamente.

Jurar, por tanto, los Principios Fundamentales del Movimiento como nuevo rey, ser leal a un dictador acabado de fallecer y recibir la estruendosa ovación de aquella nomenclatura podrida y abyecta no creo fuera nada para ser celebrado.

Eso fue lo que dije en la Junta de Portavoces presidida por la zaragozana del P.P. Luisa Fernanda Rudí, siendo apoyado por IU, cuando doña Luisa Fernanda nos habló de la sesión conjunta Congreso-Senado que había organizado a mayor gloria del monarca para celebrar aquel fasto de la dictadura. «¿Y qué propone usted?», me preguntó. «Pues si quiere usted celebrar algo democrático, hágalo cuando se cumpla la aprobación de la Constitución, pero no celebremos una entronización ante unos procuradores del régimen franquista.» El PP protestó por lo que dije y el PSOE miró una vez más al techo.

Cuando estábamos dispuestos a declararnos en huelga de asistencia, ocurrió el terrible atentado de Barcelona en el que ETA asesinó, en un estacionamiento, al ex ministro y ex portavoz parlamentario Ernest Lluch. Lógicamente, el acto se centró en Lluch y su memoria, que taparon todo lo demás. Por eso estuvimos presentes, ya que la conmoción fue general y nadie hubiera entendido otra cosa ante la magnitud del hecho.

Pero hubo que recordar que aquella coronación del rey tras los funerales del dictador había sido toda una chapuza.

Recuerdo que en una de aquellas recepciones nos contó el propio D. Juan Carlos cómo llevó en su coche a Augusto Pinochet a la capilla ardiente de Franco y cómo lo empaquetó para que se fuera a Chile cuanto antes y no estuviera, con sus gafas negras y su capa, en la misa de los Jerónimos. Lamento no haber tomado nota de lo que nos dijo, ya que nos habló bastante de ello y además de forma muy suelta, porque debió de ser todo muy chusco.

Pasados cinco años y con los socialistas en el poder, vino de nuevo el intento de celebrar semejante desatino en un acto conjunto de Cortes Generales. Y, en esta oportunidad no solo hablé de ello en la Mesa del Senado sino que hice una pregunta oral en pleno, un miércoles, a la vicepresidenta primera María Teresa Fernández de la Vega.

Éste fue el trámite.

QUE POR PREGUNTAR NO QUEDE

Como el Senado tiene la misma capacidad de control político que el Congreso, exactamente la misma, y en esta institución pueden formularse preguntas en el Pleno y por escrito, voy a transcribir algunas de ellas comenzado con una pregunta en la sesión de control pública en el hemiciclo a la vicepresidenta María Teresa Fernández de la Vega, para sorpresa del PP y de un PSOE que no terminaban de creer lo que estaban oyendo.

Fue así:

> El señor Anasagasti Olabeaga:
>
> Señora vicepresidenta, ¿contempla el Gobierno la celebración, en el mes de noviembre del próximo año, del treinta aniversario de la proclamación de don Juan Carlos de Borbón como Rey de España, tal y como se viene repitiendo en distintos actos y discursos oficiales?
>
> Nada más y muchas gracias.

La señora vicepresidenta primera del Gobierno y ministra de la Presidencia:

Muchas gracias, señor presidente.

Señoría, sí, naturalmente, el Gobierno va a celebrar el aniversario de la coronación de Su Majestad don Juan Carlos, como todo país celebra los hitos de su sistema constitucional.

El señor Anasagasti Olabeaga:

Efectivamente, todo gobierno democrático celebra los hitos democráticos y constitucionales, pero estamos hablando de un hito importante pero no democrático ni constitucional, porque hay que recordar que el año que viene se conmemoran treinta años del fallecimiento del dictador y de la coronación de don Juan Carlos ante unas Cortes Generales franquistas, no elegidas democráticamente. Por tanto, consideramos que no es correcto que un gobierno democrático celebre una coronación ante semejante auditorio, donde ninguno de los presentes, absolutamente ninguno estaba elegido democráticamente. De celebrar algo, se debería celebrar la fecha de aprobación de la Constitución Española, y no cuando murió el dictador, sobre todo cuando el planteamiento que se hizo para asumir la jefatura del Estado era que don Francisco Franco le había designado sucesor, a título de rey.

Le recuerdo, señora vicepresidenta, que hace cuatro años, en la junta de portavoces, usted misma, el Partido Socialista y este grupo parlamentario, al igual que otros, protestamos ante este hecho, porque consideramos que los hitos hay que celebrarlos basándolos en planteamientos democráticos, y no en hechos tan abominables y luctuosos como es recordar una dictadura de cuarenta años. Además tengo que recordarle, señora vicepresidenta, el discurso de la Corona. Don Juan Carlos dijo lo siguiente: «Una figura excepcional entra en la historia; el nombre de Francisco Franco será ya un jalón en el acontecer español y un hito al que será imposible dejar de referirse para entender la clave de nuestra vida política contemporánea. Con respeto y gratitud quiero recordar la figura de quien durante tantos años asumió la pesada responsabilidad de conducir la gobernación del Estado; su recuerdo constituirá para mí una exigencia de comportamiento y de lealtad para las funciones que asumo en servicio de la patria».

Nosotros consideramos que aquel discurso no fue democrático sino la apología de una dictadura algo, de no recibo, y por tanto no hay que conmemorar absolutamente nada, sino, en todo caso hacerlo en el año 1978, cuando se aprobó la Constitución.

La señora vicepresidenta primera del Gobierno y ministra de la Presidencia: Señoría, al margen de sus palabras y de sus consideraciones, que yo respeto, lo cierto es que en este país tenemos una forma de Estado, que es una Monarquía constitucional y parlamentaria, y un rey, que cumple el trigésimo aniversario de su coronación. Desde luego es un hito histórico, al margen de que hubiera habido otros, que desde luego no vamos a celebrar.

No hay todavía una agenda que fije el tipo de actos que se llevarán a cabo para conmemorar el trigésimo aniversario de su majestad don Juan Carlos como rey de España, pero me cabe poca duda de que será motivo de celebración compartida por el conjunto de la sociedad española, y ello por dos razones, algunas de las cuales usted ha citado.

Una, porque la Monarquía parlamentaria es la forma constitucional que nos dimos todos los españoles en 1978. En segundo lugar, porque desde entonces hemos tenido una jefatura del Estado reconocida y respetada dentro y fuera de nuestras fronteras gracias al buen hacer, al buen trabajo y a la personalidad de don Juan Carlos, que ha sabido hacerse el rey de todos los españoles, que es nuestro mejor embajador en todo el mundo, particularmente en Iberoamérica, y que desde entonces, ejerce sus funciones con dignidad y responsabilidad.

Tan sólo me queda añadir, señoría, para darle un poco más de información, que en torno al otoño, en el mes de noviembre del año próximo, coincidirán distintos acontecimientos de gran importancia por su relevancia y trascendencia: tendrá lugar la Cumbre Iberoamericana en Salamanca, celebraremos el aniversario de la Conferencia Euromediterránea de Barcelona y, por supuesto, el trigésimo aniversario de la proclamación de Su Majestad el Rey.

Muchas gracias.

A pesar de lo dicho por la vicepresidenta, la celebración pasó casi desapercibida para cabreo del Rey. Algo habíamos logrado.

Tras ésta intervención, algún editorial y alguna que otra declaración el Gobierno, se dio cuenta que no había nada que celebrar y le dio un perfil político bajísimo a la fecha que pasó sin pena ni gloria. Es la única vez que logré, con otros, condicionar un poco la agenda del monarca; cosa que me "agradecerá" mientras viva.

NO LE CONCIERNEN LOS ACTOS EUROPEOS DEMOCRÁTICOS

Lo primero que hizo don Juan de Borbón, cuando nació su hijo en 1938, fue registrarle en el consulado español franquista de Roma en el II año triunfal, de la victoria de Franco, estando abierto el consulado republicano que era el legal. Todavía no había acabado la guerra pero el apoyo político del ex rey Alfonso XIII y de toda su familia estaba puesta en los militares sublevados. De hecho don Juan, con un grupo de seguidores que había conspirado activamente contra la República, consideraron que debían hacerse presentes en zona franquista; y el 1 de agosto de 1936, en un Bentley, pasó la frontera y llegó a Burgos a ponerse a las órdenes de Franco para luchar en zona sublevada. Emilio Mola, el general de los sublevados de la zona norte, se encargó de llamar a la Guardia Civil y pedirles que se lo llevaran de allí de inmediato; y así, de forma brusca, salió Juan de Borbón hacia Cannes a seguir de lejos una guerra a la que su padre Alfonso XIII había ayudado desde el exilio con un millón de pesetas y mucha solidaridad. Sólo comenzó a cambiar cuando empezó a ver que el III Reich perdía la Segunda Guerra Mundial.

Entiendo, por tanto, que lo oído en casa por el actual rey habrá sido todo menos bonito en relación con los aliados y la derrota del nazi-fascismo. Por eso mismo, y porque al rey jamás le he visto un reconocimiento claro y concreto, emotivo y humano en relación con los vencidos republicanos, es por lo que formulé una pregunta a raíz de su ausencia en los actos organizados con motivo del fin de aquella guerra que Franco y su familia habían perdido. La respuesta del Gobierno socialista, además de falsa, fue antológica. ¡Cómo me gustaría que, algún día, algún historiador inglés analice de verdad este periodo de oscurantismo en el control parlamentario español!

Éste fue el trámite:

La ausencia del rey a los actos del aniversario de la finalizacion de la II Guerra Mundial

El pasado domingo 9 de mayo todas las televisiones europeas abrieron sus informativos con los actos conmemorativos del sesenta aniversario de la finalización de la Segunda Guerra Mundial, contienda que había llevado a la destrucción de Europa y a la muerte de más de cincuenta millones de seres humanos, víctimas de una ideología totalitaria apoyada por el régimen franquista.

Cuando hablamos de las televisiones europeas hemos de hacer la salvedad de que no todas destacaron dicha efemérides con semejante relevancia ya que, en el caso de TVE, los quince primeros minutos de su información dominical del mediodía, los siete minutos finales, el programa especial de la tarde del domingo y las interrupciones informativas se centraron en la noticia del embarazo de la Sra. Letizia Ortiz, esposa de D. Felipe de Borbón. Al parecer, para la televisión pública española, un hecho privado y respetable como éste tiene muchísima mayor importancia que transmitir a las nuevas generaciones el recuerdo de lo que fue una guerra de exterminio con objeto de que una situación parecida no pueda volver a repetirse jamás.

Este tratamiento informativo desmesurado, azucarado, acrítico y absolutamente propio de un falso reino de cuento de hadas no era el mismo que se le dispensaba al presidente del Gobierno, D. José Luis Rodríguez Zapatero, en su visita al campo de concentración de Mauthausen, donde pudo escuchar de los supervivientes españoles las terribles vejaciones que tuvieron que sufrir por haber perdido una guerra y ser republicanos.

Es preciso recordar que más de cinco mil de ellos perdieron su vida en dicho campo (veinticinco veces las víctimas del 11-M) y que hasta ahora, nadie se había acordado de ellos. Mucho menos, personalmente, el rey de España.

Hizo bien el presidente del gobierno español en acudir a Mauthausen tras haber estado ausente de los actos conmemorativos, el pasado año, del desembarco aliado en Normandía; y, aunque en los aniversarios de la liberación de París y del campo de Auschwitz acudió el presidente del Senado, llama muchísimo la atención que a estos simbólicos actos europeos no acuda nunca el Jefe del Estado español, a quien por otra parte vimos no sólo en el funeral del papa Juan Pablo II sino en la proclamación de Benedicto XVI, así como en cualquier inauguración insustancial; o, como fue el caso del domingo nueve de mayo, en que mientras Europa recordaba aquella tragedia, D. Juan Carlos disfrutaba ostensiblemente en la prueba deportiva de Fórmula Uno en el circuito de Montmeló, y hablaba, como siempre, de sus nietos, pero no de lo que fue aquella tragedia.

Por todo esto y habida cuenta que se trata del Jefe de Estado, cuyos actos han de estar refrendados por el Gobierno, ¿no le parece a éste más serio, más acorde con la europeidad y con la pedagogía democrática que el Jefe del Estado español hubiera estado el domingo ocho de mayo en alguno de los actos organizados con motivo del sesenta aniversario de la finalización de la guerra mundial, así como en los actos celebrados en Moscú el lunes nueve, al que acudió el presidente del gobierno pero no el Jefe del Estado, como si su vinculación con el general Franco hiciera poco adecuada su presencia en dicha conmemoración democrática?

Palacio del Senado, 9 de mayo de 2005.

Iñaki Mirena Anasagasti Olabeaga

Y aquí la escueta respuesta del Gobierno:

No le corresponde al Gobierno decidir ni condicionar la agenda de actos públicos de la Corona.

Madrid, 17 de junio de 2005.

El Secretario de Estado de Relaciones con las Cortes.

LA TRANSICIÓN NO ACABARÁ SI NO LLEGA LA REPÚBLICA

A pesar de esta respuesta que mereció en ese momento ser llevada a un juzgado de guardia de la democracia, de vez en cuando se encendía una cerilla en la oscuridad; porque eso, de «el rey de todos los españoles» sigue siendo uno de los pilares de los discursos que hemos escuchado durante estos treinta años sin base objetiva alguna para jactarse de ello. El saludar a la viuda de Azaña en México, visitar a unos pobres viejecitos «niños de la guerra» en Moscú, ir a Toulouse a un acto de los españoles en esta ciudad, no pueden considerarse más que gestos esporádicos en relación con la mitad de una de las Españas a la que le helaron el corazón en acertada definición machadiana. Don Juan Carlos nunca se ha referido a la Ley de la Memoria Histórica. Eso no va con él.

El Rey siempre ha sido, en lo militar, un heredero de su educación franquista y, en lo histórico, un rey que entra a reinar como consecuencia de un pacto de debilidades y de la traición a sus padres, pero nunca asumió de verdad la triste historia de aquellos años de hierro y nunca se enfrentó a toda aquella carcundia que sigue impregnando la visión del actual Estado español. Lo malo es que esto ha podido ser así gracias a que Carrillo y González, con unos principios republicanos de quita y pon, se lo permitieron todo. Alguna condición más deberían de haberle impuesto para legitimarle ser heredero de aquella sangrienta dictadura.

Por eso me extrañó que en el periódico monárquico por excelencia, no el *ABC* sino *El País*, apareciera una entrevista hecha a dos curiosos personajes.

Esto fue lo que leí en el avión a la vuelta de un viaje a México , y me extrañó por la contundencia del análisis y por estar publicado en un periódico como *El País*, acérrimo defensor del *juancarlismo*. Se trataba de una entrevista hecha a dos gamberros republicanos que decían las verdades del barquero y el periódico las elevaba a titular. Esta pareja es puro ácido sulfúrico. Su dúo «Accidente Polipoetics» empezó haciendo recitales imprevistos y ha ido evolucionando hacia la crítica política y social más feroz y refrescante. Xavier Theros es el escritor y poeta, y Rafael Metillkoviez, el cómico espectáculo. Su último montaje, «Franco ha muerto o como idiotizar a un pollo», es un repaso necesario a las verdades que la santa Transición olvidó mencionar. En esta entrevista decían perlas como éstas:

> R.: Sí, Franco ha muerto es una reflexión humorística. Nace de la insatisfacción de ver cómo se ha contado la transición. Nos han dicho que fue ejemplar, modélica, dulce, y en realidad lo único que se hizo fue cambiar impunidad por libertad. ¡Los españoles perseguimos dictadores y criminales de guerra por todo el mundo pero los nuestros nunca han tenido el más mínimo problema!
>
> ¿Qué pensarían las familias de los exiliados, los desaparecidos y los muertos de un país cuyo monarca es heredero directo de Franco? ¿Y de un país

donde un ministro de Franco ha estado a punto de ganar las elecciones por cuarta vez?

P.: ¿Rabia, no?

R.: ¡Tenemos la necesidad de dejar de sentirnos idiotas!

P.: Algunos dicen que eso es reabrir las heridas.

R.: ¡Ya sabemos que abrir las fosas comunes es incómodo! La transición se construyó sobre ese silencio. Pero la sociedad está madura para eso. Cosa que no se puede decir de nuestros políticos. Hasta en Sudáfrica se llevó a juicio a los culpables. Pidieron perdón y no los condenaron. Aquí podrían haber hecho lo mismo, O por lo menos haber puesto en la Constitución un acuerdo mínimo sobre la memoria histórica para que jamás se repitiera.

P.: ¿En los años setenta?

R.: Sí, entonces los militares debían de dar mucho miedo. ¡Pues que lo digan, coño! ¡Que no nos cuenten que fue el paraíso!

P.: Hombre, comparado con la guerra...

R.: El gran desencanto es que la izquierda de los años ochenta no se ocupó en absoluto de estas cosas. Prefirieron hablar de la movida, del diseño, del punk... Si ves ahora las revistas de entonces, alucinas con el grado de gilipollez y trivialidad que se manejaba.

P.: ¿Seguimos igual o mejor?

R.: La transición no acabará hasta que no llegue la República. Ése es el gran salto cualitativo.

P.: ¿Son catalanistas?

R.: Otra de las cosas que no resolvió la transición es lo que constituye un derecho fundamental: la autodeterminación. Tan fácil como hacer un referéndum y pedirle a la gente que diga lo que piensa. Y otra consecuencia funesta del franquismo es que uno no puede sentirse español y catalán a la vez con naturalidad como pasaba en tiempos de la República.

P.: ¿El agravio es real?

R.: Sí, pero con matices. Es verdad que la lengua ha sido humillada, pero en catalán también se han dicho barbaridades fascistas. Y España cree que el agravio de Cataluña con España viene del franquismo, y no, viene realmente de hace 500 años. Barcelona ha sido bombardeada dos veces por siglo desde entonces.

P.: ¿Creen, como Zaplana, que ZP es un radical?

R.: En los temas menores como las bodas gays. Si fuese radical de verdad, le pondría el cascabel al gato de la República.

P.: ¿Se hunde España?

R.: ¡Madre no hay más que una y me tuvo que tocar a mí! Mientras sea el Reino de España, esto es indivisible. ¡Este país parece una guardería! Lo que produce curiosidad es que todavía haya un país que se llama España. Si desapareciera, se acabaría de cuajo el problema de la España invertebrada.

P.: ¿Pero nos salvaremos o no?

R.: Brosza decía que Cataluña sólo será un país normal cuando el Barça baje a Segunda. Podemos añadir que, para que España fuera normal, el Madrid debería estar en Segunda B.

Esta entrevista es la única que he visto con algo de mordiente en este periódico en años. Seguramente se les escapó del control. Por eso conviene conocerla.

MONSIEUR PONCELET Y LA CAZA

Tanto en el Congreso como en el Senado son los miembros de sus Mesas los que presiden los Grupos de Amistad con otros países. A mí me tocó hacerlo en la legislatura 2004-2008 del Grupo de Amistad con Francia. Para ello conté con la inestimable ayuda de un alto funcionario del Senado francés, *monsieur* Garrigá, hijo de catalanes que nos preparó un viaje a París y a Toulouse digno del emperador de Manchuria. Todo lo que le pedimos nos lo puso en la agenda del viaje y logró además que nos entrevistáramos con Jacques Delors, con el ministro de Transportes de Chirac, para hablar de las conexiones transfronterizas, y con Ségolène Royal que por entonces todavía no era la candidata del partido socialista francés y con quien desayunamos y a la que regalamos un pañuelo del Senado.

A toda la Delegación nos pareció la buena señora un pan sin sal. Pedimos asimismo estar con Nicolás Sarkozy, a la sazón ministro del Interior, pero coincidió con un viaje suyo al exterior y no pudo ser.

Y, como era procedente, nos ofrecieron un delicado almuerzo en uno de los salones del extraordinario palacio Luxemburgo, sede del Senado, en un comedor que tenía un cuadro de Napoleón, por lo que se pasaron la comida excusándose por ello, ya que podía herir nuestra sensibilidad. Yo les dije personalmente que no, y en eso coincido con el libro de Arturo Pérez Reverte. Otra hubiera sido la historia de España si el abstemio –mal llamado «Pepe Botella»–, José Bonaparte, hubiera sido de verdad el rey y hubiera importado la modernidad francesa de aquellos años frente al oscurantismo de los Borbones, padre e hijo, que se peleaban en Aranjuez y a los que engañaba Napoleón a cuenta de que iba a conquistar Portugal para repartirse ese país entre Francia y España. Lo que hizo fue quedarse en la Península y obligar a Carlos IV y Fernando VII a hacer los papeles más serviles y deprimentes propios de aquella Monarquía absolutamente podrida.

Arturo Pérez Reverte pasó por Bilbao para promocionar su obra *Un día de cólera* basada en el 2 de mayo de 1808. Según Pérez Reverte, el pueblo de Madrid defendió lo peor, lo rancio, lo oscuro, las sombras, la sacristía. «Si hubiéramos sacado la guillotina a tiempo, quizás hoy tendríamos otro país.»

Me imagino que todo esto será grato de escuchar en los círculos franceses, por eso a mí no me molestó aquel cuadro de Napoleón, pero sí que cuando estuvimos, tras aquella comida, con el presidente del Senado, Christian Poncelet, senador en representación de Vosgues (Lorraine), de profesión «alto funcionario» y antiguo ministro, diputado y alcalde de Remiremont, lo primero que me dijo, como rasgo de amistad entre España y Francia, fue lo bien que se lo pasa en las cacerías con el rey. Este dinosaurio de la política francesa, de ochenta años, resumía todo su conocimiento de España en ese dato que puede ser un buen resumen de esta nueva «Escopeta Nacional».

Pero ahí no quedó todo. Al año me tocó ir a Bucarest en representación del presidente Javier Rojo, que debía quedarse en Madrid para la celebración del 12 de octubre y acudir al desfile de la Castellana. En la capital de Rumanía se reunían todos los presidentes de los senados europeos siguiendo la iniciativa de *monsieur* Poncelet.

Tras dirigirme a los asistentes en el Senado rumano, con un discurso de circunstancia sobre el funcionamiento del Senado español, y recalcar que la novedad en esta legislatura pasada había sido que Zapatero se hubiera sometido al control parlamentario, volvía a mi escaño cuando se me abalanzó ese buen y orondo señor para felicitarme por mis palabras –¡estos franceses son muy educados!– y decirme una vez más que él conocía mucho España, pues acudía cada cierto tiempo a cacerías con Su Majestad, y que en breve viajaría a Madrid con ese propósito. Le dije que me parecía magnífico, pues yo allí no estaba como senador por Bizkaia sino en representación del Senado; pero he de reconocer que en las dos entrevistas con este personaje en un año, el que no me hablase más que de las cacerías con D. Juan Carlos era para pensar que deben ser algo extraordinario y tan fructíferas que dejan una imborrable e imperecedera impresión. Aunque al parecer, el secreto es que de ellas y sus gastos, sólo se enteran los que acuden a tan reservados saraos.

EL ESPECIAL DE MARCA

No sé cómo hacían en la Rumanía de Ceaucescu, ni en la China de Mao, ni en la Cuba de Fidel con sus grandes timoneles. Si sé lo que hicieron con los «25 años de Paz» de Franco, porque, desde luego, el periódico más deportivo, *Marca*, no desmereció de ninguna de las publicaciones que en su día se hicieron para glosar la figura de un Jefe de Estado.

Con el título «El Rey del Deporte» publicaron en lujoso papel cuché, extraordinaria diagramación y acertada colección de fotografías una revista extra dedicada a los setenta años del rey en enero de 2008. No creo que Emilio Romero, Jaime Campmany, Matías Prats o Manuel Fraga hubieran podido mejorar lo que el director de esta publicación, Eduardo Inda, hizo con esta revista hagiográfica en la que echó, literalmente, la casa por la ventana.

Sólo tuvo como garbanzo negro, y así lo publicó, al presidente del Athletic de Bilbao, Fernando García Macua, y eso le honra, quien, según decía la propia revista, se había negado a felicitar al rey, porque «supone para el club un compromiso imposible de asumir».

Hizo bien García Macua, porque el tenor de las felicitaciones era de vergüenza ajena. Nadie más perfecto, nadie más deportista, nadie más simpático, nadie más altruista, nadie más solidario, nadie más promocionador del deporte, nadie más familiar, nadie más perseverante, nadie más estratega que Su Majestad el Rey.

Pero volvamos a la caza.

Este director, que hace unos años hubiera sido nombrado marqués del Marca sólo por esta publicación, inició la misma destacando el hecho de que D. Juan Carlos quería ser jinete pero se quedó en gran regatista porque Franco frustró la verdadera pasión del rey que era la hípica; y, en ese largo reportaje, y como no podía ser menos, le dedicó su puntada a la caza diciendo lo siguiente:

> El cinegético hobby real, dentro de la más pura tradición borbónica, ha pervivido hasta nuestros días. El Rey se relaja cazando en las mejores fincas de España con algunas de las más reputadas escopetas nacionales: el ganadero Samuel Flores, propietario de la que dicen es la mejor finca de España con permiso de la del duque de Westminster. Alberto Alcocer, Miguel Primo de Rivera, el marqués de Cubas, su hermano (Griñón) y Juan Abelló, entre otros. Esta afición le ha reportado numerosas satisfacciones pero también una leve sordera en el oído derecho: gajes de un oficio, el de cazador, que es una bicoca para los otorrinos y culpa también de los incontables viajes en helicóptero. Lo cierto es que, dentro del sector cinegético, el que más y el que menos tiene «averiado» un oído u otro o los dos a la vez.
>
> Siempre que puede se escapa con la escopeta a cuestas a la finca de los Flores, a las de Abelló, a la de la hermana de este último en Ciudad Real, a la de Alcocer o alguna de las propiedades que Patrimonio Nacional tiene repartidas a lo largo y ancho de la geografía nacional. De tanto en cuando aprovecha un hueco en un viaje oficial o en su agenda y pega un salto a Rumanía, Rusia o Africa para ampliar un currículum que es la envidia de numerosos colegas de faena. Suele llevar como escuderos a alguno de los *golden retriever* de la perrera de La Zarzuela. Mascotas inmejorables en el esencial arte del rastreo.

Me imagino que el funcionamiento de los helicópteros, su personal, los gastos de desplazamiento, los perros y su cuidado, la seguridad, los invitados y todas estas minucias seguramente las pagamos entre todos, aunque sea imposible de saberlo. Es secreto de Estado. No me extraña que *monsieur* Poncelet sea tan amigo de España. ¡Qué película se está perdiendo Berlanga por falta de información y de guionistas!

PREGUNTAS PARLAMENTARIAS A CUENTA DE LA CAZA

Como esto de la caza ha sido recurrente en la pasada legislatura no he cometido el error de ERC de preguntar por la caza del rey sino por los acompañantes del rey a esas cacerías, el servicio diplomático que le acompaña o por la política exterior que es responsabilidad del Gobierno y por tanto susceptible de ser controlado. Aunque van a ver ustedes la sensibilidad democrática del Gobierno socialista para que se puedan controlar estas cosas.

Y es que ERC en el Congreso formulaba preguntas que el presidente Marín, erigido en defensor mayor de la Monarquía, como si en lugar de presidente del Congreso, una institución elegida, hubiera sido el Duque del Infantado, las rechazaba todas. A mí por lo menos me las publicaban en el Boletín Oficial del Senado. Y ahí están.

A continuación las expongo con su consabida respuesta. Huelgan los comentarios. La pregunta decía así:

> Según informó el alcalde de la comuna de Batani en Rumanía, el Jefe del Estado español, D. Juan Carlos, participó el sábado 9 de octubre en una cacería de osos y jabalíes en los Cárpatos rumanos. El Rey pernoctó el viernes 8 en un pabellón de caza que perteneció al dictador Nicolae Ceaucescu y, al día siguiente, mató «cuatro o cinco osos y dos jabalíes».
>
> Este hecho ha sido muy criticado por una organización rumana de protección de los animales y por uno de los grupos políticos de oposición rumano, que considera inconveniente que el jefe del Estado de un país extranjero viaje extraoficialmente a Rumanía a realizar tan dudoso deporte cinegético.
>
> Ante este hecho tan anómalo y tan propio de etapas que creíamos superadas, este senador solicita del Gobierno que le dé respuesta a la pregunta de si considera adecuada la práctica de este deporte en un estado extranjero y si el Gobierno subvencionó el carísimo desplazamiento del Rey de España para su solaz personal, así como si tiene noticia de quiénes viajaron con él a cuenta del erario público.

Respuesta:

Según establece el artículo 64 de la Constitución, los actos del Rey serán refrendados por el Presidente del Gobierno y, en su caso por los Ministros competentes, siendo quienes los refrendan responsables de dichos actos. De este refrendo están excluidas, por razones obvias, las actividades privadas de los miembros de la Casa Real.

En cuanto al régimen de gastos, el artículo 65 de la Constitución establece que «el Rey recibe de los presupuestos del Estado una cantidad global para el sostenimiento de su Familia y Casa, y distribuye libremente la misma».

Por las razones expuestas el Gobierno entiende que no forma parte del ámbito de respuesta al control parlamentario que cabe ejercer sobre su actuación, formular valoraciones sobre las actividades de carácter privado de los miembros de la Casa Real, como no lo debe hacer, en este trámite, de las que desarrollan los integrantes de otros órganos constitucionales del Estado.

Madrid, 24 de noviembre de 2004

LA OTRA CACERÍA

Ésta fue la segunda pregunta:

La televisión austríaca informó que la última semana del mes de enero el Rey don Juan Carlos participó en una cacería en la localidad de Burgenland.

El pasado mes de octubre el rey participó asimismo en otra batida de caza, esta vez en la región rumana de Transilvania, donde mató cinco osos y dos jabalíes. El viaje fue objeto de protestas por parte de asociaciones ecologistas y partidos políticos. En aquella oportunidad este senador realizó una pregunta parlamentaria recabando información sobre si el Gobierno consideraba adecuada esta práctica en un país extranjero, donde una parte de su población criticó tales matanzas y si el Gobierno subvencionó el carísimo desplazamiento del rey acompañado de amigos suyos a cuenta del erario público.

El Gobierno socialista contestó que las actividades privadas del rey no necesitan refrendo del Gobierno y que la respuesta a tal pregunta no entra dentro del ámbito de respuesta al control parlamentario que cabe ejercer sobre su actuación.

Tal respuesta del Gobierno amparando semejante y criticable actitud ha motivado que en el breve espacio de tres meses el jefe del Estado viaje a Austria y participe en otra matanza de animales sin que el Gobierno, al parecer, tenga nada que decir sobre lo que haga, nada menos, que el jefe del Estado, que no es un ciudadano particular y cuyos gastos, le guste al Gobierno o no, los pagan los Presupuestos Generales del Estado que son aprobados en sede parlamentaria, por lo que no es de recibo que un gobierno democrático en el siglo XXI responda al control parlamentario como si viviéramos bajo una Monarquía absoluta en el siglo XVIII.

Por todas estas razones este senador insiste en tratar de recabar la opinión del Gobierno por si cree de recibo que el jefe del Estado español viaje a un país extranjero a una matanza de animales pagando esta aberración con dinero público de todos los ciudadanos.

Palacio del Senado, 2 de febrero de 2005

Respuesta del Gobierno:

Se señala a S. S. la respuesta a su pregunta escrita, con número de expediente 684/4094, dc 25 de noviembre de 2004, sobre el asunto interesado.

Se recuerda que el régimen de gastos del artículo 65 de la Constitución establece que «el Rey recibe de los Presupuestos del Estado una cantidad global para el sostenimiento de su Familia y Casa, y distribuye libremente la misma».

En este sentido, el Gobierno entiende que no forma parte del ámbito de respuesta al control parlamentario que cabe ejercer sobre su actuación, formular valoraciones sobre las actividades de carácter privado de los miembros de la Casa Real, como no lo debe hacer, en este trámite, de las que desarrollan los integrantes de otros órganos constitucionales del Estado.

Madrid, 22 de febrero de 2005

El Secretario de Estado de Relaciones con las Cortes

LA EXTRAÑA VISITA DEL REY A PUTIN

Otra más:

Al parecer, y de forma poco institucional, teniendo en cuenta que los presupuestos de la Casa Real se aprueban en las Cortes Generales, lo más que se puede saber de los viajes oficiales que llevan a cabo el Rey D. Juan Carlos I y la Reina D.ª Sofía se reducen al discurso que se haya pronunciado en la ocasión, pero poco más. No se transmite sobre qué es de lo que se ha hablado en determinada reunión, ni qué acuerdos se han alcanzado.

El Rey, según la Constitución, en su artículo 56, «es el Jefe del Estado, símbolo de su unidad y permanencia, arbitra y modera el funcionamiento regular de las instituciones, asume la más alta representación del Estado español en las relaciones internacionales, especialmente con las naciones de su comunidad histórica, y ejerce las funciones que le atribuyen expresamente la Constitución y las leyes».

De ahí la siguiente consideración: ¿está la Casa Real obligada por la Constitución a informar a la ciudadanía de los resultados de sus actividades? Bien es verdad que la Constitución no recoge la obligación de las instituciones a informar veraz y objetivamente de los resultados de las actividades realizadas, pero se sobreentiende (y así se recoge en la Declaración Universal de Derechos Humanos a la que se adhiere la Constitución española) que los ciudadanos tienen derecho a recibir información veraz y objetiva de las instituciones del Estado. Y, siendo tan sólo demócratas, el Rey, como Jefe del Estado, debería transmitir sus actividades ya que lo hace en nombre del Estado, no en nombre particular.

Sin embargo la realidad es bien distinta. Esta interpretación, muy particular, sobre las «obligaciones» de informar de la Casa Real no se corresponde con lo que sucede, lo cual lleva a la conclusión de que las actividades reales son a veces conocidas, pero no los resultados obtenidos. Y eso no debería ser el funcionamiento democrático de un país serio.

El pasado viernes 25 de agosto apareció en la prensa una fotografía del rey Juan Carlos con el presidente de la Federación Rusa, Vladimir Putin, como consecuencia de la estancia del Jefe del Estado español en la residencia estival de Sochi donde al parecer el rey ha pasado, en el mes de agosto, unos días de vacaciones dentro de sus larguísimas vacaciones veraniegas.

Al parecer, este tipo de agasajo obedeció, según el Sr. Putin, a que las relaciones entre España y Rusia están a muy alto nivel. Habida cuenta que la política exterior española no la diseña el rey sino el Gobierno, del que el rey es un protagonista más y habida cuenta que Vladimir Putin acaba de estar en España en visita oficial, ¿no ha sido esta la clásica visita de vacaciones del rey, en sus muy largas vacaciones con toda su familia subvencionada por el erario público y donde no ha habido ningún día para ocuparse de los incendios de Galicia o de los problemas de la inmigración ilegal en Canarias?

Por tanto, este senador desea que el Gobierno conteste a la siguiente pregunta: ¿conoce el Gobierno si en esa conversación del Rey con el Presidente Putin se habló de los derechos humanos en la región de Chechenia o del continuo cercenamiento de la libertad de expresión en Rusia o de alguna otra cuestión atinente a las relaciones entre los dos países?

Palacio del Senado, 12 de septiembre de 2006

Y, una vez más, la respuesta del Gobierno:

La visita a la que se refiere Su Señoría tiene su origen en la invitación cursada por el Presidente de la Federación Rusa con ocasión de la visita de Estado de éste a España en el pasado mes de febrero. Se encuadra dentro de una actividad habitual por la que dicho mandatario invita a Jefes de Estado extranjeros y líderes políticos en el transcurso del periodo veraniego, tanto en formato privado, como de reuniones internacionales.

En este caso, la invitación tenía un marco de actos privados que concluyeron el 24 de agosto. En lo que concierne a los contactos mantenidos con el Sr. Putin, mediaron conocimiento del Gobierno y asistencia de los servicios de nuestra Embajada. Concluidos aquellos contactos, S. M. Juan Carlos I viajó a Vologda con carácter estrictamente privado, por lo que no precisó la asistencia antes referida.

¿ACOMPAÑÓ EL EMBAJADOR DE ESPAÑA AL REY EN SU CACERÍA DEL OSO BORRACHO?

Seguí insistiendo sin éxito.

No contento con sus cacerías, se siguió informando de la hazaña de Juan Carlos I matando un oso borracho en Rusia. Un diputado de ERC le preguntó al Gobierno sobre lo que sabía de eso. La Mesa del Congreso se la rechazó porque decía que ese tipo de preguntas no son competencia del Gobierno. Y es verdad. La Constitución española dice que el Rey es «irresponsable», es decir, no se le pueden pedir responsabilidades. Pero como los embajadores dependen del Gobierno, ésta fue mi pregunta:

> Este Senador realizó una pregunta parlamentaria sobre la reunión mantenida este verano entre el rey Juan Carlos y el presidente Putin. Aquello se presentó en plenas vacaciones estivales poco menos que como un viaje oficial para hablar de las magníficas relaciones entre España y Rusia cuando lo que se escondía era un viaje estival para una deplorable caza de osos.
>
> Posteriormente, y no es la primera vez, nos hemos enterado del debate en la región de Vologda a cuenta del disparo a un oso que al parecer estaba previamente drogado. Si en Rumanía fue una osa en celo, en Rusia, un oso borracho.
>
> Por todo ello y habida cuenta que el Rey es irresponsable a la hora de dar cuenta de sus actos ante una cámara legislativa pero un embajador no, ya que sigue las orientaciones del Gobierno, este senador desea saber si el embajador de España en Rusia participó en dicha cacería y si los responsables de la embajada española se pusieron al servicio de esta deplorable incursión cinegética.
>
> Palacio del Senado, 27 de octubre de 2006

El Gobierno me contestó lo siguiente:

> El Gobierno es informado puntualmente por la Casa Real de las actividades del Rey.
>
> De acuerdo con el mandato constitucional, la responsabilidad de acción exterior corresponde al Gobierno, siendo Su Majestad el mejor embajador de la política exterior del Gobierno.
>
> Las conversaciones de Su Majestad el Rey con el Presidente Putin tienen por su propia naturaleza, carácter reservado.

Que ante estas respuestas gubernamentales, alguien me diga si esto no es, una tomadura de pelo y algo impropio e indigno en un Estado que, diciéndose democrático, hurta al legislativo el control político obligatorio demostrando con cada respuesta la ínfima calidad democrática al proteger con la censura y la opacidad a una institución del Estado que, ante semejante permisividad, sabe que puede seguir abusando de su posición preeminente, del erario público sin presentar cuentas, y de la ligereza y frivolidad más absoluta porque el manto de impunidad, que el Gobierno le proporciona, le protege.

Sólo proclamar que éstas son las únicas preguntas parlamentarias que sobre estos asuntos han sido formuladas en treinta años. Y ya se ve el éxito que han tenido.

UN COTO DE PERDICES PARA EL REY

Siempre he protestado cuando se comenta que la Monarquía española es de las más baratas del mundo y mucho más económica que los gastos de un presidente de la República. Se trata de una de las muchas manipulaciones que mantiene a la Monarquía en pie. Digo esto porque un ejemplo claro, uno más, es lo que ocurre con la Encomienda de Mudela, una enorme finca adscrita al Ministerio de Medio Ambiente en la provincia de Ciudad Real en la que el rey acostumbra a cazar perdices.

Desde 1999, gracias a un concurso negociado y sin publicidad, según informó *El País*, la gestión cinegética del coto la lleva Agrocinegética Modelo. Esta empresa pertenece al grupo Altube, del empresario Patxi Garmendia, líder en la cría de perdices y amigo del monarca. Allí se crían entre 5.000 y 10.000 perdices al año, dependiendo de la temporada. Los gastos salen del presupuesto de Parques Nacionales, aunque el uso es casi exclusivo de la Casa del Rey. El *catering*, por ejemplo, lo gestiona Paradores (otra empresa pública) por 105.600 euros, según la adjudicación del 16 de noviembre de 2006.

Pues nada. Que el rey vive a cuerpo de rey con coto de perdices a su servicio.

LE PROCUPA LA LEY QUE LIMITA LA CAZA CON PLOMO

Finalizando la VIII legislatura, el Gobierno remitió a las Cortes Generales un proyecto de ley de Patrimonio Natural y Biodiversidad, en la que se limitaba la caza con perdigones de plomo, que sirvió de argumento para que la Federación de Caza se manifestase contra el gobierno.

Sorpresivamente, la Casa Real confirmó que el rey se había interesado por el desarrollo de la norma, ya que «el Rey es cazador, pero también un gran defensor del medio ambiente y éste ha sido el sentido de su preocupación», precisó un portavoz. ¡Casi nada! Lo curioso del caso fue que dicho lo anterior, no se sonrojaron.

Pero el rey no se quedó en ésta iniciativa sino que también quiso pulsar la opinión de la industria armera y contactó con diversos agentes. Siempre, según un portavoz de la Casa del Rey, para propiciar que las municiones sean respetuosas con el medio ambiente.

¿Quién se puede creer semejante perogullada?

Nada que ver con su esposa que no le gusta la caza, no le gustan los toros y además es vegetariana. Pero al rey le gusta la caza, le gustan los toros, y, de la carne ¡no hablemos...!

Según *El Siglo*, Gredos, Salamanca, los montes de Toledo y tantas otras serranías con cotos de caza no tienen secretos para el monarca. Tampoco la perdiz, el ciervo o el macho montés. Don Juan Carlos ha llegado a ostentar el récord de caza del ciervo, y actualmente está en posesión del récord absoluto de caza del macho montés, derribado uno de ellos en 2005 en la finca La Umbria de Jaén.

El *confidencial.com* publicó que el rey había vuelto a cazar en El Avellanar, finca de Ciudad Real propiedad de Alberto Alcocer. Al parecer, se trata de una de las mejores de España y es idónea para la caza mayor y menor. Lo que no resultaba nada oportuno es que el nombre del monarca volviera a aparecer relacionado con el de Alberto Alcocer en medio del escándalo judicial a cuenta del caso Urbanor, en el que éste y Alberto Cortina han eludido una cárcel merecida a cuenta de que el caso había prescrito. Todo un abuso de poder que si se supiera quitaría toneladas de imagen al rey. Pero el secreto está en que de estas cosas no se habla, ni se informa nunca.

Todo esto al rey se la trae al pairo. Se sabe inmune e impune y seguirá haciendo lo que le dé la real gana y, además, sus veleidades serán pagadas por el erario público. Lo malo es que ya no salen fotografías ni imágenes del rey cazando con sus amigos, y, como en ésta sociedad mediática, lo que no sale en televisión, no existe, se sabe amparado por esa triple inmunidad e impunidad: la no existencia de imágenes, el cubrimiento que le hace el Gobierno de todas sus cacerías y del costo de las mismas, y la protección que le hace la parte pudiente de la sociedad que se muere por ir a una de estas cacerías propias de *La escopeta nacional*.

Y, como además, todo esto lo pagamos entre todos a escote, resulta al parecer baratísimo porque ningún interventor real mete sus narices en algo que aparece en las contabilidades de forma tan diversificada.

¿Se imaginan ustedes a un presidente de la República con un coto de perdices a su servicio? ¿Me pueden decir cuánto duraría? ¿Se dan cuenta de por qué esta continua opacidad sigue haciendo que la Monarquía sea la institución más valorada?

CAPÍTULO VIII

¡YA ESTA BIEN DEL 23-F!

No creo que sin los hechos del año 2007, el rey hubiera acabado el año brindando con los soldados españoles en Afganistán donde acudió acompañado del ministro de Defensa, José Antonio Alonso. Con setenta años se está mejor en casa.

En *El País* entrevistaron al ministro sobre el viaje y éste lo justificó diciendo que «el rey ha recibido ataques de la extrema izquierda y de la extrema derecha. Porque es el Jefe del Estado, pero también porque tiene un significado histórico preciso. Estuvo al frente del país en momentos difíciles de nuestra transición y a la legitimidad institucional suma la personal. Tenemos rey para rato».

Esta declaración no la hacía el hijo de la duquesa de Alba sino José Antonio Alonso, un juez de León a quien conocí en su día en mi despacho como portavoz de la Asociación de Jueces para la Democracia. Uno de los amigos de Zapatero considerado un rojo por la derecha y que llegado al cargo repitió la cantinela del 23-F. Y así se seguirá mientras alguien de verdad no se tome en serio el ir recopilando todo lo que se ha ido escribiendo y diciendo sobre esta fecha; requiriéndose, también, la necesaria investigación que habría que hacer sobre este episodio que estuvo a punto de costarle el trono al rey, pero que, hábilmente, y por el pacto de silencio existente, se convirtió en la prueba del algodón de la apuesta democrática del monarca.

FUNDAMENTALMENTE UN MILITAR

Como he comentado en el capítulo referente a la guerra de Iraq, el rey nos dijo a Felipe Alcaraz y a mí que él, fundamentalmente, era un militar, un rey soldado. De hecho, en el uniforme que lleva se lee simplemente: Borbón. La palabra va acompañada de cinco estrellas de cuatro puntas, las que identifican al generalato. Se las impuso Franco cuando le designó sucesor suyo a «título de rey» en 1969. Al día siguiente de su discurso en las Cortes franquistas, Franco emitió un decreto nombrando a Juan Carlos general de brigada honorario de los ejércitos de Tierra y Aire y contralmirante de Marina. Don Juan Carlos luce dos más que los tenientes generales, máximo grado del Ejército español. Y una más que dos de esos oficiales, los jefes de los Estados Mayores de Tierra y Aire, ya que el rey es el único capitán general del ejército español. Y dado que también es el jefe de la Armada, en la bocamanga de su uniforme de marino lleva una banda más (una estacha), que los almirantes. Es, pues, un militar y, además, el de mayor edad en activo. Él nunca cesa en el empleo, ni pasa a la reserva. Como el papa.

Eso fue lo que acordó el dictador con su padre cuando desde los 17 años decidieron que estudiara en España, siguiendo cursos resumidos en las tres academias militares. Y se siente más militar que civil. Lo ha demostrado en momentos claves de su vida. Vestido de uniforme se casó; vestido de uniforme juró en las Cortes como jefe del Estado recordando al general que le había llevado a ese momento; y, tras el nacimiento de su hijo Felipe, se fotografió oficialmente por primera vez con sus tres hijos vestido de militar; y siempre que puede se rodea de militares para el desempeño de sus funciones.

Una fragata lleva el nombre de la reina; dos corbetas, hoy patrulleras de altura, los de Elena y Cristina, y el único portaviones, el del Príncipe de Asturias.

Y para completar los nombres de la familia, el 10 de marzo de 2008, al día siguiente de las elecciones legislativas, los reyes presidían la botadura en Ferrol del mayor buque de guerra de España, el buque de proyección estratégica *Juan Carlos I*, encargado en los últimos meses del gobierno de Aznar y que costó 360 millones de euros. Ande o no ande, caballo grande y caro.

En todos los actos militares o cívico militares que se celebran en instalaciones del ejército, con un canapé de por medio, el oficial de mayor graduación insta a los presentes a brindar «por el primer soldado de España», gritando «¡Por el Rey!». Es normal, pues, que el hombre tenga asumido su papel.

También a Felipe de Borbón le han dado una educación militar. Y eso que podían haber apostado por una plenamente civil. Sin embargo, pasó de soldado a comandante en trece años, y para eso le saltaron dos grados en el escalafón antes de su boda para tener un rango equiparable a los invitados a la ceremonia. Actos propios de una curiosa democracia sin debate alguno sobre estas cosas.

Todo esto y ese interés en tener una rara relación con el origen de su poder me recuerda un chiste de El Roto donde un personaje le dice a otro: «¿Te acuerdas de cuando vitoreábamos a Franco?». Y el otro responde: «Sí, pero lo mío eran vítores de protesta».

AMBIENTE PREVIO

En el año 1981, el ejército que había en España a cuatro años de la muerte del dictador, en su cama del hospital, estaba dirigido e integrado prácticamente por los mismos hombres que lo dirigían y formaban aquel 20 de noviembre de 1975. Sin embargo, psicológicamente muchos de aquellos hombres habían cambiado y se habían radicalizado pues vivían en un mundo de ruptura de certezas absolutas que nunca hubieran imaginado de no ser como una pesadilla. Y no eran pocos los que tras la legalización del Partido Comunista vivían aquello como una traición.

Si a esto se le añade la acción criminal de ETA actuando en aquellos años de forma preferente contra los Cuerpos y Fuerzas de Seguridad del Estado, aquel clima empezaba a ser un polvorín con la mecha corta, ya que, en el año 1977, ETA había asesinado a nueve guardias civiles y al primer militar, un comandante de Infantería. En el 78, a veinte guardias civiles y a trece militares. En el 79, a veintinueve guardias civiles y a trece militares. En el 80, a treinta y dos guardias civiles y a trece militares. Terrible.

La Constitución de 1978 apenas cambió en lo referente al ejército lo que ya estaba recogido en las leyes Fundamentales franquistas de tal manera que el artículo 8 dice: «Las Fuerzas Armadas, constituidas por el

Ejército de Tierra, la Armada y el Ejército del Aire, tienen como misión garantizar la soberanía e independencia de España, defender su integridad territorial y el ordenamiento constitucional».

Quizás en esto podría resumirse aquello que dejó escrito Franco en su testamento cuando habló de que todo quedaba «atado y bien atado». Ya se había ocupado él que el Príncipe de España no le dejó a su padre llamarle Príncipe de Asturias, pues aquello era una restauración y no una sucesión. Allí donde había un desfile, estaba Franco con el Príncipe a su lado. De hecho, el 22 de julio de 1969, Juan Carlos, cuando juró los Principios Fundamentales del Movimiento y las Leyes Fundamentales del Reino, tenía al lado al dictador que escuchaba complacido a su sucesor leer con su voz gangosa dirigiéndose a Franco como «hombre excepcional que España ha tenido la inmensa fortuna de que haya sido y siga siendo por muchos años el rector de nuestra política». En Villa Giralda, en Estoril, don Juan no brindó precisamente con champán la traición que le había hecho su hijo a él y a la Monarquía hereditaria. Lo vio en la televisión de un bar del pueblo Montemos-o-Velho delante de una botella de whisky, según el historiador Paul Preston.

EL LIBRO DE LUIS HERRERO

Luis Herrero, eurodiputado, periodista de la COPE, hombre vinculado al PP, hijo de quien fuera el padrino de Adolfo Suárez, Fernando Herrero Tejedor, escribió un libro que fue publicado con el título de *Los que le llamábamos Adolfo*. Sin apenas salir del cascarón de la imprenta, lo que decía Luis Herrero fue objeto de una agria descalificación por parte del hijo del ex presidente, Adolfo Suárez Illana, un político de invernadero que no sería nada en ese mundo de no haber llevado ese nombre y ese apellido, que dilapidó en cuanto comenzaron a conocerle los ciudadanos al presentarse a las elecciones. Frente a José Bono, fue el clásico peso pluma que no le duró medio asalto al presidente de Castilla-La Mancha en las elecciones de 1996.

Además de decir que Luis Herrero poco menos que se inventaba las cosas, lo que más criticó Suárez Illana fueron los datos que escribió sobre la responsabilidad del rey en el 23-F. Herrero encajó el golpe, no montó ninguna bronca pública, aguantó el chaparrón; pero el libro se vendió y el testimonio ahí está. Más claro, agua.

Sinceramente, yo, entre lo escrito por Luis Herrero y lo dicho por Suárez Illana, me quedo con lo dicho por el primero, que, además, posee un extraordinario valor testimonial, porque está escrito desde el núcleo duro de lo que fue la transición del franquismo a la democracia.

Tras devorar el libro, que se lee rápido, por su interés, le escribí un correo diciéndole que no estaba muy de acuerdo con algún comentario que había escrito sobre Suárez y los nacionalismos, ya que había tenido oportunidad de hablar bastante con el ex presidente durante aquellas dos legislaturas en las que se presentó como presidente del CDS. En un café en la sala Gasparini del palacio de Oriente, después de una cena oficial y ante Txiki Benegas, nos llegó a decir algo que siempre repito: «Sólo cuando estuve seguro de que iba a dimitir, abordé contra viento y marea la devolución del Concierto Económico para Gipuzkoa y Bizkaia». Toda una confesión para la historia.

Luis Herrero me contestó muy amablemente y no creo que le importe que entresaque aquello que más me llamó la atención sobre lo que escribió en relación con el 23-F.

EL REY IMPUSO A ARMADA

Esto es lo que escribió el eurodiputado sobre la responsabilidad del rey en los hechos que ocurrieron el 23-F, una aciaga noche en la que el rey tardó muchísimo en salir al aire diciendo a los generales que obedecieran a la Constitución:

> Cuando Suárez tomó la decisión de abrir su partido en canal mediante un Congreso de listas abiertas, sus relaciones con los militares llevaban mucho tiempo siendo horrorosas. Y con el rey, más de lo mismo.
>
> Cada vez que regresaba del palacio de La Zarzuela traía el rostro demudado, sobre todo durante los últimos meses. El rey trataba de conseguir desesperadamente que el Gobierno nombrara al general Alfonso Armada segun-

do jefe de Estado Mayor del Ejército. Adolfo se negaba en redondo. El jefe del Estado estaba convencido de que había un golpe militar en trámite y que la única persona capaz de desbaratarlo era Armada. El jefe del Gobierno estaba convencido, por su parte, de que las cosas eran justo al revés: que el golpe militar lo estaba alimentado el propio Armada, para convertirse en presidente de un Gobierno de concentración, y que lo más aconsejable era mantenerlo alejado de los puestos de mando. El rey y Adolfo discutieron mucho sobre esta cuestión y, a menudo, con cajas muy destempladas. Fueron especialmente duras –hipertensas habría que decir– las conversaciones que ambos mantuvieron en Baqueira a finales de diciembre, y en Madrid el 22 de enero, sólo tres días antes de que Adolfo tomara la decisión de dimitir. Alguna vez se ha especulado con la idea de que en esa reunión el rey le pidió a Adolfo su renuncia. Yo no lo creo. Me parece inverosímil que el monarca, a la cara, le insinuara alguna vez a Adolfo la conveniencia de que le cediera los trastos a otro, aunque no albergo ninguna duda de que sí lo hizo mediante ese mecanismo tan ladino –y tan Borbón– de hablar pestes de alguien ante terceras personas con el ánimo de que esas personas, después, le contaran al interesado lo que habían oído.

Me consta que actuó así, por ejemplo, ante Santiago Carrillo. Me consta porque el líder comunista me lo contó. También me consta que Manuel Prado y Colón de Carvajal, que además de amigo íntimo del rey siempre ha sido un bocazas y un imprudente, defendió la candidatura de Leopoldo Calvo-Sotelo ante colaboradores muy próximos a Adolfo meses antes de su dimisión. A uno de esos emisarios, según dejó escrito en sus memorias Emilio Atard, presidente de la Comisión Constitucional del Congreso de los Diputados, el rey le dijo en voz alta que Arias Navarro se había portado como un caballero y que se había ido sin protestar cuando él se lo pidió. Sin embargo, don Juan Carlos conocía muy bien a Adolfo y sabía que estaba orgulloso de su legitimidad democrática. Era consciente de que no se habría dejado borbonear. Además, las reglas democráticas, ya con la Constitución en vigor, no eran las mismas que le habían permitido hacer y deshacer durante los tres primeros años de su reinado. No tenía más remedio que guardar las formas. Adolfo, por su parte, fue siempre fiel a los imperativos de la lealtad institucional de la que siempre hizo gala y, en público, no se permitió jamás un comentario crítico hacia el monarca. Y en privado, pocos. Delante de mí, en aquella época, a lo más que llegó, en una ocasión, es a decirme que don Juan Carlos no le hacía todo el caso que debería hacerle y que sus relaciones no eran cómodas. Nada más. Ante sus colaboradores fue menos recatado.

Nunca en mis conversaciones con Adolfo salió a relucir el Congreso de Palma, así que no puedo aportar ningún comentario que ilustre cómo vivió aquellos tres días. En cambio, sí me dio algún dato sobre dos acontecimientos casi consecutivos que ocurrieron muy pocas horas antes. El 3 de febrero Agustín Rodríguez Sahagún firmó a sus espaldas la orden ministerial por la que se nombraba a Alfonso Armada segundo jefe del Estado Mayor del Ejército. Era el nombramiento que Adolfo había tratado de evitar a toda costa y cuyo veto le había costado varias broncas formidables con el rey. Con Adolfo ya dimitido y los ministros en precario, el monarca había puenteado el conducto reglamentario y le había exigido al titular de Defensa que firmara el nombramiento. Rodríguez Sahagún se plegó al requerimiento regio. Adolfo, al enterarse, montó en cólera y descolgó el teléfono: «Le dije que acababa de firmar la autorización para que se produjera en España un golpe de Estado y que cuando viera a Armada al frente de los golpistas recordara que había sido por su culpa», me comentó Adolfo muchos años después, sin entrar en los detalles ornamentales de la conversación, que debió de ser tremenda si tenemos en cuenta que, según me dijo, Rodríguez Sahagún acabó anegado en un mar de lágrimas.

El segundo episodio, al día siguiente, guarda relación con la visita del Rey a la Casa de Juntas de Guernica. Adolfo se había opuesto a que la visita se celebrara, pero el Rey había pasado por alto sus advertencias. El abucheo iracundo que le propinaron los junteros abertzales indignó sobremanera a los militares, que ya de por sí vivían en un clima de permanente indignación, y avivó el fuego sedicioso de los cuarteles. También por teléfono, Adolfo le hizo ver a don Juan Carlos que si seguía desoyendo sus consejos, el golpe no tardaría en producirse, sobre todo después de la promoción de Armada. Aurelio Delgado, que escuchó la conversación telefónica, me aseguró en su día que fue una de las más desabridas que él recuerda entre Adolfo y el Rey. Por añadidura no era el mejor momento para conversaciones pacíficas entre ambos interlocutores. A las diferencias políticas que les separaban había que añadir, en aquel momento concreto, un contencioso personal que les tenía de uñas. Adolfo quería que el rey le concediera el título nobiliario de duque de Ávila, pero el rey no estaba por la labor. El ducado, y más aún con el topónimo unido al título, suele estar reservado para los miembros de la familia real. A Carlos Arias, después de cesarle, le había concedido el título de marqués. Con Adolfo pensaba hacer lo mismo, pero Adolfo exigía más. Los negociadores de uno y otro, Manuel Prado y Alberto Recarte, trataron de limar asperezas pero no hubo forma de evitar el encontronazo de sus mayores. Al final del forcejeo el rey accedió a hacerle duque, con grandeza de España incluida, pero no de Ávila, sino de Suárez. Y, eso sí, con la condición severísima de que su retirada de la política fuera definitiva. Adolfo aceptó la condición para desbloquear el atasco, pero nunca tuvo intención de cumplirla.

Como los hechos son tozudos, no hay mas remedio que reconocer que la información que Adolfo manejaba sobre la situación del Ejército, y sobre todo la interpretación que hacía de ella, le acercaba más a la realidad que ningún otro político de la época. Y eso incluye al rey, que todavía seguía convencido de que Armada no era el problema, sino la solución. El día 22 de febrero Alberto Recarte fue a despedirse de Adolfo antes de tomar posesión como consejero delegado de la Caja Postal de Ahorros. Lo que escuchó le dejó lívido: «Me voy –le dijo– con la enorme preocupación de ver a Armada de segundo jefe de Estado Mayor. Agustín Rodríguez Sahagún, por no haberme hecho caso, ha puesto a la zorra a cuidar de las gallinas. Temo lo peor. El Rey está ciego. No se da cuenta de la gravedad de lo que ha hecho obligando a Agustín a firmar el nombramiento de Armada. No descarto que haya un golpe militar, Alberto; y, si lo hay, Armada habrá sido su inductor».

Sólo faltaban veinticuatro horas para que la profecía se hiciera realidad.

En cualquier país democrático europeo la información de este libro, tan clara, hubiera constituido un escándalo de gran dimensión. Aquí se desvió la atención con las declaraciones de Suárez Illana, se echó tierra al asunto y aquí paz y después gloria.

LA CLAVE FUE ARMADA

Independientemente de que hubiera dos o hasta tres golpes de Estado superpuestos, la clave de lo que ocurrió en La Zarzuela la noche del 23-F y el por qué el jefe de la Casa Real, Sabino Fernández Campo dijera aquella enigmática frase de que allí no estaba el general Armada ni se le esperaba, es por la especial relación que tenía éste general con el rey. Tras aquella noche, Alfonso Armada ha sido tratado como un maldito, como si nunca hubiera conocido al rey, y como una especie de aventurero al que se le ocurrió llamar aquella noche a La Zarzuela. Pero la historia no es así, de ahí que Luis Herrero haya escrito con tanta crudeza y con datos sobre la responsabilidad del rey en el nombramiento de su antiguo preceptor como segundo jefe del Estado Mayor.

Y es que la relación databa de 1955, 26 años antes, cuando Alfonso Armada Comyn, hijo del marqués de Santa Cruz de Rivadulla, fue nombrado ayudante del autoritario general Carlos Martínez Campos, duque de la Torre, que era el encargado de un grupo de profesores que en el caserón de Montellano se ocuparon de la educación del joven hijo de D. Juan. Alfonso Armada, su ayudante, fue el coordinador del selecto grupo de profesores y, desde aquella fecha, no se separaría de él. Ayudante del preceptor, ayudante del príncipe, secretario General de la Casa del Príncipe, secretario general de la Casa del Rey, así se le ve detrás de Juan Carlos en diciembre de 1975 cuando el príncipe juraba ante los procuradores franquistas el cargo de rey. Y todo eso hasta el 23-F, donde éste buen señor amigo, preceptor y hombre de confianza que entraba en La Zarzuela como Pedro por su casa, cae en desgracia y aparece como el gran culpable de aquella fallida intentona. En su libro *Al servicio de la Corona*, el general Armada escribió lo siguiente:

> Continué teniendo relación frecuentísima con los Reyes. A Baqueira subí desde Lérida muchas veces. Siempre me llamaban. Baste decir, como ejemplo, que en diciembre del 80 hablé personalmente con Su Majestad tres veces; en enero, una; en febrero del 81, antes del 23-F, hablé por teléfono y el 3, y por diversos motivos que ya detallaré estuve con el Rey los días 6, 7, 11, 12, 13 y 17 de dicho mes de febrero. No cuento las veces que hablé por teléfono el 23 y el 24, pues eso es parte de otra historia. Lo que quiero resaltar es que, contrariamente a lo que se ha afirmado, el Rey me distinguía con su confianza.

Otro dato de interés que no se suele mentar a menudo es la especial relación que mantenían Alfonso Armada y Sabino Fernández Campo ya que sirvieron juntos durante muchos años destinados a la Secretaría del Ministerio del Ejército, incluso en el mismo despacho. En éste tiempo nacería su amistad. Con ellos compartía espacio José Juste, el general que el 23-F estaba al mando de la División Acorazada. Todos, pues, se conocían muy bien.

Pero Armada se había enfrentado con Suárez y con el ministro Gutiérrez Mellado; y por eso había perdido su puesto en La Zarzuela como hombre de la máxima confianza del rey al llegar Suárez al poder pero en aquellos meses de 1981, cuando el rey quiso rescatarle tras su periplo como Director de la Academia de Artillería, después en el Cuartel General del Ejército y, algo más tarde, al frente de la División Urgel de Lérida (Lleida), donde esperaba, conspiraba y hablaba con La Zarzuela y en Baqueira Beret.

Por eso decimos que ésta historia está aún sin contar y, por lo tanto, ya está bien del continuo panegírico hacia un rey que fue quien, por sus errores, puso en riesgo la democracia, que no es lo mismo, ni se escribe igual.

LA IMPLICACIÓN DEL REY

La sutil censura que padecemos permite, hasta cierto punto, publicar ciertos libros sobre lo ocurrido aquella noche con tal de que no se discutan en público. Uno de estos casos ocurrió al cumplirse el 25 aniversario de aquel golpe donde hubo un denso silencio sobre la implicación de La Zarzuela en todo aquello, sólo roto por periodistas-historiadores, dispuestos a no seguir añadiendo loas a un monarca, como fue el caso de Francisco Medina, periodista que ha sido redactor jefe y enviado especial a conflictos internacionales al servicio de medios como la Cadena Ser o Antena 3 Televisión, así como corresponsal en Estados Unidos. No es, pues, un insolvente que afirma cosas por decirlas, sino un riguroso profesor de periodismo y corresponsal en España de la cadena de televisión norteamericana ABC.

Francisco Medina escribió un interesantísimo libro que, por serlo, no tuvo más que un relativo eco con motivo de aquella efemérides. En su portada se veía al coronel Tejero, pero sus epígrafes decían: «La implicación del Rey», «La relación entre Armada y el PSOE», «Los intereses de los Estados Unidos en el golpe», «Los periodistas conspiradores». ¡Casi nada! No me extrañó, por tanto, el espeso silencio que se hizo sobre este trabajo de investigación.

Se trata de un libro fundamental que se acerca al avispero de este secreto de Estado con juicio de opereta y del que nadie quiere hablar, porque, de seguir hurgando en la herida, ahí nos encontraríamos con la especial responsabilidad de un señor que jugó con fuego, llamado Juan Carlos de Borbón, y a quien sorprendentemente han convertido en un héroe.

Lo que dice Francisco Medina coincide totalmente con lo escrito por Luis Herrero. En su libro *23-F, La verdad*, en la página 72, escribió lo siguiente:

> El plan que me dio Alfonso Armada –continúa el general Sabino Fernández– lo que venía a decir era: dada la situación confusa que se vivía, en la que Suárez ya está un poco superado y gastado y que no se encuentra una salida, entonces, lo que conviene es hacer una gran propuesta en la que todo el mundo se involucre. Se había producido ya la moción de censura de Felipe González del mes de mayo, una moción que, como se recordará, Felipe perdió porque las matemáticas parlamentarias no permitían otro resultado, pero que le valió para demostrar que era un candidato con peso, con capacidad suficiente para presidir el gobierno. Se consideraba, sin embargo, que un Felipe que venía desde el socialismo más republicano, significaba una transición demasiado drástica, y es entonces cuando se piensa en esta salida que un constitucionalista entrega a Armada: en lugar de apoyarse una moción de censura por parte de Felipe, lo que se va a hacer es presentar esa moción de censura, pero con una propuesta de que no fuera a ocupar el gobierno el jefe de la Oposición, como debía hacerse por ley, si la moción triunfaba, sino que pasaría a establecerse un gobierno con representación de todos los partidos políticos y presidido por una persona neutral... Se hablaba de un catedrático, un historiador, o también, un general... Ésa era la propuesta.
>
> Lo que se quería era una persona absolutamente ajena a la política. Y ese documento que, como digo, Armada me entrega, se le pasa al Rey, que es para lo que me lo dio. Y lo ve el Rey. Pero después, en lugar de hacerse eso, lo que se hace es el golpe del 23-F.

¿Era éste el documento del que me habló en una de nuestras conversaciones el propio general Alfonso Armada? Él me había hablado de pasada de un documento, realizado por un constitucionalista, aunque por las fechas..., no concordaba. No fui capaz entonces de darle su importancia adecuada; una trascendencia que ahora la encontraba no sólo por su contenido –había gente en la sombra trabajando para encontrar una manera «legal» de «echar» a Suárez de la Presidencia del Gobierno, puesto para el que le habían elegido los españoles–, sino, sobre todo, porque hubiera quizás gente «trabajando» para Armada, o gente que viera ya en Armada la forma de empujar sus deseos. Ahora, al pensar en aquella recomendación de mi interlocutor –«sería interesante saber quiénes andaban a su alrededor en aquel entonces»–, el documento tomó más relevancia a mis ojos.

NO FUE UN GOLPE CONTRA EL REY

Vistas las cosas con perspectiva nadie hoy en su sano juicio puede pensar que aquel golpe, o aquellos golpes, iban contra el rey. Y si no iban contra el rey y si se sabía que aquello tenía un cierto beneplácito real, ¿no fue ésta la razón por la que se organizaron?

Medina, en la página 169, da esta clave:

> Tiene que pensar que, aunque se había aprobado la Constitución, que limitaba mucho los poderes del Rey –resume sus ideas mi confidente–, don Juan Carlos seguía siendo una figura de enorme peso en la vida política. Esto, por un lado, porque él mismo así lo quería, pero también porque los demás de alguna manera le incitaban a ello... Por ejemplo, aunque los militares no fueran mayoritariamente de ideología monárquica, ni los viejos generales en las alturas, ni entre la oficialidad más joven, a nadie se le ocultaba que el ejército respondería a las órdenes del Rey disciplinadamente. Franco así lo había dejado dispuesto. Ésa era una razón de mucho peso, aunque ahora pueda parecer casi increíble. Cualquier militar que estuviera en activo entonces se lo confirmará... Y además, la Monarquía, en tiempos que los militares percibían como de «disgregación de la Patria», les parecía una garan-

tía de unidad y estabilidad... Entonces, como le digo, tiene que darse cuenta de que el Rey cumplía en ese año 1980 un papel mucho más activo en la política diaria que el que tiene ahora. Incomparable. Y muchos personajes, de todo el espectro social, se veían con él, e interesadamente le hacían partícipe de sus ideas, temores, proyectos... y, luego, estaban otros que también le sugerían soluciones.

SE ENCONTRÓ CON EL BORBÓN

En las páginas 313 a 316 hay información suficiente y coincidente con la de Luis Herrero en relación con la obsesión del rey de nombrar a Alfonso Armada:

> El 22 de enero el presidente tiene cita en la Zarzuela. Antes, por la mañana se desayuna con la publicación en *El Alcázar* del segundo artículo de «Almendros», el que, se piensa en el CESID, ha escrito el coronel San Martín. Por la tarde, después del almuerzo con el Rey, le espera un buen quebradero de cabeza: una reunión del Comité Ejecutivo de UCD para cerrar los preparativos del Congreso. Con esa agenda, Suárez sale desde el palacio de la Moncloa, por la carretera de El Pardo, hacia el palacio de la Zarzuela. Se trata, eso parece, de un despacho rutinario más de los que mantiene con el Rey. A priori, casi el momento más relajado del día para Suárez. Pero la conversación entre ambos al poco de iniciarse da un giro que la carga de trascendencia.
>
> El monarca pregunta por el proceso de nombramiento de Armada como segundo JEME y no oculta su deseo de que se concrete lo antes posible, aunque sabe que no puede ordenarlo: es una decisión que debe tomar el ministro de Defensa. El presidente vuelve, lo hizo en Baqueira, a mostrar su resistencia al cambio de destino del general. Argumenta que resultará mucho más adecuado esperar a que éste ascienda del rango de general de división al de teniente general y que entonces podría ser nombrado incluso para algún puesto de más relieve en el ejército. En resumen, deja claro que no quiere tener a Armada en Madrid en esos momentos, en los que suena por todas partes su nombre como jefe de un gobierno de coalición. El Rey es crudo también en su exposición a la hora de hablar de la necesidad de tenerle en

Madrid para poder controlar cualquier movimiento involucionista. No existe hasta el momento certeza de que sea así, pero se puede deducir, por un hecho posterior, que es posible que incluso el Rey sea más contundente de lo que lo ha sido pocas semanas antes en Baqueira, y a la hora de buscar salidas a la crisis patente que vive España, y la no menor, que vive el partido que dirige plantee o insinúe a Suárez la necesidad de su relevo. Como hacía siempre en estas ocasiones, Suárez se queda a almorzar en la Zarzuela, y aprovecha la sobremesa para acabar de tratar con el monarca. Cuando sale esa tarde, quienes lo ven, dirán que el presidente lo hace «preocupado y triste».

Tras la reunión con la Ejecutiva de «su» UCD, que se desarrolla de una manera tan agria como Suárez podía haber imaginado, vuelve a salir de La Moncloa. Esta vez se traslada a Barajas, donde debe tomar el avión hacia Sevilla. Al día siguiente tiene que recibir allí al presidente mexicano, López Portillo. Es entonces, mientras está el presidente en Barajas, cuando se produce la prueba de lo duro que ha resultado el encuentro entre los dos hombres: el Rey le llama en persona. Quiere saber cómo se encuentra. Suárez debe de estar ya para entonces rumiando la decisión que tomará a lo largo del fin de semana siguiente: su dimisión.

El fin de semana no sirve para rebajar la temperatura. En *El Alcázar* hablan de que se está preparando una operación Galaxia 2, pero lo que preocupa es la noticia de que un grupo de generales, se habla de nada menos que de diecisiete, se han reunido en Madrid.

Y, sin embargo, la gran noticia se está gestando sin que nadie lo sepa. El sábado 24 es el día en el que Suárez decide no resistir más y se rinde. Su mujer, Amparo Illana, es, al parecer, la primera persona con quien, esa misma noche, comparte su decisión. Aparte de quejarse de la delirante situación que vive en su partido, el presidente le comenta que ha notado que el Rey ya no confía en él, que teme un golpe militar. Calvo-Sotelo, ya el lunes, durante el almuerzo, es el segundo a quien confía su decisión.

Pidió a todos discreción y después llamó a la Zarzuela para anunciar que quería tener una audiencia con el Rey al día siguiente. Habla también con Sabino Fernández Campo, al que pregunta si estará en la Zarzuela cuando vaya él, porque quiere hablarle.

«Cuando llegó el presidente, el Rey estaba aún en la audiencia previa, si no recuerdo mal con algún general –lo cuenta el general Fernández Campo–. Y entonces Suárez me lo dijo: venía a presentar la dimisión. Y me enumeró las razones que le llevaban a hacer aquello. Primero, la oposición se mostraba cada vez más enfrentada a él, y cada vez más dura. Segundo, me dijo, dentro de mi propio partido tengo una mina llena de traidores. Tercero, el ejército no me puede ver, no me perdona la legalización del PCE. Y cuarto, como hemos hablado ya antes, estoy convencido de que he perdido la confianza del Rey. Yo le dije, en fin, lo que se puede decir en una situación así: que si estaba convencido... Pero entonces llamó el Rey, que había quedado libre. Subimos hacia el despacho del Rey, yo le acompañé. La costumbre era que hablaran un rato breve, luego comían y, después, volvían a acabar el despacho. Yo aquel día, claro, ante las circunstancias, me quedé a comer en Zarzuela. Al poco me llamó el Rey y cuando entré en el despacho me dijo algo así como: "Oye, que Adolfo me dice que se va... ¿Qué es lo que hay que hacer en este caso?". Lo dijo con frialdad, sí, sí, con Suárez delante... Yo vi que se le quedó una cierta cara de sorpresa... Y entonces, al marchar, Suárez me dijo: "¿Ves? Qué te decía yo... Mira qué frialdad. Lo único que ha preguntado es por los procedimientos para sustituirme". Suárez en aquel momento estaba abandonado por todos...» Según recoge Carlos Abella en su ya citado libro biográfico sobre el presidente, Adolfo Suárez había dicho a sus íntimos, tras la entrevista en Baqueira con el Rey, «antes de que me eche, me voy», y una de esas personas cercanas al presidente interpreta así su dimisión: «Cuando Adolfo buscó el amparo del Rey, se encontró con el Borbón».

UN PROBLEMA DE ESTÉTICA

La explicación que le dan a Medina sobre el fracaso del golpe tiene todos los visos de ser verdad. En la página 352 lo resume así:

> La Operación Armada comienza a quebrarse por "un problema de estética, una operación que se suponía palaciega no podía incluir aquellos gritos, aquellos empujones a un hombre, teniente general, ya mayor, al que ni siquiera se derriba y, sobre todo, aquellos disparos... Ésa no era una imagen aceptable para que nadie se prestara a liderarla.

EL JUICIO DE CAMPAMENTO

Cuando ya está muy avanzado 1981, el comandante José Luis Cortina y el capitán Vicente Gómez Iglesias pasan a ser detenidos. En el entorno del primero se dice que se los acusa porque son la vía que «lleva al Rey», vía que eligen los abogados defensores de los acusados para exonerarlos de culpa a través del atenuante de «la obediencia debida»; los encausados, así, se hubieran limitado a cumplir «órdenes» que venían de la Zarzuela. Es cierto que durante la causa, inútilmente, los abogados defensores y los encausados intentarán demostrar que –título que, no por casualidad, da Pardo Zancada a su libro sobre el tema– el rey es «la pieza que falta» en el puzle del golpe. ¿Se trataba tan sólo de una estrategia de defensa?

La investigación judicial del 23-F distó mucho de ser ejemplar. Y, sin duda, en ello tuvo que ver no poco aquella decisión que se tomó en los días inmediatamente siguientes al fracasado golpe: implicar al menor número de militares posible y a ningún civil, como si nunca hubiera habido otra «trama civil» que la que representaba el falangista García Carrés en absoluta soledad. El que a menudo los eventos cruciales de la trama se desarrollaran en conversaciones con tan sólo dos protagonistas, es decir que acababan reducidas a un «yo digo, tú dices» sin, por tanto, valor probatorio, aún hizo más difícil desentrañar un laberinto en el que a veces parecía que lejos de derribarse muros, lo que se hacía era añadir nuevos rencores.

Todo esto se corrobora asimismo con meridiana claridad en la página 339 del libro de Josep Carles Clemente *El Pecado Original de la Familia Real Española*. Dice así:

Cuando en marzo de 1981 se inicia el juicio por el golpe de Estado de Tejero, Milans del Bosch y compañía, el general Fernández Campo hace esfuerzos denodados para que el Rey no tenga que declarar ante los jueces. Sabino convenció a los funcionarios y a los más altos representantes de las instituciones del Estado de la inconveniencia de tal acto, especialmente porque la defensa de los militares acusados de perpetrar el golpe defendían que los encausados habían actuado «por obediencia al Rey». La mayoría de los abogados defensores eran de la opinión que Don Juan Carlos declarara, aunque lo hiciera por escrito. Sabino se ofreció a hacerlo por el Monarca. Ello no fue óbice para que los militares de más alta graduación –a excepción de Armada– declararan que el Rey estaba informado de la ejecución del golpe y que, incluso, llegó a participar en su elaboración. Al tiempo que declaraba, Sabino llevó a cabo una intensa política de protección de Su Majestad, entrevistándose con los directores de los medios y los columnistas de primera línea para que evitaran cualquier referencia al Rey.

Cuando el 3 de junio de 1982 se dio a conocer la sentencia del 23-F había desaparecido cualquier referencia al Monarca. La labor de Sabino Fernández Campo había dado sus frutos. El general apareció citado en lugar del Rey en alguna de las actas del juicio. Parecía que, durante aquellas horas intensas para la historia de España, el Rey no hubiese desempeñado ningún papel.

Más claro, agua.

Sólo con estos dos testimonios, con estos dos libros, que se deberían haber discutido en universidades, en academias, en debates parlamentarios, en programas de radio y en televisión, en artículos de opinión, hay materia suficiente para que se termine esa patraña del rey salvador de la democracia.

Habiéndole escuchado a Antonio Carro lo que le escuché en el palacio de Oriente, habiendo conocido al rey, sabiendo de su ligereza, los puntos de éste puzle me encajan y se resumen en la frase dicha por el general Milans del Bosch: «Yo soy monárquico –exclamaba–, pero esto no es tolerable, porque el rey nos ha engañado, porque nosotros hemos avanzado y él se ha echado atrás...».

Seguramente Milans del Bosch, que había hablado de todo esto decenas de veces con Armada y éste con el rey, estaba convencido de que todo lo que decía Armada era por boca del rey, y por eso sacó los tanques a la calle.

Milans del Bosch falleció. Armada cultiva camelias y no abre la boca, pero la modélica democracia española sigue teniendo como su clave de bóveda lo que hizo el rey aquella noche, que no fue más que ponerse el uniforme y decir a los suyos que volvieran a los cuarteles después de haber creado las condiciones para que todo aquello se produjera. Y, además, lo hizo muy tarde, de madrugada. ¿Por qué?

¿Por qué todos los complotados usaron el nombre del rey? ¿Por qué y en calidad de qué fue Armada a negociar con Tejero al Congreso? ¿No sabía nada el rey de lo que ocurría en los Cuarteles?

¿Sabremos alguna vez la verdad?

¿Por que no dejan de mentirnos con el equívoco papel del rey aquel lejano 23-F?

CAPÍTULO IX

SU EXCELENCIA EL INTERVENTOR

Me encontré con Manolo Núñez en La Moncloa en diciembre de 2007. Zapatero había organizado un acto en recuerdo de todos los miembros de los Cuerpos y Fuerzas de Seguridad del Estado fallecidos en acto de servicio. Eran veintisiete personas, siendo los dos últimos los dos guardias civiles asesinados en Capbreton por ETA, pero los demás habían muerto o en refriegas con criminales de delito común o en accidentes. Me parecieron muchos en ese año 2007.

Pero allí estaba Manolo Núñez como presidente del Tribunal de Cuentas en labores de representación. Manolo, que ha sido diputado por León durante 24 años y ministro de Sanidad con Calvo-Sotelo, es una buena persona, de esas buenas personas de la época de UCD que a sus 74 años seguían en la brecha y escribiendo todos los días en su diario. Con él viajé a Ankara y a Estambul en tiempos de la presidencia de Félix Pons, cuando Ignacio Astarloa (secretario general del Congreso) estaba pasando suavemente de las simpatías hacia el PNV (había sido letrado mayor del Parlamento Vasco e hijo de un afiliado de nuestro partido) a una militante simpatía hacia el PSOE, que era quien mandaba. Cuando llegó Federico Trillo a la presidencia del Congreso y prescindió, con razón, de sus servicios, se fue un tiempo a la universidad, y, al rescatarlo de allí José María Michavila, se convirtió en un beligerante ariete del PP. Es el caso más flagrante de *saltimbaquismo* político que he visto en Madrid en estos años. Pinito del Oro a su lado, una aficionada.

Con toda esta confianza por detrás, estuve a punto de preguntarle aquella mañana de invierno al bueno de Manolo por las cuentas del rey. Ya sé que el rey es «irresponsable», pero en la Constitución española se dice claramente que el Tribunal de Cuentas es el supremo órgano fiscalizador de las cuentas y de la gestión económica del Estado, así como del sector público, dependiendo directamente de las Cortes Generales. Para darle mayor estabilidad al Tribunal de Cuentas, sus miembros gozan de la misma independencia e inamovilidad y están sometidos a la misma incompatibilidad que los jueces.

Pero no le pregunté para no poner a Manolo en un brete. Sabía que me iba a contestar eso de que la persona del rey es inviolable y no está sometida a responsabilidad. Pero también dice que de los actos del rey serán responsables las personas que los refrendan, y si bien, en el artículo 65, se recoge que el rey recibe de los presupuestos del Estado una cantidad global para el sostenimiento de su Familia y Casa de los que dispone libremente, en ningún sitio se dice que este dinero público no pueda ser fiscalizado. Mas si el Tribunal de Cuentas lo hace con otras instancias e instituciones del Estado, ¿por qué no lo hace con su Jefatura? No dice que se haga, pero tampoco que no se haga. Un acuerdo del PP y el PSOE permitiría, como en Gran Bretaña, hacerlo. ¿Por que no?

EL INTERVENTOR

A raíz de todo el lío de la revista *El Jueves* y de mis declaraciones, y antes de la quema de fotografías, apareció en una esquina de la prensa, como quien no quiere la cosa, una breve noticia el 3 de setiembre de 2007 en la que se decía que el rey había fichado como interventor de la Casa Real a un antiguo funcionario de Hacienda, ya jubilado, a quien le habían puesto un despacho en La Zarzuela, cuyo nombre era Óscar Moreno Gil y que tenía 72 años. Para darle mayor relevancia, comentaban que era una decisión burocrática de la mayor trascendencia, que dependería del jefe de la Casa Real, Alberto Aza; pero quedaba claro que no se trataba de un interventor delegado que debería rendir cuentas a un organismo superior, porque no hay un organismo superior de control sobre la Casa del Rey. La creación de este cargo, iniciándose aquel setiembre, no significaba por tanto que a partir de esa fecha se fuera a hacer público cómo se gestiona la partida de los Presupuesto Generales del Estado destinada a la Familia Real y que ese año 2007 ascendía a 8,29 millones de euros. Ni mucho menos.

Ese movimiento, tras aquel verano turbulento, de alguna manera venía a ser un reconocimiento mínimo a una situación absolutamente anómala. El debate ya estaba en la calle y con el tiempo terminará llegando al Parlamento, porque el nombramiento del interventor real no era tanto el de un fiscalizador como el de un gerente de las cuentas del rey. Una labor interna en la que, más que pronunciarse sobre la conveniencia de los gastos que realizan, la tarea de Moreno Gil consistió en comprobar si se ajustaban a la legalidad vigente. Lo curioso es que este alto funcionario obtuvo dos medallas de oro y mención especial del jurado del Salón Internacional de Invenciones de Ginebra por sus descubrimientos sobre la conducción de la luz a través de espejos y lentes cónicas. Con su invento, si se instala una lente inventada por él en una cámara fotográfica, ésta obtendría diez veces más de luminosidad.

Es curioso, pues, que un inventor de estas características tenga ahora el encargo de darle opacidad contable a las cuentas reales. ¡Inventar genialidades para esto!

Y otro dato. Óscar Moreno es un cazador de elefantes. Seguramente también de osos. Se inició en estas artes en Guinea Ecuatorial, donde estuvo destinado como funcionario colonial antes de la independencia. Allí consiguió, incluso, el título que permite acompañar, como responsable, en los safaris cinegéticos.

En definitiva, que la gran noticia democrática al iniciarse aquel mes de septiembre de los líos, era que la Casa Real había fichado un interventor, una especie de don Tancredo, figura que no había tenido en treinta años de funcionamiento a pesar de los miles de millones invertidos por el erario público en su mantenimiento. Un interventor que hasta lo tiene el ayuntamiento más pequeño. Otro dato más para engrosar la memoria de las peculiares características de la ejemplar transición española.

THE TIMES CRITICA AL REY

Apenas mereció una breve nota en los medios, y alguno recogió las pocas reacciones políticas que generó la noticia. El nombramiento del interventor del Rey, durante los días inmediatamente posteriores al anuncio, no generó comentarios significativos ni debate en España. Tuvo que ser en el Reino Unido donde saltó la polémica sobre la falta de transparencia en las cuentas de don Juan Carlos, de la que dio amplia cuenta *El Siglo*. El diario *The Times* publicó un artículo muy crítico sobre el monarca y su estilo de vida, asegurando que «pierde el favor de sus súbditos». Un poco después, con menos virulencia, otros medios españoles volvieron a ahondar en el tema.

> Ha sido idolatrado durante 30 años, navegando en yates caros, conduciendo motocicletas y disfrutando de la buena vida mientras recibía un trato que la reina Isabel II no habría podido imaginar. Ahora, sin embargo, hay señales de que Juan Carlos I está en peligro de perder la simpatía de sus súbditos. Bajo una presión cada vez mayor de los críticos, ha nombrado un auditor para supervisar los gastos de la Familia Real, que se mantiene oculto de la luz pública por ley.

Estas palabras pertenecen al mencionado artículo publicado en *The Times*, una de las principales cabeceras británicas pertenecientes al *holding* de medios de Rupert Murdoch, News Corporation –y donde José María Aznar es consejero–. La noticia, titulada «El Rey popular que aplastó un golpe de Estado pierde el apoyo de sus súbditos» y publicada a propósito de una serie de reportajes sobre las monarquías europeas coincidiendo con el décimo aniversario de la muerte de Lady Di, aparecía en las páginas del rotativo días después de que se hiciera público el nombramiento del interventor del Rey, cuyo cometido era «el control de la gestión económica, financiera, presupuestaria y contable» de la Casa Real. El tema, pues, condicionó en gran medida el artículo. El periodista recogía los testimonios de diputados nacionalistas como Joan Tardá, portavoz de ERC, que también la semana anterior había vertido su valoración sobre el nombramiento en las páginas de *El Siglo*, que ponía en portada: «No hay quien le pida cuentas». En *The Times*, el parlamentario de Esquerra aseguraba que «las finanzas de la Casa Real son un gran agujero negro», pero «el tabú sobre la Monarquía está a punto de desaparecer». Como recordó *El Siglo*, la Constitución permite al monarca distribuir «libremente» la asignación que recibe cada año de los Presupuestos Generales del Estado, pero nada le impide hacer público de qué forma y con qué fin distribuye el dinero, que en el ejercicio de 2007 ascendía a los 8,3 millones de euros. Desde ERC se lo habían pedido en numerosas ocasiones sin éxito: PSOE, PP y CiU no han permitido que prosperara su centenar de preguntas parlamentarias y su proposición no de ley para fiscalizar las cuentas de la Jefatura del Estado, por eso recurrieron al Tribunal Constitucional en el mes de junio a fin de levantar el bloqueo.

El artículo continuaba recordando otras cuestiones incómodas y comprometidas para la Familia Real. Es el caso de la polémica portada de *El Jueves*; de las opiniones vertidas por el senador del PNV, Iñaki Anasagasti, que en su *blog* les ha llamado «panda de vagos»; o del hecho de que el monarca fue nombrado por Franco, aunque reconoce que ayudó a desmontar el régimen y a frenar el 23-. F, «ganándose el respeto de una generación de directores de periódico españoles que desde entonces le garantizaron una cobertura positiva».

Después de este repaso por algunas de las cuestiones más espinosas que rodean a don Juan Carlos, añadía que «las encuestas muestran que a los españoles les gusta su Rey y lo respetan. El Rey, a pesar de su pródigo estilo de vida y la reputación de *playboy*, se las ha arreglado para cultivar una imagen de abuelo y hombre de familia corriente. Sin embargo, en un país que siempre ha abrigado una importante corriente republicana, los analistas explican que esa afección no se extiende a la institución. Muchos españoles se autodenominan *juancarlistas*, más que monárquicos». Y a continuación aseguraba que don Felipe no disfruta del apoyo de su padre, que «muchos madrileños se quejaron del gasto y los inconvenientes» que rodearon su boda con doña Letizia, y que, según el profesor de Historia de España en la Universidad de Newcastle, Alejandro Quiroga, la polémica de *El Jueves* no ha hecho más que recordar el débil respaldo popular del Príncipe.

El pormenorizado repaso por estas delicadas cuestiones en la mayoría de los medios españoles resultaba insólito. Pero no dejaba de ser significativo que un par de ellos se hicieran eco del artículo, incluso aunque fuera para criticarlo, porque en este tipo de casos lo habitual es dejar pasar la noticia. Pero ocurrió en el *ABC*. «El *Times* de Murdoch ataca al Rey con los argumentos de los enemigos de la Monarquía», rezaba el titular del artículo publicado por el diario. A lo largo de todo el texto, minusvaloraba todas y cada una de las afirmaciones contenidas en el reportaje publicado por *The Times*. Incluso advertía que Aznar envió una carta al director del periódico denunciando el contenido de la entrevista publicada en enero al terrorista Iñaki de Juana Chaos. Pero ahora, añadía *ABC*, «se desconoce si el ex presidente Aznar tiene intención de corregir en algo el ataque lanzado contra el Rey de España por el diario bicentenario que pertenece a la multinacional de medios de la que él es consejero». Por lo demás, y al margen de los digitales –*elplural.com* fue el primero en hacerse eco del artículo del rotativo británico–, varios diarios regionales comentaron brevemente la noticia sin entrar en hacer valoraciones.

Hasta aquí la información sobre *The Times*.

PAGAMOS SUS DISCURSOS

En una reunión de las Mesas conjuntas de las Cortes Generales (Congreso, Senado), el letrado mayor del Congreso fue dando cuenta de los gastos que se iban a hacer. Uno de estos gastos me llamó poderosamente la atención. Se trataba de pagar una edición del Departamento de Publicaciones del Congreso de todos los discursos de la anterior legislatura pronunciados por el rey. Inauguraciones, actos formales, aperturas de años judiciales, discursos en las Cortes, en viajes internacionales, en recibimientos, etc. La Dirección de Estudios y Documentación de la Secretaría General nos presentaba aquello para su aprobación.

Nadie puso la menor objeción salvo yo, que hice la impertinente pregunta de por qué teníamos nosotros que pagar aquel gasto. «Porque siempre se ha hecho» me contestó Manolo Marín, presidente del Congreso. Y ahí quedó la cosa.

Pero aquello me hizo reflexionar. Si las Cortes Generales pagaban aquella edición, y el Ministerio del Interior la seguridad y los desplazamientos, y Defensa los viajes en avión, y los empresarios mallorquines camufladamente *El Bribón*, y Presidencia las cenas en Palacio, ¿cuál era realmente el presupuesto de la Casa Real salpimentado en ministerios, organismos e incluso en las Cortes? Seguramente el doble de lo aprobado como cuenta propia.

Luego me enteré que al jefe del Cuartel Militar así como la escolta de sus hijos lo paga el Ministerio de Defensa. Los escoltas son pagados por Defensa e Interior. Los coches (Rolls, Mercedes, Audi...) los paga y mantiene íntegramente el Ministerio de Fomento, que heredó esa obligación de aquel Parque Móvil Ministerios. Esta partida incluye a los funcionarios que trabajan como conductores. Los palacios (Zarzuela, Oriente, La Granja, Marivent, el del príncipe, etc.), con su mantenimiento, luz, agua, gas, teléfono, jardinero, servicio..., constituyen un gasto que corre a cuenta de Patrimonio del Estado.

Los viajes, oficiales y no oficiales, son íntegramente abonados por el Ministerio de Asuntos Exteriores. Uno especialmente sangrante fue el del verano del 2007, contado por Carmen Rigalt, que hizo el rey desde Palma a Málaga, en «El rey en el paraíso de los chulos». Decía la periodista que Juan Carlos había llegado a Málaga a las 13:15. En el aeropuerto le esperaba un séquito saudí, porque el rey iba a comer con el príncipe Salman, hermano del fallecido rey Fahd, y luego se fueron a ver un rato las carreras de Fórmula Uno. El día en que se quemaba Tenerife, sólo interrumpió sus vacaciones para visitar a este indeseable, movilizando helicópteros, limusinas, escoltas y personal, trabajo que el nuevo interventor sólo reseñará y contabilizará.

Por eso, decir como informó *La Razón* que el rey nos cuesta a cada ciudadano 19 céntimos al año es pura demagogia. Contrastaba este dato diciendo que la Monarquía británica, con un presupuesto de 55 millones, era la más cara, y la española, con casi nueve, la más barata. Lo que ocurre es que estas cifras están deliberadamente enflaquecidas a su mitad.

No decía *La Razón* que la reina de Inglaterra pagaba impuestos sobre sus ingresos privados desde 1993 y que el Príncipe de Gales vive de las rentas del ducado de Cornualles, fundado en 1337 en beneficio exclusivo del heredero de la Corona.

El año 2006, Carlos de Inglaterra declaró ingresos brutos en torno a los 22 millones de euros, 17 después de impuestos.

El príncipe Guillermo, su hijo, puede hacer uso desde junio de 2007 –al cumplir 25 años– de los beneficios anuales del capital heredado de su madre, estimados en 430.000 euros. Su bisabuela le dejó una herencia de tres millones de euros, y por su cargo como oficial del ejército británico cobra unos 30.000 euros al año. Y todo esto se sabe porque es público. ¿Cuánto le ha costado a Elena su nueva casa, y quién la paga? Misterio. Opacidad total.

Carlos de Gales no sólo pronuncia discursos, sino que trabaja en el campo social a través de sus fundaciones benéficas, que recaudan unos 140 millones de euros al año. La más importante, la Prince Trust, ha ayudado a montar negocios a miles de jóvenes. Pero por estos lares los príncipes sólo están para que se les aplauda. Y a mí, sinceramente, esto me subleva. Me parece propio de una película de Paco Martínez Soria y propio del marujeo más infantil e inculto. Vivir sólo para ser aplaudidos, esto sí que es el Medievo en estado puro. Porque, ¿qué es lo que hace esta gente para los demás durante todo el día? ¿Por qué se les aplaude y se hacen genuflexiones ante ellos?

LA «AUSTERIDAD» DE LA CASA REAL ESPAÑOLA Y LA DE OTROS PAÍSES

Nunca se oyó defender con tanto énfasis la austeridad de la Casa Real como en la Comisión de Presupuestos del Congreso, donde el septuagenario Juan Manuel Albendea, del PP, se deshizo en elogios hacia Sus Majestades y sostuvo que «tenemos la Casa Real más austera de Europa». Todo para rebatir una enmienda de Joan Puig, de ERC, que pedía sustituir la asignación de 8,66 millones de euros anuales a la Casa del Rey por un sueldo de 91.982,4 euros, que es lo que cobra el presidente del Gobierno. Menos enfático, el socialista Manel Mas adujo: «La propuesta es inconstitucional». Los socialistas, siempre, en clave cortesana. Pero ésta es la manera como funcionan las partidas reales en otros países.

Gran Bretaña

Las cuentas de la Corona británica se publican anualmente. Isabel II da cuenta al Parlamento de sus gastos oficiales en un informe financiero y, desde 1993, paga impuestos sobre los ingresos de su patrimonio privado. La reina afronta los gastos con una subvención aprobada por los diputados, la Civil List, fijada en 7,9 millones de libras en la última revisión (unos 11,4 millones de euros) y cubre personalmente los gastos oficiales de sus hijos menores y otros familiares. Recibe ayudas adicionales para el mantenimiento de palacios y de la colección real, lo cual eleva los gastos a 37,3 millones de libras (53,8 millones de euros).

Carlos, Príncipe de Gales, se financia directamente de las rentas del ducado de Cornualles, un extenso patrimonio de propiedades inmobiliarias, agrícolas y comerciales e inversiones financieras. En el último ejercicio, el príncipe declaró 16,9 millones de euros tras pagar impuestos.

Suecia

La familia real sueca percibe anualmente 49,6 millones de coronas (5,2 millones de euros) con los que cubre los gastos de representación, los viajes al exterior y los del personal de todas las categorías en el palacio real; así como el mantenimiento del castillo real, administración del predio de la Corona en la ciudad de Estocolmo y gastos privados de la Familia Real.

Las obligaciones impositivas de los miembros de la realeza son las mismas que las de cualquier ciudadano, y la Casa Real está obligada a rendir cuentas del uso del dinero, aunque existe una proposición de parlamentarios socialdemócratas para un control más riguroso.

La lista civil del soberano se reparte entre gastos de personal (66,3%), mantenimiento de propiedades y mobiliario (10,7%), parque automovilístico (6,8%), electricidad y combustible (5%), viajes oficiales al exterior (4%), gastos domésticos (2,8%), gastos administrativos (2,7%) y un renglón de varios (1,7%).

Son gastos controlados por el intendente Vincent Pardoen, un general-mayor al servicio de palacio desde 1992, a quien en 2000 el Gobierno español concedió la Gran Cruz de la Orden del Mérito Civil.

Bélgica

La Familia Real belga le supone al Estado en 2007 un desembolso de 12,5 millones de euros. De esa cifra, 9,5 millones están destinados a la

Casa del rey Alberto y 1,4 millones, a la de la anterior soberana, Fabiola. Mientras que la lista civil del rey figura en la Constitución y fue fijada en 1993, el año del ascenso al trono de Alberto II, las actualizaciones derivadas del incremento del coste de la vida y los trienios la llevan hoy hasta los 9,5 millones de euros.

A la espera de la indefinidamente pospuesta intervención legislativa sobre las dotaciones de la realeza, la casa del duque de Brabante –título que como heredero recibe Felipe– dispone este año de un presupuesto de 924.000 euros, el triple de lo que se entrega a los otros príncipes, Astrid y Lorenzo.

DEBERÍA ESTAR MÁS CERCA DE LOS VALORES HUMANÍSTICOS QUE DE LOS BURSÁTILES

Esta recomendación a Juan Carlos I la hizo el columnista mexicano Jacobo Zabludovsky a cuenta de unas gestiones hechas por el rey ante el entonces presidente de México, Vicente Fox pidiéndole una segunda oportunidad para una compañía de construcción de trenes, cuya propuesta para construir el tren suburbano Cuaautitlan-Buenavista había sido descalificada por insolvencia técnica. «Tres décadas son lapso razonable para detenerse a valuar qué es de mayor importancia para la España de hoy. Si la gestión real a favor de los empresarios españoles o todo lo demás. Hay un desgaste que hace incompatible el ejercicio simultáneo de las dos funciones. La de alinearse con el dinero o acaudillar la patria lingüística de 400 millones de personas. En otras palabras: el rey debe estar más cerca de los valores humanísticos que de los bursátiles. Antes de que se me olvide: la gestión del rey ante Fox para rescatar un negocio perdido se mantuvo en lo oscurito por razones obvias, hasta hoy que lo divulgo en esta columna», decía Zabludovsky.

¿En cuántas de estas negociaciones habrá intervenido el rey? No lo sé. ¿Son procedentes? Quizás sí. Pero que alguien lo sepa y lo juzgue. Aunque sea discretamente.

Veamos un ejemplo. He hecho alusión al libro de Luis Herrero. Pues bien. En la página 273, el eurodiputado narra cómo se entrevistó con

Sabino Fernández Campo para leerle una copia del capítulo de un libro que pensaba editar y que estaba organizando un serio revuelo en el palacio de La Zarzuela. El jefe de la Casa Real lo leyó detenidamente y se limitó a sugerir tres o cuatro correcciones técnicas. Luego añadió: «Todo lo que cuentas aquí es absolutamente cierto».

> Luego cogió el libro que estaba sobre la mesita del centro y lo abrió por una página que, a modo de señal, tenía doblada una esquina. Era uno de los documentos incluidos en el anexo documental del libro, una carta del rey Juan Carlos dirigida al *sah* de Persia en 1977. Invocando el nombre de Adolfo Suárez y el peligro que representaba una posible victoria del socialismo español, que aún era marxista, le solicitaba un préstamo de 10.000 millones de pesetas.
>
> —¡Joder! –exclamé al fijarme en la multimillonaria cantidad del préstamo solicitado.
>
> —Imaginaos por un momento lo que pasaría si esta carta se hiciera pública en España –nos dijo–. Cuando Alfonso Guerra supo que existía, le envió una fotocopia a Felipe González con un tarjetón manuscrito que decía: «Para que veas a quién estamos apoyando. Me parece gravísimo».
>
> Al final de la conversación, Sabino nos dijo que le iba a escribir una carta a José Manuel Lara pidiéndole que no le mandara una copia de mi libro, porque no quería que pudieran acusarle de haber participado en su redacción. Nos dimos la mano, y Federico y yo nos fuimos por donde habíamos venido.

Quizás este pasaje y el dedicado al general de Armada fueron los que motivaron la indignación del hijo de Suárez contra Luis Herrero. Pero ahí están publicados y nunca desmentidos. Luego son verdad. ¡Y qué verdad!

¿Es admisible esto en una democracia seria, solvente y con controles?

AL REY LE TOCA EL GORDO

Finalizaba el año 2007. El rey había estado en Ceuta y en Melilla, plazas que no había visitado en treinta años para no incomodar a su «primo marroquí». Sin embargo, de repente y al parecer no importándole nada la reacción del monarca alauí se fue en loor de multitudes a proclamar la españolidad de estas dos ciudades autónomas. Algo que hubiera sido concebido como una imprudencia o un gesto inamistoso hacía sólo un año, finalizando ese 2007 sí se podía hacer, a pesar de que el embajador marroquí se retirara de Madrid y de que Mohamed VI criticara la iniciativa. Sin embargo, la misma había servido para dar visibilidad de utilidad a la Monarquía tras la quema de efigies reales.

Por eso no se entendió muy bien que al rey ese mes de diciembre le tocara el premio gordo de la Mutua Madrileña dotado con 750.000 euros. En un año plagado de polémicas, no era comprensible que la Mutua Madrileña, sin saber a cuenta de qué, le diera ese cheque tan generoso en la primera edición de sus premios y tres días antes de que se oyera a los niños de San Ildefonso cantar el premio gordo de la Lotería Nacional.

¿Y por qué le daban el premio? Por lo de siempre. Es decir, «en reconocimiento a su trayectoria y a su compromiso con la mejora de la sociedad». El jurado, compuesto por las Reales Academias, destacó «los más de treinta años de reinado de Juan Carlos I que constituyen el periodo más largo de paz, estabilidad, libertad, progreso y cohesión social de nuestra historia».

Menos mal que, nada más conocerse el veredicto del jurado, la Casa Real salió al paso anunciando que el rey donaría los 750.000 euros al Museo del Prado, al entender que «es el buque insignia de nuestro rico y variado patrimonio pictórico en el siglo XXI».

Ahora bien, ¿cuánto tributa este premio? ¿No había alguna institución benéfica especialmente querida por el rey para donar esta bonita cantidad? De hecho, un cliente de Mutua Madrileña se dio de baja a raíz de la noticia porque veía que a la Mutua, o le sobraba el dinero, o tenía que pagar algún favor; pero sobre todo lo hizo porque, si tanto dinero les sobraba, él consideraba que hubiera sido mejor haber donado esa cantidad a una fundación humanitaria de verdad ejemplar como la de Vicente Ferrer si se tratase de premiar conductas ejemplares y no precisamente la del rey.

Todo, como se ve, muy extraño y con una pésima estética, protegido por un estruendoso silencio y por el crujir de los espinazos de la Villa y Corte.

CAPÍTULO X

EL FOLLÓN DE *EL BRIBÓN*

Me suelo reír de aquellos compañeros que me miran por encima del hombro y me adjetivan como *bloguero*. Algo así como si fuera «el follonero» de Buenafuente, un tipo raro y algo original al que le da por escribir y mantener un *blog* y que cambia de artículo de forma diaria, como se puede cambiar uno de calcetines.

«Mira, esto es la inmediatez, es no pensarlo mucho y actuar, es el *feedback* inmediato, pero además es el presente y es el futuro, y debería ser la obligación de todo político de informar y ser informado, de criticar y ser criticado, de opinar y, de vez en cuando montar un pollo, de acumular información y datos y de ser director de tu propio periódico», les argumento. «Yo vendo pescado fresco y cada día cuento una batalla u opino sobre algo que me ha podido llamar la atención», les digo. Pero no les convenzo. Me miran como a aquellos ovejeros del Oeste que no querían la llegada del tren, pero como sé que en poco tiempo van a estar haciendo lo mismo que yo, empiezo a verles con cierta conmiseración.

No hay más que leer a Manuel Castells, porque, si alguien ha estudiado las interioridades de la sociedad de la información, es este sociólogo que ha impartido clases durante 24 años en la Universidad de Berkeley. Una de sus investigaciones más recientes es el Proyecto Internet Cataluña, en el que durante seis años ha analizado, a partir de 15.000 entrevistas personales y 40.000 a través de la Red, los cambios que Internet introduce en la cultura y en la organización social.

Dice Castells que los poderes tienen miedo a Internet y que la primera pregunta que se hacen siempre los gobiernos es «¿cómo podemos controlar Internet? Y la respuesta es siempre la misma: no se puede. Puede haber vigilancia, pero no control».

Y otro dato que aporta Castells. Existe una brecha digital que la curará el tiempo. En España, entre los mayores de 55 años sólo el 9 por 100 son usuarios de Internet; pero entre los menores de 25 años, son el 90 por 100. «Cuanto más autónoma es una persona más utiliza Internet. Y frente a esto hay miedo a lo nuevo. De la vieja sociedad a la nueva, de los padres a sus hijos, de las personas que tienen el poder anclado en un mundo tecnológico, social y culturalmente antiguo, en relación de lo que se les viene encima, que no entienden ni controlan y que perciben como un peligro y en el fondo lo es. Porque Internet es un instrumento de libertad y de autonomía, cuando el poder siempre ha estado basado en el control de las personas, mediante la información y la comunicación. Pero esto se acaba, porque Internet no se puede controlar», dice Castells.

Todo esto lo intuía pero no supe de verdad en qué consistía hasta que un buen día escribí un comentario, a bote pronto, sobre el rey y su nuevo *Bribón*. Aquel comentario recogido por EFE, tres días después y rebotado por los programas de televisión de la tarde, adquirió categoría de noticia de primera página, se editorializó sobre él, originó una rueda de descalificaciones y fue como una especie de detonante o de piedra en un estanque quieto que colapsó, con dos mil entradas en tres días, mi ordenador en el verano del 2007; llegando a decir de algunos que la caricatura de *El Jueves* y la crítica de un senador propiciaron durante dos meses el levantamiento de la veda de treinta años de silencio sobre el rey y su familia. La historia es esta:

El viernes 20 de julio del 2007, hojeaba los periódicos del día. Estábamos en verano. *El País* tenía una sección de revista de esta estación lúdica. En su página 51, una gran fotografía del rey, con su gorra puesta, aparecía de lado a lado de la página, frente al timón de una embarcación deportiva. El título lo decía todo: «Otro Bribón para el Rey. Don Juan Carlos estrenó en Palma su nuevo velero patrocinado por la Caixa». La noticia no parecía una información cualquiera. Era una nota hagiográfica sobre las habilidades marineras del monarca redactada por Andreu Manresa que, sinceramente, me dejó perplejo.

La semana anterior, el juez de la Audiencia Nacional Juan del Olmo había secuestrado la revista *El Jueves* por injurias a la Corona. Al día siguiente, el juez iba a tomar declaración al dibujante y al guionista de *El Jueves* por la caricatura publicada en su portada.

«¿Será posible? –me dije–: ¿En qué reino de Kafka vivimos?». Y, en un brote de indignación, escribí lo que pudo ser el cuerpo del delito. Decía así:

Se ha organizado una buena a cuenta del dibujo de *El Jueves*. Y la verdad es que todo esto es de risa. La mitad de la mitad de lo que ocurre en Gran Bretaña y allí la Casa Real lo aguanta todo porque viven en un verdadero sistema democrático. No son intocables. Aquí sí. Aquí se ríen de nosotros a cuenta de los derechos históricos y resulta que el derecho histórico de una pandilla de vagos, eso es intocable. Por eso lo que más me ha gustado ha sido eso de que el Príncipe Felipe diga que ese es su único trabajo.

Y digo esto porque en Madrid, en el Madrid político y, sobre todo, en el Madrid del PSOE, no se les puede tocar ni con el pétalo de una rosa.

Mi última discrepancia con esta familia fue durante el discurso del rey en el 30 aniversario de las primeras elecciones democráticas en el Congreso y aguantando el video encargado por Marín, que era una página de la revista *HOLA*. Aquello parecía dar entender que lo importante había sido lo que había hecho el rey y no la gente con su voto, y, días antes, en la entrega de los Premios Carandell en el Senado donde no logré le pusieran de número 1 al presidente del Senado, que era el anfitrión y le pusieron de número 2. Yo argumenté que Felipe de Borbón no había sido elegido por nadie, que no era el Jefe del Estado, que no se hacía el acto en su Casa, pero no hubo forma ni manera de arreglar aquel acto de cortesanía. El pelotilleo con esta familia es enfermizo y de ahí esa obsesión, cubierta de silencio, de decir a todas horas que es la Institución más valorada.

Luego, de vez en cuando ocurre lo de *El Jueves* y el rey se queda desnudo, o se descubre que está cazando y no acude el primero a la Clínica cuando nace su nieta y cosas así. Por cierto, cuando nació Juan Carlos, su padre Juan de Borbón también estaba cazando cerca de Roma.

Ésta es, pues, una familia impresentable, rodeada de censura de prensa y con un nivel empalagoso hacia una institución caduca que clama el cielo.

Se me dice que es mejor eso a que el presidente sea Aznar, y les contesto que, si lo fuera Aznar, sería por el voto popular, y a este señor lo puso ahí Franco, un general asesino y golpista, y que al cabo de cinco años a Aznar se le mandaría a casa y a éstos, a lo sumo, sólo se les puede hacer una caricatura...

ése es el verdadero escándalo de esta semana. No la caricatura, que está muy bien, sino que toda la familia con el presupuesto público veranee de gorra dos meses, Marichalar incluido.

Y, esta semana, con yate nuevo.

Sí, sí. No ha tenido el hecho la menor repercusión y sin embargo el Borbón ha estrenado otro *Bribón*. Lo acaba de hacer en una regata en Mallorca, sacando al mar su nuevo barco de regatas, un moderno diseño adecuado para competir en la clase TP-52, una categoría considerada la estrella de la vela. Acaba de ser construida en el astillero valenciano King Marine. Y no ha habido escándalo alguno.

El Bribón fue botado el pasado mes de mayo y en junio, en el litoral de Alicante, ya demostró sus condiciones triunfadoras con su tripulación habitual. El barco es el decimocuarto velero que con el mismo nombre construye su armador, el empresario José Cusí, amigo del rey y compañero habitual de francachelas deportivas.

Bueno, para mí éste es el verdadero escándalo y no el dibujo, y, ante esto, el juez del Olmo no hace absolutamente nada. Dos meses de vacaciones, un *Bribón* nuevo, cacerías y ausencias, pero lo importante es un dibujito diciendo que están trabajando. España sigue siendo diferente. Pero si sigue así, la estancia de esta familia en La Zarzuela y en Marivent tiene fecha de caducidad. Que la gente empieza a despertar.

Y, en el fondo, todo por culpa de un PSOE cortesano y pelota. ¡Ya está bien!

Sinceramente no cuidé mucho la forma, y el escrito, hecho *post*, fue colgado en mi *blog*. Reconozco que era un texto descarnado escrito bajo los efectos de la bilirrubina alterada por lo impune de la noticia.

Casi me había olvidado de él, cuando uno de los periodistas de la Agencia Efe que trabajan en las Cortes me llamó a Bilbao el miércoles 25, cinco días después. «Señor Anasagasti –me preguntó–, ¿se ratifica usted en todos los extremos de lo que ha escrito y colgado y me certifica que la columna sobre *El Bribón* es suya?» «Sí, claro que sí, pero si usted va a reproducirla, quite, por favor, lo de vagos, porque la intención no era describirles de esa manera sino criticar que se secuestre una revista y no se diga nada ante un regalo tan caro», le contesté. «No podemos. Nos interesa todo el escrito y sobre todo ese párrafo.»

Al colgar el teléfono supe inmediatamente la que se me venía encima. Iban a coger el rábano por las hojas y debía prepararme a soportar un tifón sin el chubasquero puesto.

A MALLORCA

Esa conversación se produjo el miércoles 25 de julio. El jueves 26, salía yo de Bilbao para Mallorca con mi mujer y los dos críos. Desde febrero tenía cerrada la presencia de mi hijo de 14 años, Iker, en un curso organizado por el Chelsea cerca de Palma de Mallorca, en el que se imparten cursos de inglés por la mañana y de fútbol en inglés por la tarde.

Otros años le habíamos enviado a Inglaterra, pero en lugar de reforzar el inglés, con todos los chavales que habían ido de habla hispana, había reforzado su agenda de amistades. Lo normal era, pues, un nuevo experimento para tratar de lograr que su pasión futbolística la pudiéramos canalizar también con el idioma del Chelsea.

Jamás hubiera pensado que al llegar al aeropuerto de Palma me esperarían las cámaras de Telecinco y varias radios ante la gran ola desatada en una Mallorca en la que eran noticias diarias las regatas del rey y los posados fotográficos de la Familia Real en el Club Náutico.

Lo primero que hice al llegar al hotel en Alcudia fue ponerme unas gafas negras que, junto a una gorra cerrada hasta los ojos, disimulaban algo un físico que no paraba de salir en los informativos y programas vespertinos del corazón. En uno de ellos, Jaime Peñafiel comentaba que no entendía cómo había escrito aquello, sabiendo como sabía él que el rey me tenía afecto, y escenificando la manera en que el rey me saludaba con cordialidad y cercanía.

AQUEL VERANO DEL 2007

Fue bonita aquella película *Verano del 42*, del año 71, con Jennifer O'Neill y un chaval en una isla. Describía con nostalgia los estertores de un tiempo que se iba para no volver jamás. Quizás haya ocurrido algo así como el verano de 2007 en Palma de Mallorca; tan buen verano como los treinta anteriores, pero que parece comenzar a dar sus últimos coletazos, sobre todo a la hora de la escenificación de un poder sin control. Ojalá.

Porque, cuando llegó a mediados de julio el rey y su familia a Palma de Mallorca, algo había cambiado. Tras las elecciones del 27 de mayo de ese año, ya no fue Jaume Matas, gran preboste del PP, quien fuera al aeropuerto a recibir al monarca. Tras cuatro años de oposición, volvía Francesc Antich con su variopinto Gobierno, donde había un *conseller* de Interior, Joan Lladó, militante de ERC, que acudió días después a la audiencia real de La Almudaina, posó en quinta fila para la foto oficial y estrechó la mano del rey bajo una avalancha de flashes. Eso sí, lo hizo con un pin de Francesc Maciá en la solapa, primer presidente de la Generalitat catalana en 1931, y dio su explicación de por qué estaba allí: «Un republicano ha asistido a una audiencia real y eso es algo que forma parte de la democracia, no es una contradicción. Ahora toca olvidarse de la Familia Real y gobernar preocupándose de las necesidades de las familias reales».

Esto ocurrió en un acto que se repite al inicio de cada ciclo político y que en aquella ocasión llegaba envuelto en polémica ya que Lladó declaró en contra de la Monarquía, justo al inicio del verano; hecho que había encendido la primera mecha en el *Govern* que dirigía el PSOE de Francesc Antich.

Las juventudes de ERC emitieron un comunicado en el que exhortaban a la Familia Real a devolver el palacio de Marivent a los mallorquines, recomendaban al rey que abandonara Mallorca y pedían a las autoridades electas que no rindieran vasallaje a la Corona. Lladó no sólo no desautorizó aquellas declaraciones en su momento, sino que se mostró de acuerdo con su contenido e incluso llegó a plantear la posibilidad de dar un uso alternativo a Marivent.

Y como el periodista Jesús Mariñas había dicho que el palacio de Marivent había sido una donación personal de un pintor, Juan de Sadirakis, al rey, dos primos salieron diciendo que de eso nada, porque aquella donación la hizo la viuda en 1965 a la Diputación Provincial, lo que ahora es el Consell de Mallorca, y que esa donación estaba condicionada a que en el palacio se creara un museo abierto al público.

Todas estas polémicas no le importaron nada a Elena de Borbón, que, viviendo del erario público, navegó durante dos días en el *Siemens*, ganador en TP52, acompañando a la tripulación y recogiendo el trofeo de manos de su padre. La hija mayor de los reyes participó además en la rueda de prensa posterior a la última regata que tuvo lugar en el Club Náutico de Palma donde confesó haber sufrido «un poco». «Esta victoria supone una inmensa alegría», declaró. Pero Perelló, director del proyecto del *Siemens*, apuntó sobre Elena: «No es que nos traiga suerte, sino que hace que ganemos». Le faltó decir que sobre todo en *marketing*. Todo muy emocionante y todo a mayor gloria de la marca Siemens, encantada de que alguien de la Familia Real *publicite* la firma. Tan encantados como estuvieron los de Azur de Puig en la edición de 2005 contando con Cristina. Publicidad, ¿gratis?

Algo muy poco edificante para una familia mantenida por los Presupuestos Generales del Estado.

PERIODISMO CORTESANO

Cuando salió *El País* en 1976, nació como una gran esperanza. Me encontraba en Bruselas, y en una reunión en las Comunidades nos anunciaron su nacimiento como el gran acontecimiento democrático del momento porque iba a romper de cuajo con toda la información de la Cadena de Prensa del Movimiento y de todos los periódicos adláteres que habían mantenido al país desinformado. Todos ellos habían sido tan sólo la correa de transmisión informativa y deformativa de una dictadura sangrienta y represiva.

Recuerdo también el pequeño despachito que tenían los periodistas Jesús Ceberio y Javier Angulo en la calle Hurtado de Amézaga, de Bilbao. De allí, los dos pasaron a Madrid, y el primero sucedió a Cebrián en la dirección del periódico tras su paso por México. Nunca nos tuvo la menor simpatía.

Y es curioso cómo fueron vascos o gentes vinculadas con Euzkadi los editorialistas de *El País* o sus jefes de política, amén de sus intocables. Patxo Unzueta, Javier Pradera, Fernando Savater, Ander Landaburu,

Antonio Elorza, Hermann Tertsch y un etcétera que se degrada en un Luis Rodríguez Azpiolea que de *El Diario Vasco* pasó a *El País*, después de haberle organizado a José Juan González de Txabarri una huelga de no presencia en el Habe (Instituto de Enseñanza del Euskera) donostiarra, por haber permitido que dos policías nacionales se inscribieran allí para aprender euskera. Pues bien, este mismo Azpiolea, que ahora nos da clases de todo, fue el líder de aquella revuelta motivada porque gentes del PNV en las instituciones querían que todos los ciudadanos, políticos o no, aprendieran euskera sin discriminación alguna.

Es el mismo también que acaba de lograr que el Gobierno vasco se querelle contra el PNV por escribir este Azpiolea que ETA pactó una minitregua con Ibarretxe los días de la discusión en el Parlamento vasco de la ley de consulta. La detención una semana después del Comando Bizkaia, dispuesto a atentar esos días, desbarató la patraña.

Es el mismo Azpiolea que nos despelleja día va y día viene en los momentos más duros de la mayoría absoluta de Aznar, siendo el actual «chisgarabís» de información política que banaliza casi todo lo que toca con su periodismo de salón y de tertulia madrileña. Como es normal, este caballero no me puede ver ni en pintura porque tengo el mal gusto de recordar estas cosas.

Pero el hombre clave de este medio lo fue y lo sigue siendo Juan Luis Cebrián. «La Monarquía española no resiste un editorial de *El País*», dicen que comentó un día Juan Luis Cebrián, primer director del periódico y consejero general del Grupo Prisa, amén de Académico de la Lengua y brazo ejecutor del editor Polanco en todos sus proyectos.

No sé si es verdad esta afirmación pero bien pudiera serla. Es el estilo perdonavidas de Cebrián, que nos juró odio eterno a cuenta de la llamada guerra digital. Se lo dijo a la cara al diputado González de Txabarri en un plató de televisión. «Te vas a enterar.» ¡Y vaya que nos enteramos!

Lo malo es que su comentario sobre la Monarquía es cierto. Si *El País* hubiera informado cabalmente sobre la Familia Real en estos años, no hay duda que otra sería hoy su imagen. Pero, no sabemos por qué, ha seguido la estela de Felipe González, que ha preferido, curiosamente, una Monarquía como sistema en España a un régimen republicano democrático y alternativo. Curiosidades de la Transición hecha por gentes de lo que se llamó «el interior». ¡Para rato Rodolfo Llopis hubiera admitido el monarquismo del PSOE!

El caso es que, estallada la polémica sobre *El Bribón*, fue curioso el silencio de *El País* sobre el caso. Quizás pensó que aquella turbulencia sería flor de un día; pero con televisiones, radios, columnistas y otros periódicos informando a todo meter, optó por elevar el tiro y dedicarme un dudoso editorial. Hasta el punto de que varios políticos me llamaron, con sorna, para decirme que *El País* no dedica un editorial *ad hominem* a casi nadie y que debería estar contento por el hecho. Les contesté que me hubiera gustado más un editorial donde se analizara desapasionadamente la polémica y que le hiciera pensar mínimamente al Sr. Borbón sobre el por qué un político vasco le metía semejante rejonazo. Pero el rejonazo fue para mí. ¡Y qué rejonazo!

EL EDITORIAL

Esto fue lo que publicó el superperiódico progresista de España el 28 de julio. Se titulaba «Injurias a la Corona» y decía así:

> Si el secuestro de la revista *El Jueves* por la caricatura de los príncipes de Asturias ha puesto en tela de juicio la procedencia de esta medida judicial en la era de las nuevas tecnologías de la comunicación, las opiniones del senador y secretario primero de la Cámara alta, Iñaki Anasagasti, sobre el rey Juan Carlos y su familia han puesto en evidencia la inutilidad –su desfase, en definitiva– del sistema de protección a la Corona diseñado en torno al delito de injurias en el Código Penal. El ministerio fiscal no se ha sentido concernido por esas opiniones, que por su carácter directo, claro, contundente y personal sobre el rey y su familia podrían ser susceptibles de ser perseguidas judicialmente quizá con igual fundamento que la distorsionada y caricaturizada imagen de don Felipe y doña Letizia en la viñeta de *El Jueves*.
>
> La fiscalía ha actuado correctamente al no tomar ninguna iniciativa contra el senador, pero ello le coloca en una posición contradictoria respecto a la que mantiene contra *El Jueves*. Ahora puede resultar incluso discriminatoria y difícilmente sostenible, por pura coherencia ante la justicia. Habrá que es-

perar, no obstante, a que el fiscal se aclare ante el requerimiento del juez sobre si mantiene la acusación o la retira, una vez que se ha tomado declaración a los autores de la viñeta presuntamente injuriosa, contra los Príncipes.

Las manifestaciones de Anasagasti sobre el rey y su familia, por más que hayan aparecido en su página personal de Internet, son impropias de un político responsable que, además, tiene un cargo institucional. Y en lo que se refiere a la persona de don Juan Carlos son manifiestamente injustas. Que a estas alturas un político como Anasagasti, de la misma generación de don Juan Carlos, es decir, la que protagonizó la transición, siga presentando como una tacha original irredimible e imprescriptible su designación por Franco resulta verdaderamente descorazonador. Anasagasti sabe, y debería explicarlo a las generaciones actuales, que ese origen quedó limpio y ampliamente superado por una legitimidad de ejercicio democrático impecable que se puso de manifiesto especialmente la noche de la intentona golpista del 23-F, como recordarán siempre los españoles. Ningún político, entre los muchos que pasaron del franquismo a la democracia, ha podido dar lecciones a don Juan Carlos en este terreno.

Pero aunque sean injustas, opiniones como las de Anasagasti deben poder expresarse, sin otro reproche que el político y social, como el que ya ha recibido por parte de la mayoría de fuerzas políticas y foros sociales, y sin otro descrédito que el propio de quien las emite. Lo mismo cabe decir de la viñeta de *El Jueves*, cuyo carácter inconveniente y soez ha sido ampliamente resaltado. Ojalá todas las críticas que se hagan sobre la Corona sean como las que provienen del mundo de la sátira, incluso la descarada y atrevida de esta publicación.

SU DESIGNACIÓN POR FRANCO

Parecía, pues, que lo que más había molestado a la dirección de *El País* había sido mi recordatorio de que el rey había sido designado por Franco. Me recriminaba que el rey «había quedado limpio y ampliamente superado por una legitimidad de ejercicio que se puso de manifiesto la noche del 23-F». Y me decía que nadie le habíamos podido dar a D. Juan Carlos clases en este terreno. Lo que pasa es que no se le pueden dar.

¿Por qué el rey no fue llamado como testigo en el juicio de Campamento? ¿Por qué se impidió hablar de este asunto? ¿Lee Cebrián todo lo que se ha publicado de la implicación del rey en el golpe del 23-F, aparecidos estos juicios en infinidad de libros y testimonios editados con motivo del 25 aniversario de aquella asonada de opereta?

Ya he contado como, estando un día con Antonio Carro en una recepción en el Palacio Real, aquel colaborador de Carrero Blanco que había sido ministro de la Presidencia y era diputado del PP me dijo lo siguiente: «La culpa del 23-F la tuvo íntegramente el anfitrión de esta casa». No le dolían prendas en expresarse sonoramente de aquella manera en un salón de Palacio. Veía el fin de su carrera política y no estaba por la labor de seguir riéndole las gracias a una figura institucional que con su ligereza había propiciado aquella conjunción de situaciones que llevaron a un golpe fallido. ¿De qué si no Alfonso Armada cifró toda su estrategia en ir a La Zarzuela el 23-F? ¿Por qué el rey salió tan tarde en televisión? ¿Por qué ninguno de los complotados cuestionó el régimen impuesto por el general Franco? ¿Por qué no se hizo una investigación total del caso? ¿Por qué tanto *El País* como todo quisqui nos venden ahora la moto de que el rey paró el golpe cuando era manifiesto que había propiciado la dimisión del presidente Suárez? ¿Por qué? Muy sencillo. No interesa y además, como los libros los leen muy pocos, pues que digan lo que quieran. Pero esto, como aquella barbaridad del bombardeo de Gernika auspiciado por los propios nacionalistas irá saliendo poco a poco a la superficie a nada que haya una brizna de libertad de expresión en España sobre los hechos de la actual Monarquía. Y ese día llegará.

PÉREZ ROYO PUSO EL DEDO EN LA LLAGA

Ese mismo 28 de julio, el catedrático de la Universidad de Sevilla, Javier Pérez Royo ponía el dedo en la llaga, no en relación con mi artículo sino con lo ocurrido con *El Jueves*, que bien pudiera aplicarse a todo lo referente a lo que se consideran «injurias a la Corona». En su columna y bajo el título de «Aprendiz de brujo», empezaba de esta manera su argumentado trabajo:

He visto varias veces la portada de *El Jueves* y le he estado dando vueltas al asunto a lo largo de la semana y cada vez entiendo menos que el ministerio fiscal haya procedido de la forma en que lo ha hecho y que el juez ordenara el secuestro de la publicación, primero, y la clausura de la página web después.

El asunto es una estupidez, pero el problema que ha planteado es de una trascendencia extraordinaria. Si la conducta de publicar una portada como la de *El Jueves* es constitutiva de delito, entonces la Monarquía parlamentaria no puede ser la forma política del Estado español. Si la Monarquía parlamentaria no es compatible con el ejercicio de las libertades ideológicas, de expresión y de creación artística (la producción de una mamarrachada está tan protegida constitucionalmente como la de una genialidad) en la forma en que han sido ejercidas por los caricaturistas de la revista, la Monarquía no es aceptable como forma política. El hecho de que la Jefatura del Estado sea una magistratura hereditaria en lugar de una magistratura electiva no puede traducirse en una limitación de la intensidad de estas libertades, además de la limitación del derecho a transmitir información, ya que, al ordenarse el secuestro de la publicación y el cierre de la página web, también este derecho se ha visto afectado. Ése precio es desorbitado. No se puede pagar.

Su crítica la centraba en la actuación de la Fiscalía sobre el cierre de *El Jueves* y argumentaba que, en el momento en que se inició la Transición política, tuvimos que enfrentarnos a un problema muy serio de legitimidad de la institución monárquica que había sido restaurada como consecuencia de un golpe militar contra la República. Ese problema de legitimidad de la Monarquía se resolvió –según Pérez Royo– con base en el compromiso de que la Monarquía no supondría el más mínimo obstáculo para la libertad de expresión del principio de legitimidad democrática del Estado, y para el reconocimiento y ejercicio de los derechos fundamentales. ¿A qué venía crear un problema donde no existía? Y sentenciaba: «Cuanto más tiempo se mantenga con vida este asunto, peor». Eso es lo que hicieron *El País* y todos los *juancarlistas*, que no son pocos. Sobre todo en la llamada progresía. Bajaron el volumen de la polémica a todo meter.

José María Ridao, otro de los columnistas de *El País* y la SER, abogaba por solucionarlo con multas punitivas que sirvieran de iniciativas disuasorias para evitar humillaciones añadidas a la víctima de la injuria. Ésa fue su tesis el 30 de Julio. La víspera, «Sin el permiso de Su Majestad», *El País* publicó toda una página con portadas y viñetas dedicadas a la reina de Inglaterra, a la reina Margarita de Dinamarca y al príncipe Lorenzo de Bélgica. Exponía cómo se tratan estas cosas en el Reino Unido, en Bélgica, en Dinamarca, en Holanda y en Suecia. Nada que ver con la que había armado el juez del Olmo secuestrando la revista *El Jueves*.

Ese mismo día, el inefable Mario Vargas Llosa, alineado con la visión de la sociedad española que tiene el PP, publicaba un artículo titulado «Intimidad de los príncipes» donde se quejaba de que «si el fiscal y el juez que ordenaron el secuestro de *El Jueves* querían proteger a los Príncipes de Asturias de ser denigrados, se han equivocado garrafalmente. Lo que han logrado más bien es que desde hace una semana estén asociados, en las portadas de medio mundo, a una viñeta estúpida y vulgar, y que sin haber tenido la menor intervención en lo que sucede...». Menos mal que Vargas Llosa tenía el artículo escrito antes de «mi salida de tono», que si no, conocida su furia antinacionalista, me hubiera puesto no verde sino morado. Es curioso cómo estos americanos cuyos antepasados lucharon bajo el mando de Simón Bolívar y José de San Martín para librarse de la férula de la Monarquía de Fernando VII sean ahora tan cortesanos y monárquicos. Casi tanto como *El País*. Es algo que nunca he entendido y que sólo puede comprenderse en base a la inexistencia de libertad de expresión hacia las cosas que hace el monarca.

APARECIÓ CEBRIAN

Fue su primer artículo en *El País* tras el que escribió como consecuencia del fallecimiento de Jesús de Polanco. El 3 de agosto, su trabajo «La poca vergüenza» cargaba sobre todo, sin nombrarlo, contra un «petimetre savonarola local que, desde la radio, incendia cada mañana con su intolerancia la convivencia española». Se refería naturalmente a Federico Jiménez Losantos, bestia parda de todo el grupo Prisa y que, muerto Polanco, enfocaba sus fobias hacia el académico de la Lengua.

Cebrián salía al paso de algo que le había ocurrido con el juez de instrucción del Juzgado número 40 de Madrid, a quien llamaba «personaje siniestro» y otras lindezas, mientras le añadía a su apellido de la Hoz el complemento del Martillo, porque este juez acababa de dictar un auto en el que aseveraba que el uso de estos y otros peores vocablos proferidos contra Cebrián, en su día, no constituían nada delictivo. A su entender, se trataba sólo de términos duros que pueden ser utilizados en un contexto de discrepancia o de debate. Y como Cebrián discrepaba del juez, se los endilgaba a él diciendo que había perdido el sentido del decoro.

El consejero de Prisa, aprovechando que yo había pasado por allí, en dicho artículo me lanzaba este mensaje:

> Un artículo del señor Anasagasti, que todavía tiene pendiente el demostrar que trabaja él como legislador más horas de las que el monarca dedica a sus deberes, vino a complicar la cuestión: es obvio que el fiscal general y los jueces de la Audiencia Nacional se atreven con un caricaturista de a pie, pero no con un senador del reino. Con lo que podemos preguntarnos si en este país todos los ciudadanos son iguales ante la ley, pero algunos acaban siendo más iguales que otros.

CONTESTÉ AL ACADÉMICO

Cuando leí el anterior comentario, subí a la habitación del hotel en Alcudia y con mi ordenador portátil escribí a *El País* una carta al director. Como *El País* pide que las cartas no excedan las quince líneas, sólo pude referirme a la primera parte de la pedrada que me había lanzado Juan Luis Cebrián. La segunda era, así mismo, fácil de comentar.

¡Claro que en este país no todos los ciudadanos son iguales ante la ley, y no sólo lo es un senador que necesita un suplicatorio para ser enjuiciado, sino también el intocable Cebrián y el superintocable señor Juan Carlos de Borbón y Borbón!

De todas formas escribí la siguiente carta, que, para mi gran sorpresa, publicaron al día siguiente. Decía así:

Juan Luis Cebrián me alude en su artículo del viernes 3 de agosto de 2007, diciendo que todavía tengo pendiente «el demostrar que trabajo como legislador más horas de las que el Monarca dedica a sus deberes». Demuestre yo lo que demuestre, nunca me reconocerá nada el señor Cebrián, que tiene asumida una actitud preconcebida hacia mi persona. Mi artículo no sólo aludía al trabajo que realiza don Juan Carlos, sino sobre todo a la imposibilidad de establecer un control parlamentario sobre los gastos de la Casa Real.

Pero ya que el señor Cebrián alude a la dedicación del monarca, ¿no cree que una visita del rey a los damnificados de Tenerife y otra a Barcelona hubieran formado parte de su trabajo y no el diario regateo y el diario peloteo?

Me imagino que ese día en el palacio Marivent sonaron los teléfonos.

ZAPATERO EN MARIVENT

Ese mismo día 3 de agosto, media página de la sección España de *El País* se dedicaba a la visita relámpago que el presidente José Luis Rodríguez Zapatero había hecho a Mallorca. «Zapatero se reunió en Marivent con el presidente balear antes de visitar al rey en Marivent» era el subtítulo de la noticia donde lo importante era que el presidente de la Comunidad, Antich, reclamaba más inversiones estatales para Baleares en el año 2008.

En lo referente a la audiencia con el rey toda la información se resumía a lo siguiente:

> Poco después de su reunión con el presidente autonómico, Zapatero fue recibido por el Rey en el palacio de Marivent, cumpliendo así con la tradición del primer despacho estival que habitualmente mantienen el monarca y el jefe del Ejecutivo. Durante la audiencia, el Rey transmitió a Zapatero su preocupación por los incendios que, desde hace varios días, asolan las Islas Canarias. El presidente le informó sobre la marcha de las tareas de extinción y sobre el estado de los núcleos de población más afectados.

Ése fue todo el despacho. Seguramente ni hablaron de eso, ya que el rey ni se movió de sus regatas. Probablemente me pondrían a caldo perejil y Zapatero haría su consabida declaración de sensibilidad monárquica cuando, como en varias oportunidades me decía, en tiempos de Aznar, que el rey era quien más nos apoyaba. «Chico –le contestaba–, no me lo creo. La fe en política no existe, y la fe sin obras, según nos enseñaban en el colegio, es fe muerta.»

Eso sí. La foto publicada en *El País* con aquella escuálida información real era para demostrar el *feelling* existente entre Zapatero y el rey. Los dos aparecían dándose la mano, de frente y riéndose a mandíbula batiente. Y los Borbones tienen mucha. Todo muy idílico, pero sin rueda de prensa posterior. No se quiso hablar de los incendios, de la postura de Zapatero haciendo tragar a los socialistas navarros el apoyo a Miguel Sanz de UPN, ni hablar de los coletazos de dos polémicas superpuestas. No parecía muy serio aquel silencio, a no ser que no tuvieran nada que decirse o que lo comentado entre ellos fuera un cúmulo de insustancialidades. Me inclino por esto último.

Pero es así como se construye la imagen de que la Monarquía en España es la institución más valorada.

EL FORO DIGITAL

Seguramente y para que no se dijera que *El País* no trataba este asunto, hicieron la pregunta en su «Foro Digital» que fue difundido en la edición digital de un *País* que ardió. En papel publicaron solamente esto el martes 31 de julio. La pregunta se las traía:

> «¿Le parece incoherente que el fiscal actúe contra *El Jueves* y no contra Anasagasti?»
>
> – Me parece superincoherente; el fiscal debería actuar contra todos los que cometemos injurias contra la Corona, yo incluida. Taliaes.
>
> – Lo que me parece incoherente es hacer del radicalismo trasgresor una pose, una vulgar estratagema que en el fondo lo que manifiesta, más que otra cosa, es un cierto conservadurismo en la lucha por la supervivencia particular. La actuación de la fiscalía en uno de estos asuntos no ha venido más que a proporcionarle un balón de oxígeno y una publicidad impagables. La indi-

ferencia siempre perjudicará mucho más a los «transgresores» de salón. J. G. Ibañez.

– Sí. Una revista satírica, no olvidemos este dato, publica una viñeta en la que se representa a dos personajes públicos en una postura sexual explícita. Un senador, es decir, un representante político, se dirige en su página web, no en una conversación privada, en términos groseros y despectivos hacia esas personas, a las que acusa directamente de ser vagas y ociosas. Las dos expresiones son de mal gusto, pero ninguna de ellas constituye delito. La diferencia es que sólo en la segunda existe verdadero ánimo de ofender. Romario.

– En una democracia de verdad, ni a *El Jueves* ni al señor Anasagasti hay que enjuiciarlos. Araras.

– Sobre la incoherencia del fiscal por si debe de actuar o no contra la revista *El Jueves* y no contra el señor Anasagasti, mi opinión es que afortunadamente en este país existe la libertad de opinión, ¿o no? Y que si los señores de *El Jueves* han transgredido las leyes, cúmplanse éstas o modifíquense, pero asimismo, si el señor Anasagasti también las transgredió, aplíquense de la misma manera, pero no con distintas varas de medir. Gavilani.

Esto fue lo que publicaron en papel el día 31. Pero la polémica en Internet fue larga y muy sabrosa.

LA DERECHA MONTARAZ DE SIEMPRE

El principal y secular problema político español de fondo es que no cuenta con una derecha democrática como existe en cualquier país europeo. La derecha española es heredera directa del franquismo ya que sus epígonos más característicos formaron parte de la nomenclatura de un régimen que funcionó como una dictadura sangrienta y asesina y a la que no le detuvo ningún obstáculo para encarcelar, perseguir y eliminar al adversario político y, así, durante cuarenta años.

José Antonio Zarzalejos es hijo destacado de esa derecha antidemocrática que hizo carrera en las aguas cenagosas de aquel régimen militar. Su padre, el fiscal Zarzalejos fue, en su calidad de seguidor de

Fraga Iribarne, el delegado del Ministerio de Información y Turismo, conocido popularmente como de Deformación y Cinismo. Desde su oficina se decía lo que era publicable o no; y, desde ella, se perseguía a quien decía la verdad sobre hechos históricos, como el bombardeo de Gernika, o incluso por utilizar los colores de la ikurriña, y se multaba el pronunciar la palabra Euzkadi. Es normal, pues, que un jovencito de la escuela del repelente niño Vicente, como nuestro José Antonio, tenga tics autoritarios e interprete que la única historia de España es la suya. Es normal también que adverse la ikurriña y que, a raíz de la sentencia del Supremo sobre la colocación de las banderas, escribiera recientemente en su púlpito, la tercera de *ABC*, una reflexión sobre la bandera vasca que es oficial en el Estatuto vasco, y nos arrojara esta perla «democrática»:

> La exclusión de la bandera nacional de España del paisaje vasco se corresponde con una profusión abrumadora de la ikurriña, una enseña que responde a las ensoñaciones mitológicas de Sabino Arana y que nunca antes de 1936 fue otra cosa que un elemento distintivo del PNV, jamás de la sociedad vasca y, desde luego, en absoluto de ninguno de sus tres territorios históricos que han dispuesto de antiguo de sus pendones y estandartes. Cuando esa bandera se incorporó al Estatuto de Autonomía, se practicó por los no nacionalistas un ejercicio extremo de generosidad que tuvo que ampliarse –unos recogían las nueces mientras otros movían el árbol– a todas las manifestaciones supuestamente emotivas del PNV.

Esta falta de respeto hacia la ikurriña, que, le guste o no a Zarzalejos, es bandera oficial de los vascos, quizás tenga su explicación. Su padre, que en 1977 era gobernador civil de Bizkaia, con todo lo que esto significa, dimitió de su cargo en protesta política porque el ministro de la Gobernación de la época, Rodolfo Martín Villa, despenalizó su enarbolamiento. Previamente, Manuel Fraga, en 1976, había dicho en Venezuela en un programa de televisión, que antes de que ondeara la ikurriña en el País Vasco, había que pasar por encima de su cadáver. Y ya se sabe lo que ocurrió.

OTRO EDITORIAL

Con estos antecedentes, no me llamó la atención la virulencia del editorial que me dedicó Zarzalejos el viernes 27 de julio, el mismo día en el que anunciaba en portada que acababa de ser descabezado el aparato logístico de ETA en la «ratonera» de Francia. Decía también que la Fiscalía rebajaba la acusación contra *El Jueves* a un delito penado con multa y que había una censura unánime de todos los partidos políticos contra mi persona. No sacaba en portada que ese mismo día, tras ocho años de secano, el PNV recuperaba la Diputación de Alava, con la elección de Xabier Aguirre como Diputado General. Decía así Zarzalejos:

> De *El Jueves* a Anasagasti
>
> El juez Juan del Olmo concluyó el pasado miércoles la investigación por el presunto delito de injurias a los Príncipes de Asturias cometido por la revista *El Jueves* y, ayer, el Ministerio Fiscal decidió mantener la acusación contra los imputados, aunque retirando la de injurias al Príncipe de Asturias «en el ejercicio de su función institucional» (artículo 490.3 del Código Penal), que preveía hasta dos años de prisión. Las declaraciones que los acusados prestaron ante el instructor no podían tener más que un valor relativo, pues habría sido toda una sorpresa que hubieran reconocido que su intención era la de injuriar a los Príncipes de Asturias. Afirmaron que sólo querían criticar la decisión del Gobierno de conceder una ayuda de 2.500 euros por cada nacimiento. Cabe preguntarse si para esta finalidad, y aun concediendo a un caricaturista el más amplio margen de libertad de expresión, era necesario no sólo utilizar las imágenes de Don Felipe y de Doña Letizia, sino hacerlo de manera tan soez y difamatoria.
>
> Tales declaraciones no podían hacer cambiar de criterio al Ministerio Fiscal sobre el carácter delictivo de la viñeta.
>
> En la polémica de *El Jueves* hay una enorme dosis de hipocresía. La corrección política y el oportunismo trapacero han hecho que, desde la derecha hasta la extrema izquierda, se apele a la libertad de expresión para cuestionar una acción penal totalmente justificada, incluido el secuestro de la revista, porque es el instrumento del delito. Es cierto que el efecto inmediato de esta medida cautelar ha sido una publicidad amplificada de la viñeta,

pero, además de un coste inevitable si se quería hacer justicia, la responsabilidad de que así haya sido recae más en los medios que la han distribuido –sabiendo ya que estaba bajo secuestro judicial, alentando el morbo social y agravando el daño a la imagen de los Príncipes de Asturias– que en el fiscal y el juez que han actuado al amparo de la ley.

En todo caso, por mucho que se especule en torno a la conveniencia o no de esta medida cautelar contra un medio de comunicación, la cuestión de fondo sigue siendo la misma. En este episodio ha habido una agresión intolerable a las personas de los Príncipes de Asturias, aprovechada por los pescadores en río revuelto, entre los que destaca, una vez más, un personaje tan mediocre y venido a menos como Iñaki Anasagasti, cualificado ventrílocuo durante años de Arzalluz y uno de los políticos menos legitimados para tachar a nadie de «vago e impresentable», ya que si por algo se ha caracterizado el dirigente nacionalista vasco es por haber vivido, sin grandes contrapartidas, a costa del erario público. Una sociedad libre no es aquella que carece de reglas y límites y consiente las más bajas expresiones de mal gusto y ofensa delictiva, sino la que sabe distinguir el ejercicio legítimo de las libertades y derechos individuales frente a conductas delictivas.

¡Caramba con el director de la derecha «civilizada» y su critica *ad hominem*! Si tan mediocre y venido a menos soy, no entiendo por qué me dedicaba todo un editorial. Pero, en fin, esto hay que inscribirlo en su visceral y beligerante antinacionalismo vasco, y sobre todo en su obsesivo antipeneuvismo que como muy buen hijo de gato, sigue cazando ratones.

LA MUERTE DE GABI CISNEROS

Estuve por última vez con Gabi Cisneros, vicepresidente tercero del Congreso, en junio de ese año 2007, cuando Manolo Marín nos organizó un acto conmemorativo del treinta aniversario de las elecciones de junio de 1977 y donde, tanto en el vídeo que encargó a TVE como en su propio discurso de presidente del Congreso, pareció que el gran artífice de aquellas elecciones no había sido el pueblo soberano con su voto, sino el soberano puesto allí por el general. Ante aquel atropello parlamentario y de forma ostensible estuve todo el acto sin aplaudir ni a él, ni al rey, ni al vídeo; y como los miembros de la Mesa estábamos colocados en el frontispicio del hemiciclo, todos los presentes vieron mi huelga de palmas caídas con un cierto estupor.

Sentado en aquel lugar estratégico, recordaba yo el veinte aniversario de aquella fecha siendo presidente del Congreso Federico Trillo y secretario de la Mesa José Juan González de Txabarri. Allí sólo hubo palabras de Trillo y la intervención del Orfeón Donostiarra. ¡Oh tiempos!

También observé escurrido en su escaño, al lado de Fraga, a Gabi Cisneros, que pudiendo estar con nosotros en aquella vitrina prefirió colocarse en su escaño. La siguiente vez que volvió al Congreso fue en un ataúd el 28 de julio en plena polémica borbónica.

Cisneros había fallecido de un cáncer y todos los diputados y senadores que íbamos a las reuniones de las Mesas conjuntas habíamos ido viendo cómo aquel robusto zaragozano se iba consumiendo y cómo a sus camisas, como le ocurrió asimismo a Rodríguez Sahagún, le iban sobrando tela y números en el cuello, mientras ya no le respondía la voz.

En la sala Isabel II se colocó la capilla ardiente y allí fueron políticos, familiares y periodistas a cumplimentar al primer ponente constitucional fallecido desde 1978.

Yo había recortado una entrevista que le habían hecho en el diario *La Razón* sobre la Constitución con objeto de discutir con él algunas de las preguntas que había contestado. Más de una vez le había dicho que eso de los «padres de la Constitución» no sólo me parecía una cursilada machista, porque además se habían cargado la posibilidad de que las infantas, no las mujeres, pudieran ser reinas, sino porque al PNV se le excluyó de la ponencia constitucional y, por tanto, éramos huérfanos de padre, mientras que él, que hablaba un castellano muy preciso, se me revolvía y daba datos de por qué no habíamos estado.

Pero en aquella entrevista, quizás la última, había ido por primera vez más lejos que nunca. Si hasta entonces había dicho que de reformar la constitución nada de nada, el 22 de julio contestaba así a *La Razón:*

> ¿Cree que hay que reformar la Constitución?
>
> – Si me hace esta pregunta hace un año o dos le digo que no. Lo primero, soy conservador y, lo segundo, me parecía lleno de riesgos abrir el melón.

Me parecía que eran mayores las desventajas que tenía el hacerlo que el mantenerlo. Ahora le digo radicalmente que sí y además no una reforma menor. Hay que meterle mano en la línea del dictamen del Consejo de Estado que tanto le ha disgustado al Gobierno. Hay que meterle mano al título octavo, al Senado. Por supuesto, está el tema, que todos damos por hecho pero que tiene que pasar por referéndum, sobre la igualdad de la mujer, eliminando la prevalencia del varón en la línea sucesoria de la Corona.

¿Y la Ley Electoral?

–He defendido el aumento del número de escaños para reducir el peso nacionalista, pero consciente de que esto sin reforma constitucional no es posible.

Preguntando sobre su momento preferido de la historia de España, contestó: «Retendría el de 1512, la incorporación de Navarra a la Corona española y, desde luego, como el más lamentable, el regreso del miserable Fernando VII al poder». Para mí, las dos fechas son lamentables. Pero Cisneros había contestado como un perfecto nacionalista español. No obstante, reconozco que me extrañó que un diputado tan políticamente correcto llamara miserable al tatarabuelo del abuelo del actual monarca. La raya debe estar ahí.

ACEBES Y BLANCO, COMO ROMANONES

Como a los romanos de Asterix y Obelix se me cayó el cielo encima, pero, curtido en estas lides vi que aquello era flor de un día porque si el discurso políticamente correcto era ponerme como chupa de dómine, la gente normal me decía en la calle, en Internet, en llamadas a la centralita de la sede de mi partido, y en el aeropuerto, que había puesto voz a un sentimiento que nadie se atrevía a verbalizar. Pero lo oficial iba por otro registro.

Y es que como con la copla con la que se habían quedado fue lo de la «pandilla de vagos», desconociendo todo el océano que había por detrás y el propio texto, la Fiscalía General tuvo que salir diciendo que no iba a instar medida alguna contra mí, una iniciativa que, en todo caso debería impulsar la Fiscalía del Tribunal Supremo dada la condición de aforado que tenía yo como parlamentario.

Lógicamente Ángel Acebes, secretario general del PP me calificó de impresentable y recalcó que mis palabras le merecían el mayor de los desprecios. Acebes me instó a rectificar y pedir perdón en lo que curiosamente coincidió con el secretario de organización del PSOE, José Blanco, para quien mi escrito era un despropósito. Blanco elogió el papel que desempeña la Familia Real y destacó que su trabajo ha sido muy positivo para España.

Leyendo estas cosas, me acordaba la de veces que tuve delante de mi escaño a Pepiño Blanco destacándome su esencia gallega y la necesidad que teníamos de entendernos. En nadie como en este personaje juega eso de si quieres conocer a fulanito, dale un carguito.

Más coherente con su ideología fue Gaspar Llamazares, que animó a la Corona a admitir la crítica como algo normal en democracia. Mi compañero Josu Erkoreka, a quien yo había promocionado desde el Instituto Vasco de Administración Pública para ser diputado, salió por la tangente cuando le preguntaron por el escrito. Yo en su caso no lo hubiera dudado un segundo, pero... Más prudente que en otras ocasiones estuvo el presidente del Senado, Javier Rojo, que dijo que cada quien es dueño de sus actos pero que cada uno debía asumir sus responsabilidades. Curioso comentario de un sindicalista de UGT.

Como andaban buscándome las cosquillas a mí y al entonces ministro de Justicia, Mariano Fernández Bermejo, no dejaron de preguntarle por lo de la «pandilla de vagos», que era a lo que había quedado reducida la polémica y muchos años de cuestionamiento, pero Bermejo contestó bien: «Desde luego, el Gobierno no comparte la opinión del senador del PNV, Iñaki Anasagasti». En rueda de prensa en el Ministerio, apuntó que no le parecía una expresión en absoluto afortunada, si bien recalcó que «el Sr. Anasagasti tiene libertad de expresión, por lo que él le explicará lo que ha dicho, y, si hay alguien a quien no le gusta, ya se lo dirá».

LO DIJO RAFA TORRES

He coincidido con el escritor republicano Rafael Torres en algunos programas de televisión. Hablamos de libros y de reyes. Sé cómo piensa y sabe cómo pienso. Y es de los pocos que ponen negro sobre blanco reflexiones que más de uno debería escribir. Pero nadie quiere ser un mosquito zumbón en un concierto de violines como al parecer somos tanto Torres como yo.

El caso es que con motivo del 75 aniversario de la llegada democrática de la República a España me invitó a presentar junto a Labordeta y con él un precioso libro de fotografías y noticias que había sacado de la prensa de la época. Y, con tal motivo, organizó una comida en el Lhardy invitando a la prensa a acudir a dicho almuerzo que contó, para mi estupor, con Ana Rosa Quintana y la periodista de *El Mundo* Esther Esteban.

Labordeta nos contó la sorpresa que había tenido aquel fin de semana, pues se había organizado, creo que en Jaca, algún tipo de homenaje a Fermín Galán, precursor de la sublevación. Y en vez de encontrarse con cuatro viejecitos decrépitos y en *taca-taca*, se maravilló de ver una sala llena de gente joven. Yo les hablé de Besteiro y de Aldasoro, cuya fotografía aparecía en el palacio de Miramar en ese abril de 1931 haciéndose cargo de aquel palacio que luego el ayuntamiento tuvo que comprarle a don Juan de Borbón.

Isabelo Herrero me regaló un libro sobre el cocinero del presidente Manuel Azaña. Pero Rafa Torres, con motivo del lío borbónico montado, además de llamarme escribió unas líneas que sinceramente agradecí. Fue de lo poco positivo que saqué aquellos días en letra impresa. Seguimos siendo un país ágrafo; aunque, por el contrario, aquellos tres meses de agosto, setiembre y octubre, parecía que llegaba la República de un momento a otro, demostrando que a nada que hubiera un debate mínimo, éstas cosas tendrían otra valoración y otro apoyo. Pero, como siempre, no pasó nada.

Esto fue lo que escribió Rafa Torres:

> Madrid, 28 Jul. (OTR/PRESS)
>
> Iñaki Anasagasti, hombre instruido, cortés y bondadoso, senador de la Nación y, tal vez, el mejor orador parlamentario que ha tenido el Congreso desde la restauración democrática, tiene un *blog* personal, y, como es lógico, en él se expresa con la desinhibición y la llaneza que en el uso de su cargo institucional no siempre puede, por cortesía. En ese *blog* tan interesante

(Iñaki, al contrario que la mayoría de nuestros políticos, es un tipo interesante), su dueño ha vertido duras críticas a la Corona referidas a la opacidad de sus finanzas y al escaso control sobre sus gastos, se supone que tanto más onerososos por lo prolífero y prolífico de los miembros más jóvenes de la familia real, circunstancia que se acentúa en estas fechas en que disfrutan largas y rutilantes vacaciones, desde luego mucho más largas y mucho más rutilantes que las de la inmensa mayoría de los trabajadores españoles.

Pues bien; la andanada de invectivas e imprecaciones que ha recibido el senador por cumplir con su deber, que no es otro que el de trabajar por el mejoramiento de la sociedad denunciando los abusos y las demasías que la afligen, pudiera inducir a pensar que el atropello a la libertad de expresión (esto es, a la libertad) sufrido por el semanario *El Jueves*, no ha sido sino el primer jalón de una desatentada reacción monárquica o cortesana, o borbónica, contra la creciente e imparable opinión republicana, o, sin más, contra todo cuanto ponga en cuestión el carácter intangible, libre de toda crítica y control, de la Corona. Si fuera así, si ésta súbita beligerancia monarquista no se apaciguara (tal vez, en efecto, necesitan unas vacaciones), mal pintan las cosas. O bien, según se mire.

NO RECTIFIQUÉ

Ante aquel chaparrón de vasallaje me preguntaron que pensaba hacer. «Nada –contesté– No pienso rectificar ni una coma y mucho menos si me lo pide un señor como Pepiño Blanco, que es el teórico representante de un partido que fue republicano, y mucho menos si me lo pide un ex ministro del Interior apellidado Acebes que sigue manteniendo que el 11-M lo organizó ETA.»

A lo que me negué en ese momento fue el ir a *La Noria*, programa de Telecinco, aunque sí concedí una entrevista en mi despacho que, en un primer programa, Pilar Rahola valoró positivamente y que Anson respetó, frente a un Alfredo Urdaci que me criticó con acritud. Y hubo un segundo programa, como para tratar de sacarse la espina, donde volvieron a repetir lo dicho por mí en el programa *Vuelta de Tuerca* de ETB, donde otro panel de tertulianos me metió el puñal hasta el quinto espacio intercostal. Lo bueno fue que al día siguiente, Alderdi Eguna, último domingo de septiembre de 2007, no pude dar un paso por la campa de Foronda. Jamás tuve nunca mayor besuqueo, palmoteo, abraceo y petición de fotos y autógrafos. Fue algo increíble. Y sobre todo, gratificante.

Lo más que hice aquellos días en los que se quemaban efigies del rey en Catalunya fue entrar en directo en un programa vespertino, pero desde mi despacho del Senado. Tuve un correcto careo con Jaime Peñafiel en el que este curtido periodista defendía sin mucha pasión a una Casa Real de la que nadie sabe tanto como él. Algún día, si le veo, estoy seguro que me dirá que tenía más razón que un santo, pero que él no podía decir otra cosa que la que dijo sin mucho convencimiento. El hombre está ya de vuelta de muchas cosas y por eso cada vez es más interesante lo que dice.

La semilla había sido sembrada. Grandes robles crecen de pequeñas bellotas. Y todo por un artículo en Internet que, como dice Castells, no hay gobierno que pueda controlar. Es lo que todavía no saben ni Juan Carlos de Borbón, ni Alberto Aza, que seguramente no tienen ni idea de lo que es un ordenador.

Como anécdota final, diré que, estando en Alcudia con todo aquel *tsunami* desatado, tuve que andar con una gorra y gafas oscuras por si algún monárquico desatado pretendía montarme un buen lío en la calle. Y de esa guisa andaba creyendo que estaba protegido por aquellos artilugios hasta que, al ir a pagar en un local la prensa que había comprado, la señora que me atendió me dijo: «Tiene usted la misma voz que Anasagasti».

¡Tierra, trágame!

CAPÍTULO XI

LA ENCOMIENDA DE ISABEL LA CATÓLICA

Como he comentado, fui portavoz del Grupo Parlamentario Vasco del PNV en el Congreso desde 1986 al 2004. Viví todas las vicisitudes de los gobiernos de Felipe González y de José María Aznar. Y en el año 2004 accedí al Senado y a la Secretaría primera de su Mesa ocupando el despacho que un viejo ujier comentaba era el que utilizaba el general Franco cuando en el Senado funcionaba el Consejo Nacional del Movimiento de la dictadura. Por eso nada más llegar a él coloqué una ikurriña y el busto hecho por Oteiza de Sabino Arana, entre otras cosas para que en el Valle de los Caídos don Francisco sepa que la Historia tiene este tipo de pequeñas venganzas. Y, encima del radiador, quité la fotografía de don Juan Carlos, que tenía el anterior ocupante del despacho, el socialista Javier Rojo, y enmarqué la felicitación de Navidad de los reyes con sus nietos pero todos con *txapela*.

Sé, por tanto, cómo funciona el Congreso, y sé también cómo lo hace el Senado. Por esta razón, respecto a esta Cámara, que tiene tan poca visibilidad aunque la misma capacidad de control que el Congreso, conozco los trucos que haría falta poner en marcha para que se hablara del Senado tanto como del Congreso; al margen de que piense que nunca será una Cámara de representación territorial porque el Madrid político jamás hará una apuesta confederal sobre la organización del Estado, que es lo que habría que hacer.

El caso es que, para tratar de mejorar el trabajo de los medios de comunicación en la Cámara, convocamos a la Asociación de Periodistas Parlamentarios (APP) a un almuerzo en el comedor del Senado que tiene un vistoso cuadro de Joan Miró. En esta comida les comunicamos que, en lugar de ser los periodistas los que voten los premios anuales a los parlamentarios, seríamos nosotros quienes honraríamos a los periodistas que hicieran mejor su trabajo rescatando el Premio Luis Carandell que había instituido Esperanza Aguirre cuando fue presidenta del Senado.

En dicho almuerzo comenté a los responsables de la APP que yo tenía elementos de juicio suficientes para poder comparar lo que se hacía en una y otra casa, y que en el Senado se producían intervenciones de enjundia iguales o mejores que en el Congreso; pero que, al estar los líderes del PSOE y del PP en el Congreso, la tribu periodística había plantado sus reales en este último y de ahí no se movían ni con agua hirviendo, cuando un buen periodista, el verdadero sabueso, está donde está la noticia y no sólo en un sitio físico, cómodo y con calefacción.

Hablando de esto, les contamos los planes que como Mesa estábamos llevando a cabo y contándoles las obras que íbamos a hacer y las adquisiciones de edificios contiguos que íbamos a emprender para atender a la creciente necesidad de despachos y salas de reuniones que la intensificación de la actividad parlamentaria requería. A modo de broma, les dije que lo lógico sería que, si se nos quedaba pequeño el Senado, podríamos utilizar el contiguo Palacio Real, ya que sus anfitriones vivían en La Zarzuela y, en su día, cuando llegó la República, el anulado edificio del Senado se pensó que podía haber sido la residencia del presidente Niceto Alcalá Zamora.

Javier Rojo, el presidente del Senado, muy digno, ya que ha hecho de la defensa de la institución monárquica una seña de su mandato, nos dijo: «Si la institución es útil, como lo es en la actualidad la Monarquía, nosotros la apoyamos».

«Entonces preocúpate de la canastilla, porque me imagino que irás al bautizo de la infanta», le dije para quitarle solemnidad a la gran frase que había pronunciado.

El caso es que aquella distendida comida dio paso a algunos forcejeos en relación a que la APP no premiaba en su cena de fin de año a suficientes senadores aunque hayamos mantenido una buena relación con la APP a la hora de opinar y votar los periodistas parlamentarios sobre los Premios Carandell que hemos dado en dos oportunidades.

SENADOR DEL AÑO

Como he dicho, en el Senado, además de ser secretario primero de su Mesa, soy portavoz en las Comisiones de Exteriores, Iberoamérica, Defensa, Mixta, de la Unión Europea y Reglamento; presidiendo el Grupo de Amistad con Francia y formando parte de los de México y Venezuela, además de ser miembro de la Unión Parlamentarla. Suficiente tajo para no tener un segundo libre, si es que uno se toma en serio su trabajo. Y, además, labor harto interesante.

El caso es que recibí en diciembre de aquel 2007 una carta de la presidenta de la APP diciéndome que estaba nominado junto a los senadores Pere Macias de CIU, Cándido Rodríguez Losada del PSOE y Rosa Vindel del PP como candidato a «Senador del Año».

Cuando vi aquello pensé: «Este premio se lo darán a Pere Macías». En aquel momento trabajaba para ser el segundo de la lista por Barcelona junto a Durán y lo había hecho bien en aquella legislatura. No le di mayor importancia hasta que llegó la noche de entrega de los premios, que, como todos los años, se celebra en el hotel Palace de Madrid.

Ese día había llegado de Nápoles de una reunión de la Comisión de Defensa y lo que me apetecía era ir al hotel, encender la tele y bajar la persiana; pero recibí hasta tres llamadas para que fuera a dicha cena, que costaba cincuenta euros, seguramente para pagar las cabezas de león en bronce que se dan como premio. Por esta razón decidí ir con mi compañero Maqueda, encontrándome allí con la mayoría del Grupo Vasco en el Congreso, ya que también habían sido nominados Josu Erkoreka, Aitor Esteban y el propio senador Maqueda.

En la cena estaba casi todo el PSOE con presencia de la vicepresidenta Fernández de la Vega y el ministro Rubalcaba, pero faltaba la mayoría del PP, que esa noche tenían una cena navideña con Mariano Rajoy, a pesar de que el portavoz en el Senado, Pío García Escudero, estaba también nominado a cuenta de una pregunta que le había hecho al presidente Zapatero, en la que le pedía le explicara «qué tipo de reflexiones personales le habían llevado a concluir que el Gobierno de España debe ser llamado Gobierno de España». García Escudero había adquirido visibilidad en la legislatura al hacerle cada mes en el Senado una pregunta al presidente, cuestión que no había ocurrido en legislaturas anteriores.

Ya en los postres y tras verse algunos vídeos, a mí me sacaron en el escaño en el Congreso sentado de manera muy informal, a Labordeta mandando a paseo a los diputados del PP, a Diego López Garrido poniendo cara de dirigente del PRI mexicano, a Zaplana con cara de Fernandel, a Marín tratando a los diputados como parvulitos, a Rojo levantando la sesión, a Pujalte haciendo una reverencia, a Carme Chacón enseñando su lustrosa dentadura, y cosas así.

Y empezó la entrega de los premios. El premio al mejor orador para Duran, el «Azote del gobierno» para Zaplana, el «Azote de la Oposición» para Magdalena Álvarez, a quien ese mismo día habíamos recusado en el Senado; a Labordeta y Cerdá por sus buenas relaciones con la prensa; el «Castigo para la Prensa» a Diego López Garrido, que era a quien tenía a mi lado en la cena; a Carles Campuzano como el diputado más activo; al fontanero de Aznar, Carlos Aragonés, como el desconocido en el Parlamento; a Antonio Hernando del PSOE como el diputado revelación; a Patricia Hernández, socialista canaria, como senadora revelación, y a Elena Valenciano como la «Eurodiputada del año».

Entre estos premios estaba el de «Senador del Año», que, como he dicho, pensaba se lo iban a dar a Pere Macías. Pues no. Me lo dieron a mí. La pregunta se imponía: ¿por qué? ¿Por la bronca con el rey?... Si es así, ¿estaban de acuerdo los periodistas con lo que había dicho? Misterio. Miraron al techo.

El caso es que subí a la tarima y recibí un leoncito más, con lo que ya sumo cinco en 22 años de estancia en Madrid, y como la presidenta de la APP era María Rey, lo tuve fácil. «Si un o una Rey me llama, lo dejo todo.» Y dije la verdad. Cualquiera de los otros tres nominados lo hubiera recibido con más méritos que yo. Rosa Vindel, la hija de Daniel Vindel aquel locutor de TVE que con su programa «Cesta y Puntos» hizo las delicias de nuestra adolescencia. O Cándido Rodríguez Losada, un senador gallego socialista que vivía en Caracas y que, en lugar de viajar de Lugo a Madrid, lo hacía desde Caracas. O el propio Pere Macias, que se decía iba a ir al Congreso para completar el perfil de la campaña de Infraestructuras que preparaba Duran para Barcelona.

La cuestión fue que salí de allí con mi leoncito de Senador del Año y no tanto por lo que hubiera trabajado en las comisiones en las que soy portavoz, sino fundamentalmente por aquel bendito comentario sobre *El Bribón*. Y todo esto dado por la Asociación de Periodistas Parlamentarios. ¿Quién da mas?

LA ENCOMIENDA

Al día siguiente, miércoles 19 de diciembre, celebrábamos el último pleno de la legislatura.

Formulé por la mañana una pregunta oral al ministro Moratinos sobre cómo veía la situación de Venezuela tras el referéndum perdido por Chávez, y a la una fue la entrega de condecoraciones a los que de alguna u otra forma habíamos trabajado para hacer posible el primer Foro Parlamentario Iberoamericano que se celebró en Bilbao previo a la Cumbre de Jefes de Estado y de Gobierno convocada en Salamanca y que sirvió para crear la Secretaría Iberoamericana a cargo del muy capaz, el uruguayo nacido en Asturias, Enrique Iglesias.

El hecho de haberse celebrado en Bilbao fue posible al levantarse, por parte del gobierno de Zapatero, el cerco «sanitario» que el gobierno Aznar había impuesto a Euzkadi, sanción llevada a cabo por los ministros Piqué y Ana de Palacio.

Cuando Aznar tuvo en las Cortes una mayoría absoluta (2000-2004) nos metió en un asfixiante lazareto como consecuencia de aquella tregua rota por ETA. Nada que ver con la primera legislatura en la que una vez me llamó para que fuera con mi mujer a La Moncloa a comer con él y Ana Botella con el fin de que nos conociéramos mejor. Y allí estuve toda una comida bajo una sombrilla blanca hablando del medio ambiente en el jardín posterior de palacio.

El caso es que se quería dar a las Cumbres de Jefes de Estado y de Gobierno Latinoamericanos una dimensión parlamentaria, y, al asesor del ministro, Agustín Santos, se le había ocurrido que se imponía esa dimensión parlamentaria y que podía celebrarse esa primera reunión en Bilbao para romper el estigma. Agustín Santos es un diplomático muy capaz y un gran profesional.

Y así se hizo en setiembre de 2005 y en la que me empleé a fondo para que las instituciones vascas se volcaran, cosa que hicieron recibiendo el aplauso unánime del Ministerio de Asuntos Exteriores y de los servicios de la Cámara, así como de los trece presidentes de parlamentos iberoamericanos que fueron a Bilbao y del resto de las delegaciones que hicieron, entre otros, un buen trabajo ya que en Bilbao alumbraron un proyecto que, quizás con los años, se concrete en una plataforma parlamentaria similar al Parlamento Europeo en América. Podría ser.

Por esta razón y por haberse seguido reuniendo en Montevideo, en Chile y El Salvador este bebé nacido bilbaíno, el Ministerio decidió darnos la Encomienda de Isabel la Católica, que es una orden que instituyó en 1815 el nefasto Fernando VII con los siguientes grados: Collar, Gran Cruz, Encomienda de Número, Encomienda, Cruz Oficial, Cruz, Cruz de Plata, Medalla de Plata y Medalla de Bronce. El que no se consuela es por que no quiere.

La insignia consta de una pieza central con el sello de los Reyes Católicos representado por un águila de oro, en cuyo centro, ocultando el cuerpo de la misma, se destaca el escudo cuartelado de las Armas de Castilla y León, que corresponden a Isabel la Católica, y las de Aragón y Sicilia, que corresponden a don Fernando.

Me dijeron que esta Encomienda la podría utilizar en actos cuyo ceremonial lo requiera, con lo que condenaron la citada Encomienda a la vitrina donde tengo la Orden del Mérito Civil, también dada por el Ministerio de Asuntos Exteriores, y la medalla del primer Parlamento vasco de la historia, que, como consecuencia de un robo que tuve en casa, desapareció para ser encontrada tirada en la calle. Y como no vivimos en aquella Unión Soviética en la que cuando se celebraban aquellos rimbombantes funerales de Estado aparecían los dirigentes desaparecidos en el féretro y a sus pies todas las condecoraciones que habían ganado, no sé que puedo hacer con una más. De todas formas, le pregunté a Bernardino León si en el Rastro me darían algún penique por ella, pero creo que no entendió el comentario y mucho menos que le dijera que en el siguiente Alderdi Eguna iría por la campa con este símbolo de unos reyes famosos por haber logrado a guerra limpia la unidad de España. Ya lo decía Castelao: «Lo que hay que hacer en el frontispicio del Congreso es quitar la estatua de los Reyes Católicos, por ser los causantes de todas nuestras desgracias».

Pero como no hay más, contigo Tomás. Y agradecido.

Los miembros de la Mesa del Senado, Rojo, Barquero y yo, junto a los de la Mesa del Congreso, María Jesús Sainz e Ignacio Gil Lázaro así como los presidentes de la Comisión de Asuntos Exteriores del Congreso y del Senado, Duran y Bru y de la Comisión de Iberoamérica, Luis Fraga y de Cooperación, Delia Blanco, estuvimos en el Salón de los Pasos Perdidos del Senado; no faltó ni uno.

Cuando me tocó ir a recibir la condecoración, el ministro Moratinos risueño me dijo: «¿Quién te iba a decir a ti que ibas a recibir la Orden de Isabel la Católica este año?». Me reí y le dije: «Mejor sería que instaures para estos casos la de su hija, Juana la Loca». Ése fue nuestro chispeante diálogo.

Independientemente de que agradecí la iniciativa del Ministerio, y sobre todo porque el Foro había nacido en Bilbao, no estaría nada mal que en el futuro algún gobierno democrático cree otro tipo de condecoración civil más consonante con los tiempos que vivimos.

Además de la condecoración, colocada en una vistosa caja roja, nos entregaron un tubo negro en cuyo interior estaba el diploma que decía:

> JUAN CARLOS I, REY DE ESPAÑA, por cuanto queriendo dar una prueba de Mi aprecio a vos, Excmo. Sr. D. Iñaki Anasagasti Olabeaga he tenido a bien otorgaros por mi Real Resolución de 3 de Septiembre de 2007 la Encomienda de Número de la Orden de Isabel la Católica.

Había más literatura y firmaba él con un sello, no con su firma. Quien sí lo hacía era el ministro Moratinos y el embajador secretario de la Orden.

A MARÍN, UNA BANDEJA

Terminado el acto, el primero que me vino a felicitar con una sonrisa irónica de oreja a oreja fue el presidente del Congreso, Manuel Marín.

«¡Cómo me alegro de que Iñaki Anasagasti reciba una condecoración del rey de España!», me dijo en alta voz. «Pues sí», le dije, «porque no hay otra, y se trata de reconocer un trabajo que se hizo bien en Bilbao, pero todavía hay clases. Como tú tienes la Gran Cruz, te han dado una bandeja. Pero fíjate –le dije–, el hombre no se ha tomado ni el trabajo de firmar. Han puesto un sello con su rúbrica. ¡Así es fácil y cómodo ser rey!»

Ya la víspera, en la cena del Palace, Marín había cerrado aquel acto de entrega de los premios despidiéndose de la vida política en activo; y como por esos días era noticia el paseo que se habían dado en Eurodisney el presidente francés Sarkozy con su nuevo amor Carla Bruni, dijo que en sueños les había visto paseando también él en Eurodisney y viendo entre nubes a mucha gente y entre otros me nombró a mí en aquel paraíso de Blanca Nieves y los siete enanitos andando yo con una partida carlista.

Seguramente lo diría porque en esta legislatura que terminaba esos días le había machacado el hígado a cuenta de tres asuntos: la sobreabundancia de cuadros reales que hay en el Congreso no habiendo ni uno de Azaña, Negrín, Alcalá Zamora, Prieto, Aguirre, Companys y demás dirigentes socialistas, nacionalistas y republicanos; la exhibición de los cuadros de los presidentes de las Cortes franquistas, Esteban Bilbao, Antonio Iturmendi y Alejandro Rodríguez de Valcárcel; y el encargo de un cuadro dedicado a los ponentes constitucionales de una ponencia que excluyó al PNV.

EL ACTA DE ACUSACIÓN A ALFONSO XIII

Para que se vea el tenor de la correspondencia que he mantenido en la VIII legislatura con Marín, expongo la carta que le dirigí el 28 de septiembre de 2005 tras una reunión de las Mesas conjuntas del Congreso y del Senado. Dice así:

> Excmo. Sr. D. Manuel Marín
>
> Presidente del Congreso de los Diputados Madrid, 28 de septiembre de 2005

Estimado Presidente:

El pasado miércoles 21 de septiembre, en la reunión de las Mesas del Congreso y del Senado celebradas de forma conjunta en la sala Mariana Pineda del Congreso de los Diputados, surgió como un chispazo la observación que te había hecho en tu calidad de presidente del Congreso en relación con la, a mi juicio, indebida decoración de la sala-comedor de la planta cuarta del edificio de ampliación contiguo al comedor denominado de gala.

Como te comenté en la carta que te remití el pasado 13 de julio, en dichas paredes cuelgan pinturas que nada tienen que ver con la vida parlamentaria ni sus protagonistas. Desde un cuadro de la batalla de Almansa a retratos de los reyes Alfonso XIII y Alfonso XII, y del príncipe Francisco de Asís, más propios de una antecámara real o del director de la revista *Hola* que de un comedor de visitas en una cámara democrática.

Y como el hecho no es baladí, es por lo que te hice saber que, presididos por D. Julián Besteiro, tuvo lugar en dicha casa una memorable sesión donde se aprobó el Acta de Acusación contra D. Alfonso XIII aprobándose una resolución por mayoría absoluta, cuyo texto acompaña la presente.

Si eso sucedió en 1931 y fue aprobado casi por unanimidad siendo el grupo socialista el impulsor de la medida; si dicha sesión la presidía D. Julián Besteiro, ilustre socialista que murió encarcelado en 1939 en la cárcel de Carmona como consecuencia de la crueldad de una dictadura y si, además, se está en sede parlamentaria, no sé a santo de qué hay que convertir un comedor de gala en un recinto de exaltación a la Monarquía ni mucho menos a un personaje recusado públicamente en sesión especial del Congreso de los Diputados.

Cuando argumentaba de esta manera, la diputada Dña. Celia Villalobos me contestó diciendo que su familia había sido republicana pero que mi deseo era revisar la historia por lo que no procedía mi observación.

Se equivocaba Dña. Celia. Yo no quiero revisar la historia. Sólo deseo recuperarla, y recuperarla significa que el cuadro de una persona recusada unánimemente en esa casa vaya a un Museo o al Palacio Real, pero no presida ninguno de los salones de un Congreso que condenó al ex rey por golpista. ¿Es eso revisar la historia o más bien dejar las cosas en su sitio y que la anestesia histórica, que en dosis peligrosas para la salud democrática nos proporcionan a todas horas ciertos medios, vaya poco a poco disipándose con objeto de que las nuevas generaciones no vivan en la mentira?

Si en el *Bundestag* alemán no hay un solo cuadro del mariscal Goering, que llegó a la presidencia del *Reichstag* democráticamente, no sabemos asimismo qué pintan en los pasillos del Congreso los cuadros de quienes presidieron aquella farsa antidemocrática de Parlamento como fueron los Sres. Esteban Bilbao, Antonio Iturmendi y Alejandro Rodríguez de Valcárcel. Si en las jornadas de Puertas Abiertas al ciudadano se le pretende enseñar lo mejor de la historia y exaltar los valores democráticos de paz, tolerancia, respeto al adversario y a sus ideas, todas estas anomalías históricas de representantes de dictaduras, conculcación de derechos, e irrespeto al ciudadano no pueden ni deben exaltarse en la casa de la palabra y de la democracia como son las Cortes Generales. Encárguense cuadros de motivos parlamentarios y retírense personajes repudiados en sesiones públicas democráticas de esa Casa,

Confío que de las bellas palabras de los discursos retóricos en las sesiones extraordinarias se pase a los hechos y que los acuerdos parlamentarios se cumplan fundamentalmente por higiene democrática.

Aprovecho la oportunidad para saludarte.

Iñaki Anasagasti Olabeaga

LA ACUSACIÓN A ALFONSO XIII

Y para que le quedara claro el acuerdo parlamentario aprobado en aquella misma Cámara y bajo presidencia del socialista Besteiro, le añadí el texto de acusación que era claro y contundente. Decía así:

Texto definitivo que aprobaron las Cortes por mayoría absoluta pasadas las 3,30 de la madrugada entre el día 19 y 20 de noviembre de 1931.

Las Cortes Constituyentes declaran culpable de alta traición, como fórmula jurídica que resume todos los delitos del acta acusatoria, al que fue rey de España, quien, ejercitando los poderes de su Magistratura contra la Constitución del Estado, ha cometido la más criminal violación del orden jurídico del país; en su consecuencia, el Tribunal soberano de la nación declara solemnemente fuera de la ley a Don Alfonso de Borbón Habsburgo y Lorena. Privado de la paz pública, cualquier ciudadano español podrá aprehender su persona si penetrase en territorio nacional.

> Don Alfonso de Borbón será degradado de todas las dignidades, derechos y títulos, que no podrá ostentar legalmente ni dentro ni fuera de España, de los cuales el pueblo español, por boca de sus representantes elegidos para votar las nuevas normas del Estado, le declaran decaído, sin que pueda reivindicarlos jamás para él ni para sus sucesores.
>
> De todos los bienes, acciones y derechos de su propiedad que se encuentren en territorio nacional se incautará en su beneficio el Estado, que dispondrá del uso más conveniente que deba dárseles.
>
> Esta sentencia, que aprueban las Cortes soberanas Constituyentes, después de sancionada por el Gobierno provisional de la República, será impresa y fijada en todos los Ayuntamientos de España y comunicada a los representantes diplomáticos de todos los países, así como a la Sociedad de Naciones.

La designación de Juan Carlos como Príncipe de España, y no Príncipe de Asturias, resaltaba hasta qué punto la Ley de Sucesión rompía con la continuidad y la legitimidad de la dinastía Borbón. La nueva Monarquía iba a ser la de Franco y solamente la de Franco.

El socialista Marín no se dio por enterado de mi petición ni de mi argumentación. Nunca me contestó ni a ésta ni a ninguna carta. Todo fueron insinuaciones en las reuniones, comentarios de pasillo e ironías tras la entrega de la Encomienda. Y si un socialista de Ciudad Real, europeo y pulido, en el mandato en el que se aprobó la ley de la Memoria Histórica actúa así, ¿cómo el españolito de a pie no va a seguir diciendo que la institución mas valorada es la Monarquía española?

CAPÍTULO XII

UN MITIN REPUBLICANO EN EL ZÓCALO

Cuando terminó el acto de imposición de la Encomienda de Isabel la Católica, comenté con mis compañeros que sería conveniente que en la IX legislatura planteásemos al próximo gobierno que considerase la posibilidad de crear una orden cívica nueva. La del Mérito Civil, creada bajo el reinado de Alfonso XIII, y la de Isabel la Católica, bajo el de Fernando VII, huelen a naftalina. Creo que se debe contar con una propia de la democracia.

Les conté, asimismo, a mis compañeros la vivencia que había tenido en México cuando a cuatro republicanos, que habían vivido exiliados en aquel pais, se les había entregado aquella condecoración creada por Alfonso XIII. Gran ironía del destino. Ignoro si la República tuvo sus condecoraciones, pero no es muy de recibo vivir estas contradicciones en actos simbólicos.

Mucho más cuando seguimos teniendo a un PP que no reniega del franquismo y un rey que ni tan siquiera ha aludido nunca a la aprobación de una ley tan democrática y esperada como la de la Memoria Histórica, que al PP no le gustó nada porque siempre dice que eso es remover el pasado. Entiendo que viendo lo ocurrido en Chile, Argentina y Uruguay no les guste se remueva el pasado, no vaya a ser que alguien quede retratado en negativo o sentado en el banquillo.

FRAGA COMPARA A FRANCO CON NAPOLEÓN

En el Senado, detrás del banco del gobierno, en su parte central, hemos contado en esta legislatura y en la anterior con la presencia de Manuel Fraga Iribarne tras no haber podido éste formar gobierno en Galicia. Con 83 años, lógicamente, no es el que era. Un problema de cadera le hace entrar en el hemiciclo bamboleante; y cuando se pone unas gafas oscuras, que se suman al deterioro que ha hecho en su rostro el tiempo, la visión del personaje es impresionante.

Fraga, que se jacta de que su segundo apellido, Iribarne, es vascofrancés, me tuvo en comisaría tres días en abril de 1976 cuando fue ministro de la Gobernación del gobierno de Arias Navarro. Mi delito fue el imprimir con Joseba Goikoetxea, posteriormente asesinado por ETA, un boletín llamando al *Aberri Eguna* de aquel año. Pero eso no me impidió ir a saludarle a su escaño y hacerle llegar un libro escrito junto a mi compañero Josu Erkoreka donde contamos las peripecias de dos vascos singulares: José María de Areilza y Manuel Aznar, abuelo de José María.

Al cabo de un tiempo fui de nuevo a su escaño a preguntarle qué le había parecido lo que habíamos escrito, ya que él había conocido perfectamente a aquellos dos protagonistas importantes del franquismo. «Dicen ustedes cosas interesantes que yo desconocía a pesar de haber trabajado mucho con ellos –me contestó-, pero la tesis de fondo del libro no la comparto. Ustedes niegan a la gente la capacidad de evolucionar.»

Le dije que creía que ésa no era la tesis de fondo del libro, sino la de que hay muchos vascos que, para hacerse gratos al Madrid político, no encuentran mejor método que atacar con dureza a los nacionalistas vascos, y eso hace crecer sus enteros en la bolsa política del Madrid más rancio. Los ejemplos de Fernando Savater y Jon Juaristi son paradigmáticos.

Pero, al parecer, quien sigue sin evolucionar es el propio Fraga.

El 30 de diciembre de 2007, la clase política gallega y miles de personas despedían los restos mortales del *conselleiro* de Obras Públicas de Fraga, Xosé Cuiña, cuyo féretro estuvo cubierto con la bandera de Galicia, en la capilla ardiente puesta en el salón de plenos del ayuntamiento de Lalín, municipio pontevedrés del que Cuiña fue alcalde durante once años.

Y allí, lógicamente, acudió Manuel Fraga, quien se adelantó a la Nochevieja y, en una entrevista en el *Faro de Vigo*, parece que quiso dar la campanada. Una más.

El que fuera presidente durante 16 años de la *Xunta* de Galicia, y ministro de Información y Turismo entre 1962 y 1969, no se cortó un pelo y comparó a Franco con Napoleón; llegando a decir que, con el tiempo, se reconocerá todo lo bueno que hizo por España.

A pesar de que en 2008 se cumplieron treinta años de la aprobación de la Constitución (1978), algunos dirigentes del Partido Popular parece que echan de menos los tiempos en los que reinaba su Caudillo.

Primero fue Jaime Mayor Oreja. A mediados del 2007, el parlamentario europeo popular llegó a afirmar que nunca condenaría el franquismo porque «muchas familias vivieron la dictadura de Franco con extraordinaria naturalidad y normalidad», y porque fue una etapa de «extraordinaria placidez».

Finalizado 2007, le tocó turno a Manuel Fraga Iribarne, quien admitió que compartía «plenamente» las declaraciones que realizó su compañero de partido y ex ministro de Interior con José María Aznar. El ex presidente gallego argumentó que, teniendo en cuenta lo que fue la historia del Estado español en el siglo XIX y las dos repúblicas, el franquismo se reveló como la etapa en que «se sentaron las bases para una España con más orden». El suyo.

Por ello, se mostró partidario de dejar pasar el tiempo para juzgar la dictadura franquista y lo que significó para la historia de España. «Igual pasó con Napoleón. Al día siguiente de matarlo, era un estropajo; pero cincuenta años después lo trajeron a París, es su héroe nacional y preside el Panteón de Hombres Ilustres. No digo que con Franco vaya a ocurrir lo mismo, sino que las figuras de ese calibre no se pueden juzgar hasta pasado un cierto tiempo», sentenció. ¡Pero si Franco está ya en el Valle de los Caídos!

POR LO MENOS, DEBERÍA PEDIR PERDÓN

Seguramente, los chavales no le prestaron el menor interés al comentario. Sin embargo, por menos de esto le montaron a Gunter Grass una buena tamborrada en Alemania.

Franco murió en 1975. Quiere decir que los menores de cuarenta y cinco no tienen ni idea sobre quién fue este general que sojuzgó al país durante cuarenta.

En los aniversarios de su muerte, poco se dice de la represión franquista, de los gulags de aquella dictadura, de la falta absoluta de libertad de expresión, del culto ridículo a una personalidad banal, del aislamiento internacional, de sus padres putativos Hitler y Mussolini, de su mediocridad, de los robos de las grandes familias cuyos apellidos siguen diciéndonos lo que democráticamente hay que hacer, de la persecución preferencial al euskera, gallego y catalán, de la pérdida de los conciertos para Gipuzkoa y Bizkaia por haber sido «provincias traidoras» al Movimiento, de una jerarquía eclesiástica que bendijo aquello como una cruzada en la que valía todo, de los partes radiales, de la incautación de los *batzokis* y casas de Pueblo, así como de haberlo dejado «atado y bien atado» con un heredero que estaba junto a él en todos los actos de exaltación a su dictadura. Sin embargo, ahora, como se recordó a todas horas en su setenta aniversario, D. Juan Carlos es «símbolo de la unidad y permanencia de España».

En toda esta sopa espesa, una voz rompió el silencio y le pidió al rey Juan Carlos que pidiera perdón en nombre del Estado por los crímenes del franquismo. Se trató del presidente de la Asociación para la Recuperación de la Memoria Histórica en Catalunya, Manuel Perona. Hizo muy bien. Todavía Gernika espera algún tipo de explicación que la Alemania democrática ya se la ha dado. Pero aquella villa no se bombardeó porque a la Legión Condor se le ocurrió. Aquella masacre fue permitida y auspiciada por los militares españoles sublevados.

¿No hemos quedado que aquí no hubo ruptura sino reforma? Pues bien. Si este Estado es la continuación de aquél y, de hecho, la jefatura del Estado la ostenta quien fue designado por el Caudillo de España por la Gracia de Dios, algo debería hacer D. Juan Carlos, además de hablar de los nietos y pedirle a Chávez que se calle.

Franco fue un dictador. Y eso se reconoce a regañadientes. Pero Juan Carlos I es hoy, al parecer, el hombre providencial. Esa es la tónica de todos los programas especiales que se hicieron en el treinta aniversario del fallecimiento del dictador, así como de los treinta de la entronización del rey y de su setenta cumpleaños.

Pero, ¿ante quién juró los Principios Fundamentales del Movimiento recordando a su mentor cada dos párrafos? Lo hizo un joven ante unos procuradores en Cortes elegidos de forma digital; y así, Juan Carlos I fue elegido rey ante aquellas Cortes franquistas. Eso es lo que se celebra y recuerda como algo clave en la historia reciente. Alejandro Rodríguez de Valcárcel, presidente de aquella asamblea antidemocrática, tras la jura del rey, dio aquel famoso grito: «Señores procuradores, desde la emoción en el recuerdo a Franco, ¡viva el Rey!».

Esto, en un Estado democrático, ¿es para celebrarlo? ¿No es mejor pasar un tupido velo ante semejante hito de una dictadura? Pues no. Venga incienso.

La Monarquía, pues, no fue sometida a consideración de los ciudadanos de forma exenta. El pacto de la Transición fue ese. Carrillo y González aceptaron la Monarquía propuesta por Suárez, a diferencia de lo ocurrido en Bélgica y en Italia tras la Segunda Guerra Mundial. En Bélgica ganó el «sí». En Italia ganó el «no». En España no se pudo saber. Nos metieron la Monarquía de matute en el referéndum constitucional y ahí está; y, para más escarnio, se celebró el treinta aniversario de la entronización del rey ante aquellas Cortes que se habían pasado cuarenta años aplaudiendo al dictador y justificando sus excesos y atropellos. Esa fue la clave de la «ejemplar» transición española de la dictadura a la democracia.

Ante esto es normal que, en éste clima de exaltación acrítica y patriótica propia de una sociedad blanda y sin adecuada información, Manuel Fraga, el presidente de honor del PP, dijera en su día que el juicio que la historia le hará a Franco será positivo. Lo dijo él, que fue ministro con el general avalando el fusilamiento de Julián Grimau. Para justificarlo, lo analizó con esta aguda reflexión: «El régimen no era fascista ni totalitario, sino sólo autoritario».

EL PACTO DEL OLVIDO

Con este criterio justificó una sublevación militar contra un gobierno legítimo, una represión brutal, fusilamientos a mansalva, exilios, represión continua y la entrada del dictador bajo palio en las iglesias. Y es que, al parecer, aquel régimen no era fascista sino tan solo autoritario. Lo dijo Fraga. El presidente de honor del PP.

Al ser preguntado por las ejecuciones durante la dictadura, Fraga afirmó que «en el juicio de Burgos fueron procesados algunos terroristas y Franco pensaba que los que ponían bombas merecían la pena de muerte». Olvida decir que el clamor internacional paró aquellas ejecuciones, no entendibles en un mundo civilizado, pero que no logró hacerlo en las de octubre de 1975. Aquel dictador murió matando. A su lado, en la plaza de Oriente, recibiendo los vítores de todos sus seguidores ante aquella aberración, ¿quién estaba? El príncipe Juan Carlos. La persona que hoy quizás debería pedir perdón. Por lo menos, por no haber dicho nada ante un caso de conciencia. ¿O vale todo?

Fraga se quejaba de que Zapatero no estuviera respetando el «pacto del olvido». Así lo llamó, firmado por la izquierda y la derecha, no por el PNV, durante la Transición. Pero ése fue un pacto entre Suárez, Carrillo y González, que a nosotros no nos obliga; porque ése sí que fue un pacto basado en la impunidad y en la amnesia. Recuerdo cómo en la Asamblea del PNV de Iruña, en 1977, el ex diputado Julio Jáuregui verbalizó nuestra postura: «Aquí, el único delito de sangre fue el de Franco y los franquistas, y son ellos los que deben pedir perdón».

Fraga concluyó las declaraciones mencionadas hechas en Roma diciendo que «Zapatero guía una mayoría anómala, que nació de las bombas de Al Qaeda y de una alianza con los separatistas catalanes y vascos, que está negociando con ETA y se enfrenta a la Iglesia». Como se ve, el pensamiento de Franco en estado puro.

El domingo 20 de noviembre del 2006, aniversario de la muerte del general, el diario *El Mundo* publicaba una encuesta sobre la Monarquía. Decía que recibía un notable. Lógico cuando no se informa de sus excesos y corruptelas, cacerías de osos, vacaciones y amoríos; pero decía también, y esto predice el futuro, que un 38 por 100 de jóvenes prefería la República. En Euzkadi sería quizás el doble. De todas maneras, un 40 por 100, es mucho; sobre todo cuando alrededor de esta figura y su familia no hay más que loas y silencio.

En la encuesta se dice que su nivel de aceptación ha caído ocho puntos en los últimos cinco años y se dispara hasta un 68 por 100. Veintitrés puntos más que hace un lustro, el porcentaje de quienes opinan que la Monarquía resulta cara para las arcas del Estado. Y eso que no se sabe lo que gastan, ya que no hay control parlamentario. Y, lo mejor del caso, es que, por primera vez en un sondeo, hay ya un segmento de la población –los que tienen de 18 a 29 años– que se sienten más republicanos que monárquicos. Son datos objetivos.

Esta es, pues, la realidad que se nos trata de ocultar mientras se habla de privilegios autonómicos. Aquí los únicos privilegios de verdad son los de la Casa Real, que viven sin dar cuenta parlamentaria de sus gastos, en ésta democracia tan acrítica.

Vuelvo al principio.

Franco murió en la cama. ETA nació contra Franco y su régimen. Mató a Carrero Blanco que era su Primer Ministro. Los demócratas lo celebraron. Queda, pues, seguir estudiando el franquismo frente a los Fraga y los Aznar, que no quieren que se hurgue en pasado tan vergonzoso.

Pero el rey Juan Carlos, designado por el dictador, vive y celebró su entronización antes unas Cortes elegidas por el dictador; y asimismo celebró su setenta aniversario tratando de contrarrestar el *annus horribilis* 2007, en el que durante dos meses hubo libertad de expresión ante la Monarquía.

ME APROBARON UNA MOCIÓN REPUBLICANA

Nunca me había puesto a pensar en esto de las condecoraciones. Mucho menos tras haber visto en un mercadillo de Moscú centenares de cruces de la extinta Unión Soviética siendo vendidas como chatarra; aunque es verdad que ya tuve una experiencia en 1983 cuando me tocó organizar un viaje del *lehendakari* Carlos Garaikoetxea a Panamá, Venezuela y Colombia. Y es que cuando llegué a Caracas, el gobernador del Distrito Federal me preguntó qué condecoración le iba a imponer el *lehendakari* ya que él lo iba a hacer con la de Diego de Losada , fundador de Caracas. Perplejo, le respondí que en breve le contestaría, y con las mismas llamé al palacio de Ajuria Enea.

Por ésta pregunta, descubrimos que el Gobierno Vasco no tenía condecoración alguna, y en el siguiente Consejo de Gobierno se creó la «Orden del Árbol de Gernika» en dos acepciones: para los vascos y para los amigos de los vascos. Desgraciadamente, apenas se ha otorgado esta condecoración que es hoy muy apreciada.

El caso es que en aquel 2006 se conmemoró el 75 aniversario de la llegada de la República de la mano del voto popular el 14 de abril de 1931. También se celebraba el cuarenta aniversario de las gestiones, hechas fundamentalmente por el *lehendakari* Aguirre para que, una vez finalizada la guerra mundial, toda la oposición al régimen franquista pudiera hablar con una sola voz y una representación institucional.

Habida cuenta que Manuel Azaña había dimitido y fallecido posteriormente en 1940 en Francia, se propuso que el presidente de las Cortes, Diego Martínez Barrios asumiera la jefatura del estado en el exilio y nombrara luego un gobierno de concentración. Y esto se logró en el Salón de Cabildos de México, que prestó sus instalaciones y le dio extraterritorialidad para que diputados a Cortes elegidos en febrero de 1936 eligieran, en acto solemne, al presidente de la República en la persona de aquel ilustre sevillano.

Y como vi que de estas cosas no se ocupaba nadie presenté una moción que salió adelante con el apoyo de todos los grupos y la abstención del PP. Aprobada la misma, el ministerio de Asuntos Exteriores gestionó, a través de la embajada de España en México, la celebración de un acto de recuerdo y afirmación que estuvo muy bien, fue muy solemne y que, a pesar de haber contado con el apoyo irrestricto de la embajada, pasó en España totalmente desapercibido aunque el asesor parlamentario Agustín Santos, que apoyó e impulsó la iniciativa, nos dijera que el ministro Moratinos acudiría al acto. La directora del programa de TVE, *Informe Semanal,* Alicia Gómez Montano, ni siquiera contestó a la petición que le hicimos de que glosara sobre aquella efemérides y se recordara a Martínez Barrio, que había muerto en París, en el exilio, pobre y solo.

Es normal, pues, que la actual Monarquía española tenga tan buena prensa cuando ni de lo más digno de la República y de sus hombres se habla nunca.

Quizás por esto se habló de un manifiesto, titulado «Con orgullo, con modestia y con gratitud», que reivindicaba la memoria de la II República cuando se acercaba el 75 aniversario de su proclamación, y que circuló en Madrid. Más de 300 habían firmado ya el texto, según su principal promotora, la escritora Almudena Grandes. Pero fue un tiro al aire.

«Pese a la brevedad de su vida, la II República desarrolló una labor ingente, que asombró al mundo y situó a nuestro país en la vanguardia social y cultural. Entre sus logros, bastaría citar la reforma agraria, el sufragio femenino, el desarrollo de los estatutos de autonomía, la separación de poderes, las modernísimas iniciativas destinadas a difundir la cultura hasta en las comarcas más remotas, el decidido impulso de la investigación científica o el florecimiento ejemplar no sólo de la educación, sino también de la asistencia sanitaria pública», se leía en el escrito

Los promotores prepararon un ciclo de cine de la época, un gran encuentro en el Teatro Español de Madrid el día 31 de marzo y otra serie de actos reivindicativos durante el año, sin mucho éxito. Hay que recordar que fue el Ayuntamiento de Eibar el que se adelantó aquel 14 de abril y fue el primero en proclamar la República.

Pero aquella fecha tan redonda del 75 aniversario pasó por la opinión pública sin debate, sin hagiógrafos, sin películas, sin actos oficiales, sin televisión. El parte de guerra del general Franco en el que se decía «En el día de hoy, cautivo y desarmado el ejército rojo, han alcanzado las tropas nacionales sus últimos objetivos militares. La guerra ha terminado. El generalísimo Franco», parecía seguir vigente.

Es decir, aquello había sido una victoria militar en toda regla. Como gritó desaforadamente en el Coliseo Albia de Bilbao, su alcalde impuesto, José María de Areilza, el 8 de julio de 1937:

> Que se conozca de una vez y para siempre la verdad: BILBAO NO SE HA RENDIDO SINO QUE HA SIDO CONQUISTADO POR EL EJÉRCITO Y LAS MILICIAS CON EL SACRIFICIO DE MUCHAS VIDAS, BILBAO ES UNA CIUDAD REDIMIDA CON SANGRE. A nuestra villa no la salvaron los gudaris, sino los soldados de España, los falangistas y los requetés a costa de esfuerzos heroicos, de jornadas sangrientas de arrojo inigualados; a costa en fin de centenares de muertos.
>
> Que quede esto bien claro: BILBAO CONQUISTADO POR LAS ARMAS. Nada de pactos y agradecimientos póstumos. Ley de guerra, dura, viril, inexorable. Ha habido ¡vaya que si ha habido Vencedores y Vencidos!; ha triunfado la España, una, grande y libre; es decir, la de la FALANGE TRADICIONALISTA. Ha caído vencida para siempre esa horrible pesadi-

lla siniestra y atroz que se llamaba Euzkadi y que era una resultante del socialismo prietista de un lado, y de la imbecilidad vizcaitarra por otro.

Nos quedó a todos muy claro durante cuarenta años. Aquello fue una victoria militar, pero de unos militares sublevados ayudados por Hitler y Mussolini.

Por eso nosotros sabemos que hablar hoy de la República es como hablar del diablo, y si queremos ir recuperando la memoria histórica lo tenemos que hacer con hechos concretos; y por eso presentamos aquella moción recordando cómo, en agosto de 1945, México había prestado todo su apoyo para que los diputados que habían sobrevivido a la guerra pudieran elegir un nuevo presidente de la República. Estuvieron 96. Y nuestra moción se aprobó en el 2005 a pesar de la abstención del PP y de que el PSOE nos añadiera el recuerdo a Lázaro Cárdenas, cosa que aceptamos con gusto. Pero, aprobada la moción, aquello no se movía hasta que, como he dicho, Agustín Santos, un buen asesor y eficaz diplomático del ministro de Exteriores, nos llamó para decirnos que la cosa estaba lista, que el ministro Moratinos quería ir a la ceremonia y que la embajada de España en México había terminado por volcarse. Sólo faltaba poner día y hora.

Al final, ese compromiso se hizo realidad. El acto sería en el Zócalo el 28 de febrero de 2006. Pero no fue Moratinos. Demasiado republicanismo en vena.

Para ello se nombró una comisión de la Mesa presidida por el vicepresidente segundo Juan José Lucas, ex presidente del Senado y ex presidente de Castilla y León. Como a mí me había tocado tomar la iniciativa, fuí propuesto; y, como siempre en las delegaciones tiene que haber alguien del PSOE, se pensó en Segundo Bru que, a la vez, era presidente de la Comisión de Exteriores. Yo propuse que Jordi Casas, de CIU, también estuviera presente recordando la postura del presidente catalán, Josep Irla. Y se aprobó. Quedó, pues, constituida la delegación por Lucas, Bru y Anasagasti, con la incorporación de Casas.

Así las cosas, Lucas, que es buen amigo, se debió asustar por el componente republicano de la efemérides, y nos argumentó que estaba cansado de viajar; y así, de repente, fue sustituido por el senador malagueño del PP Damián Caneda, y me vi presidiendo una delegación del Senado en un acto conmemorativo de la República por ser el secretario primero del Senado. ¡Ostras! A esta delegación se le añadió la letrada Paloma Martínez, así como la asesora del ministro, Emma Aparici, y la administrativa María Franco. Siete personas.

VISITA AL MINISTERIO DE EXTERIORES

Llegamos el 27, lunes, a la ciudad de México tras once horas de viaje. Nos recibió la embajadora Cristina Barrios. Donostiarra y antigua introductora de embajadores, fue una diplomática que se movía muy bien en aquel país. De segunda en la embajada, tenía a una bilbaína, María Isabel Vicandi, antigua alumna de Deusto y cuyo esposo era el embajador en Honduras. Nada más llegar nos enseñó el folleto que habían hecho sobre el acto. Nos pareció muy logrado. Tenía material histórico y buenas fotografías. Nos alojamos en el hotel Camino Real, un hotel con mucho pasillo.

Decidí no ir a ver las pirámides de Teotihuacan. Me las sé de memoria. Llamé al delegado vasco Iñaki Ruiz. Al poco vino a buscarme. Venía de ser un alto directivo del BBVA en aquel país. Se conoce y mueve muy bien en el mundo económico.

Me llevó a la Delegación. Es una villa muy grande. Saludé al histórico Josu Garritz. Allí estaba con su sonrisa y su aspecto de pelotari. Su padre fue una referencia en la colectividad. Su mujer trabaja en la Universidad. Saludé a tres chicas. La que da clases de euskera me dice que lo hacía a setenta mexicanos. Me quedé con la boca abierta.

A media tarde fuimos al Ministerio de Asuntos Exteriores en la Torre de la Plaza de las Tres Culturas. Nos vimos con la segunda responsable del ministerio, la subsecretaria de Asuntos Exteriores, embajadora Lourdes Aranda. Le contamos a lo que habíamos ido y me tocó regalarle la famosa polvera. Nos habló de los retos de México. Eran noticia las declaraciones de Aznar en un mitin del PAN. En ese país, el artículo 33 impide a cualquier extranjero ingerirse en los asuntos internos. Le dijimos que Aznar no nos gustaba un pelo, pero que ese artículo 33 es una rémora del pasado. En Europa, cualquier político va a cualquier país y habla en sus convenciones. Lo vimos con Prodi, lo hacemos nosotros y lo acababa de hacer Sarkozy en un mitin del PP. Pero es que a Aznar en México no lo pueden ni ver. Todavía recuerdan el viaje que hizo para presionar a Fox con el fin de que éste les apoyara, en la ONU, en la guerra contra Iraq. Fox le dijo que no y esa imagen de correveidile de Aznar no se ha borrado.

La subsecretaria me dijo que conocía Hondarribia, Donosti y Bilbao. Sobre todo sus restaurantes. «No saben ustedes lo que tienen», me comentó. Y también me habló del entrenador «Vasco» Aguirre. El Osasuna, por aquel entonces, se había convertido en el equipo de México. Todos lo seguían.

CONDECORACIÓN A CUATRO REPUBLICANOS

Fuimos por la noche a la residencia de la embajadora. La habían arreglado y modernizado. Tiene hasta *txoko*. Está muy bien.

La casona estaba llena. Cuatro intelectuales del exilio republicano recibían la Gran Cruz de la Orden del Mérito Civil. Santiago Genovés, paleoantropólogo e investigador que anduvo por esos mares con aquella balsa de Thor Heyerdal, llegó a la recepción arrastrando una bombona de oxígeno. Adolfo Sánchez Vázquez, erguido a pesar de su bastón y peripuesto como buen filósofo marxista, y autor de más de 25 libros. Ramón Xirau, que sigue escribiendo en catalán, poeta, escritor, crítico y profesor. Tomás Segovia, dramaturgo, poeta y ensayista, premio de Literatura Latinoamericana y del Caribe. Estaban todos, lógicamente, bastante cascados. Los muchos años no perdonan.

La embajadora fue leyendo el decreto de concesión de la medalla y poniéndoles la chapa y la banda. Habló y hablaron. Recordó una frase de María Zambrano que me gustó: «Españoles sin España, ánimas en pena». Xirau quiso saber qué era eso del mérito civil. Tanto Xirau como Sánchez Vázquez refrendaron su origen republicano.

No deja de tener bemoles que a setenta y cinco años de la proclamación de la República y con toneladas de mérito sobre sus cargados hombros la España monárquica se acordara ese día de aquellos supervivientes. En fin. Nunca es tarde si la dicha es buena, pero es una buena vivencia y ejemplo sobre el desprecio que ha tenido la Transición con los perdedores de la guerra.

Saludé a Beatriz Paredes candidata del PRI a la gobernación. No tenía, electoralmente, nada que hacer. Sin embargo, me parece una señora espléndida y una política como he visto pocas en mi vida. Saludé a mucha gente y me saqué fotografías con dos señoras. Una de Trapaga y otra de Gasteiz. «Aquí está nuestro vasquito», me decían. También saludé a Joaquín Ibarz, corresponsal de *La Vanguardia*. Es un tipo de primera que hace unas crónicas sensacionales. Conoce la zona como nadie y hablé con varios mexicanos. Uno me repitió una aguda frase de Octavio Paz: «El problema de México es que le hemos echado la culpa de nuestro pasado a España y de nuestro presente a Estados Unidos, y lo malo es que ahora buscamos a quien echarle la culpa de nuestro futuro».

DISCURSO EN EL ZÓCALO

A salón lleno, en el patio de la Intendencia de la Ciudad de México, tras las palabras de la embajadora y del intendente traté de hacer un discurso equilibrado de contenido histórico.

Éste fue mi discurso en el Zócalo:

> Nos encontramos hoy aquí, una delegación del Senado español, en una triple misión. Este es el primer acto público en el exterior de la recuperación, en este año 2006, del setenta aniversario del inicio de aquella inmensa tragedia que asoló aquel país en 1936, como prólogo sangriento de la Segunda Guerra Mundial.
>
> Y lo hacemos porque queremos reafirmar los valores de la democracia y de la paz y, de alguna manera, contradecir al gran León Felipe cuando gritó dolorido, aquí en México:
>
> ¿POR QUÉ HABÉIS DICHO TODOS
> QUE EN ESPAÑA HAY DOS BANDOS,
> SI AQUÍ NO HAY MÁS QUE POLVO?

Y en tercer lugar, queremos agradecer y destacar la grandeza del pueblo y gobierno mexicano que en momentos de desolación, de abandono, de persecución, abrió sus puertas no sólo a la España peregrina sino que en 1945, tuvo la generosidad de ofrecer la extraterritorialidad de éste lugar para la reconstitución de las instituciones republicanas que tras la finalización de la Segunda Guerra Mundial preparaban la posibilidad de una democracia en España.

Por estas tres razones estamos aquí, pero podríamos añadir muchas más. En la farsa judicial franquista, caído Madrid, le preguntaron al presidente de las Cortes españolas, Julián Besteiro en su juicio en 1939, poco antes de morir en la cárcel de Carmona, dónde estaba el oro de España.

«El oro de España –respondió– está en las cunetas, en los cementerios, en las cárceles y en el exilio. Ahí está el oro de España.»

Aquí vino también el oro de España, perseguido y atribulado. Tocó las puertas de este país y el presidente Lázaro Cárdenas las abrió de par en par en nombre del pueblo mexicano. Por esta razón, en la Comisión de Asuntos Exteriores aprobamos una moción que decía literalmente lo siguiente: "Se conmemora el sesenta aniversario de la elección del Excmo. Sr. D. Diego Martínez Barrio como presidente interino de la República tras la dimisión y fallecimiento en Montauban (Francia) de don Manuel Azaña.

Tras las numerosas penalidades sufridas por quienes defendieron un régimen legítimamente constituido, se le transmitió a D. Diego Martínez Barrio el requerimiento de la reunión de partidos y organizaciones convocadas en México. El presidente de las Cortes convocó seguidamente a Cortes sobre cuya mesa se hallaba la iniciativa planteada por el despacho telegráfico del *lehendakari* Aguirre y el presidente de la *Generalitat* (tras el fusilamiento de Lluís Companys), Josep Irla. Producida rápidamente la unanimidad de las opiniones de los grupos parlamentarios, en el sentido de que el presidente de las Cortes pasase a ocupar la presidencia de la República, se convocó al Parlamento en sesión extraordinaria y solemne para recibir la promesa de aquél.

Es de destacar que, tras la muerte de Mussolini, el suicidio de Adolfo Hitler y la pérdida de Alemania, ya se apuntaba el rápido restablecimiento en España de una democracia representativa, tras haber apoyado irrestrictamente el general Franco al nazi-fascismo perdedor.

El referido hecho recibió la mejor acogida y el apoyo del Gobierno de México, el cual otorgó y dispuso para tal acto el histórico y representativo

Salón de Cabildos del Gobierno del Distrito Federal, concediendo por acuerdo presidencial, trasmitido por la Secretaría de Relaciones Exteriores, los privilegios, exenciones y extraterritorialidad inherentes para que la sesión se celebrase en territorio de la propia soberanía.

Se hallaron presentes, además de todos los diputados residentes en México, el regente del jefe del Gobierno del Distrito Federal en representación del presidente de la República mexicana; representaciones del ejército en nombre del Secretario del General Lázaro Cárdenas y los embajadores de Francia, Colombia, Checoslovaquia, Bélgica, Panamá, Guatemala, Chile, Uruguay, así como de observadores de todos los países acreditados en 1945 en México.

El acto, que fue considerado histórico, fue seguido por el pueblo mexicano con gran interés, dando apoyo y calor al mismo en las propias calles de la capital.

Una comisión de diputados de todos los grupos parlamentarios se trasladó al domicilio de D. Diego Martínez Barrio y lo acompañó hasta El Zócalo haciendo un recorrido a través de las calles más importantes de la ciudad, con la circulación cerrada y formando una caravana escoltada con todos los honores oficiales.

Por todas estas razones, por la significación de aquel acto, por tratarse de una elección realizada por diputados elegidos democráticamente, aunque teniendo que vivir en el exilio ante una legalidad conculcada, por el apoyo irrestricto del Estado mexicano que nunca reconoció el régimen de fuerza en España y mantuvo el reconocimiento del legítimo gobierno de la República, por la necesaria pedagogía que se ha de transmitir a las nuevas generaciones sobre hechos de su inmediato pasado absolutamente desconocidos, y porque esta historia reciente les ha sido hurtada, es por lo que propusimos a la Comisión de Asuntos Exteriores y Cooperación lo siguiente: «La Comisión de Asuntos Exteriores y Cooperación insta al Gobierno a promover el recuerdo del sesenta aniversario de la elección del Excmo. Sr. D. Diego Martínez Barrio como el presidente interino de la República Española tras la dimisión y fallecimiento en Montauban (Francia) de don Manuel Azaña, conjuntamente con el gobierno mexicano, a quien se debería agradecer el gesto democrático que tuvo hace sesenta años con los representantes de una legalidad conculcada y, en momentos de esperanza tras la Segunda Guerra Mundial , le dio un apoyo irrestricto a la causa democrática».

Señoras y señores:

Para cumplir este mandato, estamos hoy aquí acogidos a su hospitalidad una representación de todos los grupos de la Cámara que nuevamente queremos contradecir a ese otro gran poeta, Antonio Machado, que alertaba al españolito que venía al mundo y le decía que una de las dos Españas le iba a helar el corazón.

El domingo pasado, en Bilbao, se inauguró un monumento a la Memoria Viva. Una Memoria Viva que, como dijo su alcalde, no tenía otro objetivo que transmitir a las generaciones un único mandato: que aquella tragedia no volviera jamás a producirse.

Por eso estamos hoy aquí. Para recordar a quienes sí estuvieron porque todavía sentimos sus huesos ateridos de frío y su espíritu humillado por la persecución de aquel régimen. Sabemos que todos los que estuvieron en el bando vencedor no fueron iguales. Unos tramaron el golpe, otros lo ejecutaron y, a otros, la inercia o las circunstancias los empujaron. Recuerdo sí, pero revancha no, porque tenemos la obligación, como mandato de la historia, de mirar hacia delante en un país cuyas nuevas generaciones no pueden crecer en el odio y porque, quizás, no pueden comprender lo que ocurrió para que se desencadenase aquella lluvia de fuego que acabó en una guerra fratricida.

Nunca más, porque nada es comparable a la paz y a la convivencia, que no tiene precio; porque el precio de una guerra, los odios que provoca y la calamidad que invade todos los rincones de la sociedad no tiene justificación.

Venimos, pues, aquí a reivindicar una palabra de sólo tres letras: Paz. Ahora y para siempre. Paz porque lo que tenga que conseguir cualquiera lo haga por métodos democráticos, con el argumento, la razón y la palabra. Pedimos por eso la paz y la palabra.

Paz para hacer comprender a los que siguen con la bomba y el fanatismo que nada es más importante que una vida, y que por ella no hay que derramar ni una gota de la sangre de un colibrí.

Paz para decir que la estrategia de la violencia siempre será una estrategia equivocada; porque las armas sólo producen dolor, desolación, división, estragos.

Nosotros supimos de eso.

El diálogo se interrumpió y surgió con toda su fuerza la dialéctica de las pistolas, que nos privó de libertad durante cuarenta años en una paz de los cementerios asentada sobre miles de cadáveres.

Paz en nombre de los que tanto sufrieron. Los que cayeron en cualquiera de los dos frentes o bajo las banderas de las dos Españas que se helaban el corazón la una a la otra.

Los que fueron asesinados en las retaguardias, lo que murieron en cama, en su casa o en el exilio de este México generoso que siempre llevaron en su corazón, acongojados por los males de su pueblo y sin poder comprender aquella catástrofe cruel e innecesaria.

Que nuestro mensaje agradecido a este México querido y cercano, principista y firme, sea hoy compromiso de libertad, de democracia, de reconciliación y de fe en un mundo mejor. Y todo eso lo resumimos para México en una sola palabra: Gracias. Muchas gracias.

Éste fue mi discurso donde traté de meter a todos con respeto.

SALUDO EN EL SENADO MEXICANO

Tras el acto, nos fuimos al Palacio Nacional a ver los murales de Diego Rivera y a la catedral. De allí al Senado. Nos recibió su presidente Enrique Jackson en el salón Colosio. Les contamos lo que habíamos hecho, les dimos el regalo, y nos llevaron al hemiciclo para que saludáramos a los senadores. La semana siguiente nos visitarían en viaje oficial a Madrid.

COMIDA EN LA UNAM

No recordaba lo tarde que se come en México. A las tres fue el almuerzo en el despacho del rector de una Universidad que cuenta con la friolera de 250.000 alumnos. La vista de la ciudad desde aquel piso era impresionante. Y el rector, Juan Ramón de la Fuente, un águila que estaba en expectativa de destino. Podía ser secretario de Gobernación con cualquier gobierno.

En el almuerzo nos preguntaron por Piqué, por el Estatut, por ETA, por la independencia, por la economía. Hablamos del exilio republicano.

Allí había profesores e hijos de rectores y de republicanos que a su vez eran profesores en la UNAM. Estaba también Antonio Navalón, representante de Prisa. Encontré simpatía hacía el exilio republicano y lo más importante en este mundo de ignorantes: conocimiento de que existió.

Me preguntaron por el fin de ETA y conté lo que pude y supe. Me interrumpió groseramente el senador socialista diciendo que él podía hablar mejor y con mayor conocimiento de causa ya que era del partido de Zapatero y por, sobre todo, representante de una de las dos mayorías. Hay algunos españoles, de derecha y de izquierda que hablan de pluralidad pero no admiten esa pluralidad, y les enerva que lo que para ellos es una minoría presidiera una delegación para enaltecer a republicanos. En fin. Ya lo dijo Pla. Lo más parecido a un español de derechas es un español de izquierdas. Por lo menos lo era éste.

DIEGO MARTÍNEZ BARRIO

Las distancias en México son infinitas. Y el tráfico, aterrador. Salimos de la Universidad y llegamos justo al Colegio de México, una institución muy acreditada del exilio republicano. Allí escuchamos una magnífica conferencia sobre Diego Martínez Barrio. A fin de cuentas, habíamos ido a México a recordar el hecho de su elección como presidente.

Tengo que decir que hacía tiempo no escuchaba una conferencia tan interesante. La inició José Antonio Matasanz, profesor de la Facultad de Filosofía de la UNAM, quien nos relató la consecuencia del Gobierno mexicano con la República. La mantuvo hasta la muerte del general y no claudicó. Fue una de sus señas de identidad. Todo lo que duró el franquismo duró el reconocimiento a la República. México y Yugoslavia fueron consecuentes hasta el final del franquismo.

Desde Sevilla había venido con nosotros el profesor de su universidad Leandro Álvarez Rey, quien se conoce la figura de Diego Martínez Barrio al dedillo. Nos dijo que en el Archivo de Alcalá de Henares están todos sus diarios desde que fue elegido presidente y que es un material invalorable. Finalizó el turno el decano de la Facultad de Derecho de la Unam, Fernando Serrano, que me pareció un tipo de primera. Hijo de republicano se emocionó al hablar de toda aquella época con sus miserias y virtudes, sus comités de no intervención, los niños de Morelia, el abandono de todos y la importancia que, para México y su intelectualidad, tuvo aquel exilio. Me pareció una conferencia magnifica.

Por la noche, en la cena en la embajada, me tocó a su lado. Le pregunté por el edificio que había albergado a la embajada republicana. Me comentó que cuando se normalizaron las relaciones con España, tras las elecciones de junio de 1977, España no había querido saber nada de aquella casa que era preciosa y que ahora está abandonada y en mal estado. Se quejaba de cómo el Gobierno español de la UCD había troceado el valioso archivo republicano pero que ellos habían tenido buen cuidado de fotocopiarlo casi todo, y se quejaba de lo poco que se había hecho por dar a conocer toda esta historia. Me preguntó por Galíndez y si el Gobierno Vasco estaba haciendo algo por dar a conocer quién fue aquel alavés tan insigne asesinado por Trujillo.

Fernando Serrano me hizo llegar sus libros. Uno de ellos es muy notable: *Duras las tierras ajenas. Misión de Luis I. Rodríguez en Francia.* Es la historia de la protección de los refugiados republicanos en Francia. *Los Maestros del Exilio español en la Facultad de derecho. Isidro Fabela y la Diplomacia* Mexicana. Libros pesados pero que metí en el equipaje con verdadero gusto. Pesados de peso, no de contenido. Creo que no tenemos en ningún país latinoamericano a nadie como Fernando Serrano. Y si tuviéramos, un tipo como Galíndez, no le haríamos ni caso. Es así. Al día siguiente nos fuimos a Morelia.

Tras una breve estancia en Morelia para visitar al nieto del presidente de México Lázaro Cárdenas, que dio entrada al republicanismo exiliado y que era el gobernador del Estado, volvimos a Madrid. En el aeropuerto mexicano y en todo México hay una amabilidad ambiental, que por aquí se ha esfumado. Al salir de desayunar, nos vino el camarero, que nos pidió con cantarina y respetuosa voz: «¿Me regalan por favor una firmita?». Nada que ver con la bronca que había ese día entre el PSOE y el PP en el Congreso, entre Zapatero y Rajoy, diciendo éste, enfático, que su partido ni miraba para atrás ni revisaba la historia ni los acuerdos de la Transición; porque, dijo, «ésta y la Constitución fueron un esfuerzo entre todos los españoles para mirar al futuro y no para dividir».

Seguramente, Rajoy no tendrá ni idea sobre quién fue el presidente Martínez Barrio. No digamos las Nuevas Generaciones del PP. Y no digamos nada de las del PSOE.

Pero ésa fue nuestra única aventura republicana oficial en la legislatura de la Memoria Histórica, y si no la cuento en este capítulo, quedará borrada para siempre.

Esos días, en los cines podía verse *Buenas noches y buena suerte*, de George Clooney. La película narraba la habilidad y el coraje de un grupo de periodistas capitaneado por Murrow contra uno de aquellos políticos que sabían manejar la demagogia, el simplismo y el miedo para atenazar a los ciudadanos: el senador Joseph Mc Carthy. Clooney, que es un tocapelotas inteligente, recuperaba con aquella película la memoria de uno de los momentos estelares de la televisión: cuando Ed Murrow advirtió, hace más de cincuenta años del riesgo de que las televisiones abdicaran de la información para arrojarse en brazos del puro entretenimiento o de los tópicos al uso para, así, convertirse en un simple electrodoméstico. Los responsables de la actual RTVE deberían saber que su información política deja muchísimo que desear y que la gente sólo sabe lo más superficial de lo que le pasa y le ha pasado al país. Una pena. Aquel viaje nos permitió constatar dos realidades; una, de carne y hueso, y otra virtual; y nos enseñó por qué vivimos en el tópico y el que la Monarquía sea en España «la institución más valorada».

CAPÍTULO XIII

SIN LIBERTAD DE EXPRESIÓN Y DE INFORMACIÓN, NO HAY DEMOCRACIA

Al rey Carlos Gustavo de Suecia no le hacen ni pizca de gracia las parodias que sobre él y su familia se emiten en un programa satírico del canal TV4+. Se trata de la serie *Hey Baberiba*, donde un grupo de actores aparecen caracterizados como los miembros de la Familia Real, representando musitadas situaciones en clave de humor de la vida de la Familia Real sueca.

El programa, que lleva cuatro años en antena, presenta al rey Carlos Gustavo de Suecia como un personaje tímido, patoso y un tanto cobarde, que evita conflictos y sólo se preocupa de pequeñeces. A la reina Silvia la representan como una estirada institutriz que vigila todo lo que hace el resto de la familia. La princesa Victoria no se salva de las ironías y está representada como una «marisabidilla» que se cree la única que sabe hacer de todo. Carlos Felipe tampoco se libra, ya que lo presentan como un niñato pijo y caprichoso que no sabe hacer nada.

Pero donde los guionistas de *Hey Baberiba* más se ensañan es con el personaje que representa a la princesa Magdalena, la hija pequeña del monarca, «Madde» para los amigos. La fama de juerguista de la princesa es motivo suficiente para aparecer como una alocada que sólo piensa en ropa de moda, amplios escotes, y, sobre todo, en juergas nocturnas. En uno de los programas emitido se podía ver a la actriz que hace de princesa tumbada en la mesa de una imaginaria sala de partos, como si estuviera a punto de dar a luz. El supuesto ginecólogo le saca un vaso alto de cerveza en vez de un bebé. Como explicación, ella, con una voz de resaca, dice que no se acuerda donde se sentó en la última fiesta.

Pero, para el rey Carlos Gustavo, todo esto ya pasa de castaño oscuro y dice estar molesto con el pitorreo que semana tras semana se traen con su persona y los miembros de su familia. «Las bromas son una cosa, pero esto es una persecución personal que, en mi opinión, resulta desagradable», dijo el monarca en una entrevista concedida al periódico *Chef*. Según el rey sueco, lo peor de todo es tener que mostrarse en público después de la emisión de uno de los programas. «Siempre hay un montón de niños que se parten de risa en el momento que me ven. Y esto no tiene ninguna gracia.» Para los suecos, no se trata sólo de un programa divertido, sino que es uno de los más populares de las televisiones. Las quejas del rey nadie las tiene en consideración porque, según dicen los críticos, «para eso le pagamos».

Frente a esto, ¿qué tenemos por aquí?

Censura, manipulación, sólo noticias positivas y mucha presión de la Casa Real. Todo lo que se permitió en un momento fue pedido por la Casa Real para que fuera retirado. ¿Tan débil es la Monarquía española que no aguanta un programa como éste? Pues parece que sí.

¿Ocurre esto sólo en Suecia? Pues no. Un cuadro que ha ganado en Australia el primer premio de un concurso sobre retratos reales ha causado estupor en Copenhague, ya que presenta a los futuros reyes daneses en una postura muy poco académica. El óleo representa a la princesa consorte Mary con una bata roja abierta enseñando unas piernas feas y musculosas mientras amamanta a su hija, Isabella, y a su izquierda tiene a su augusto esposo, Federico, en calzoncillos mientras bebe cerveza Carlsberg directamente de la botella y se toca sus partes íntimas; a su lado, delante, el principito Christian aparece sentado en un orinal metiéndose el dedo en la nariz.

Lógicamente el cuadro no ha gustado nada en la corte danesa, ya que lo consideran de pésimo gusto y el último ataque contra la Casa de la Reina Margarita II de Dinamarca, pero saben que no pueden hacer absolutamente nada contra la reproducción de esta imagen que, además, ha conseguido el primer premio en Australia sobre retratos reales.

Por menos de algo así, por estos lares, interviene un juez y lo considera un ataque al Estado y a la esencia nuclear de nuestra democracia.

UNA RTVE QUE NO RESPETA LA PLURALIDAD

Sinceramente, ¿alguien piensa que existe una veraz y continua libertad de expresión en relación con el rey y la Familia Real? Yo no.

Entonces, ¿por qué gente seria y sensata que sabe que esto no es así ponen el *juancarlismo* como el máximo compendio de virtudes democráticas convivenciales? ¿No será porque estamos hablando de algo muy frágil que sólo puede funcionar si se le rodea de un importante cerco de censura y autocensura informativa?

De hecho, RTVE lo ejercía continuamente incumpliendo la letra y el espíritu de la Constitución, que en éste apartado es taxativa. En su artículo 20, la Constitución reconoce y protege los derechos de expresar y difundir libremente los pensamientos, ideas y opiniones mediante la palabra, el escrito o cualquier otro medio de reproducción, así como a recibir o comunicar libremente información veraz por cualquier medio de difusión; teniendo en cuenta que éste derecho no puede restringirse mediante ningún tipo de censura previa.

Pero hay más. La Constitución dice que la ley regulará la organización y el control parlamentario de los medios de comunicación social dependientes del Estado y que garantizará el acceso a dichos medios de los grupos sociales y políticos significativos, respetando el pluralismo de la sociedad...

¿Se cumple este articulo de la Constitución en relación al rey y a la Familia Real? Hoy menos que nunca.

Hace unos meses, Telecinco dio por finalizado su programa *Aquí hay tomate* de forma fulminante. Paolo Vasile, máximo responsable de la cadena, en una entrevista hecha por María Eugenia Yagüe, reconoció a la periodista que el rey Juan Carlos había llamado a Berlusconi para quejarse del programa; llegando a decir Vasile que el rey no tenía motivo alguno para quejarse, aunque, para no dramatizar demasiado sobre el hecho, el italiano comentó que el rey no había sido quien había acabado con el famoso «Tomate».

Pero leído lo anterior, el mero hecho de reconocer que el rey había hablado con Berlusconi dice mucho de la hipersensibilidad del monarca en relación con las informaciones sobre «la suspensión temporal de convivencia» de su hija Elena y de otros sabrosos comentarios que, dichos *urbi et orbi* en un programa de tan gran y universal audiencia, dejaban a la real familia a la altura de un patio de vecindad. Es normal, pues, que en La Zarzuela se alarmaran de la divulgación de los hechos vulgares de una familia que vive del erario público gracias a la magia, la falsa ejemplaridad y del hecho de que para su supervivencia se han de desconocer los hechos reales de una familia irreal. Éste es el meollo de la cuestión.

PRENSA Y DEMOCRACIA EN ESTEPONA

Sin embargo, y como siempre hay que mantener el hipócrita discurso de lo políticamente correcto, en abierto homenaje del vicio a la virtud, el rey, en plena crisis de quema de su efigie y de cuestionamiento de su figura, se fue a Estepona (Málaga) a la inauguración del II Congreso Mundial de Agencias de Noticias para hacer hincapié «en la buena relación existente entre la libertad de prensa y la democracia que nunca ha sido tan estrecha como en la era en que vivimos». Con unos dibujantes de *El Jueves* encausados, con presiones de La Zarzuela a todas horas para que en los programas del llamado corazón no se traten hechos de la real familia, con la supresión de todos los *sketchs* sobre el rey en los programas de humor, con un silencio total en relación con la vida privada del monarca, no dejaba de ser un extraño ejercicio de realidad virtual plantarse en Estepona para elogiar a los medios españoles en las últimas décadas. Lo de siempre. Pero ya lo de sonrojo ajeno fue el discurso del presidente de la Junta de Andalucía y presidente del PSOE, Manuel Chaves, quien en el más puro estilo de aquella rancia derecha clientelar de la época de Romanones, dijo que «era el rey el gran artífice, junto al pueblo español, del extraordinario cambio democrático experimentado en España, y que hace sólo treinta años la celebración de un congreso mundial de noticias hubiera sido inimaginable en España, ya que en ese momento el poder pretendía uniformizar la información y hasta la conciencia de los ciudadanos».

Sólo le faltó decir que a quien tanto alababa, era la parte beneficiada de aquella podrida dictadura y que había sido, además, quien se aprovechó de la ausencia de falta de información para ser nombrado sucesor de Franco «a titulo de rey» en un acto fascista en agosto de 1969.

¿Y quién era el anfitrión de este sarao de aplausos? Pues el alcalde del PSOE, Barrientos, encarcelado por irregularidades urbanísticas.

Lógicamente el acriticismo, la mentira consagrada, la falta de pudor y de verdadero sentido democrático que hay en estos estamentos, hizo que los presentes aplaudieran este pasaje que no deja de ser una muestra más de la democracia de baja intensidad en la que vivimos.

Sobre todo porque la sociedad ha cambiado y en La Zarzuela se piensa que con las viejas recetas de ayer se puede encarar al mundo de un hoy globalizado y cuestionador de todo. La falsa imagen de una familia real de vida austera y discreta se ha evaporado. La llegada de nuevos miembros que están creciendo siendo sus imágenes tan conocidas, no así las de los hijos de los políticos a los que se preserva su intimidad, va a dar mucho juego mediático en una sociedad que demanda más transparencia en todo lo que afecta a lo público. La gestión de la querella interpuesta contra la revista *El Jueves* y el silencio real y principesco, la separación de los Marichalar, la tardanza en llegar el rey a la clínica Ruber a conocer a su última nieta, Sofía, forman parte del capítulo de mala gestión de una información que solo pueden preservar aplicando la censura. Pero eso se está agotando. Pero, ¿por qué vamos a extrañarnos de lo que diga el presidente del PSOE si, entrevistado por Karmentxu Marín en *El País*, Sergio Gutiérrez, secretario general de las Juventudes Socialistas , contestó a la periodista sobre lo que hacer con Felipe y Letizia diciendo que era y se sentía republicano y que no renunciaba a la República, pero que era más republicano en los valores que en las formas del Estado, que, según él, no preocupaban a nadie?

Si esto lo dice un chaval de 25 años que cree que Zapatero es la pomada contra el cáncer, pues no hay que extrañarse de que sus mayores sean tan bochornosamente cortesanos, ni de que, en la Comisión Mixta de control parlamentario, el PSOE y el PP aprobaron el mandato marco de la Corporación que regirá los principios generales para los próximos nueve años, negándose a que RTVE restringiera sin éxito las vacías informaciones sobre la familia real en este medio público.

ME QUEDO CON SALVADOR CARDÚS

Frente a este monarquismo estructural por parte del PSOE, hay gentes con la cabeza sobre los hombros que no pasan por todo. Uno de ellos es

Salvador Cardús que considera que la Monarquía fue una imposición colada a la fuerza en un referéndum en el que se daba a elegir entre el todo o la nada. De otra manera hubieran ido las cosas si, con la memoria fresca del origen franquista de la actual Monarquía, la cual, por cierto, enterró al dictador con todos los honores, y antes de su bautismo democrático en el 23-F de 1981, en 1978 se hubiera planteado un referéndum específico acerca de su continuidad. Pero este tipo de reflexiones no sirven políticamente de mucho después de casi treinta años de permanente propaganda monárquica y después de conseguir crear una corriente de indiscutible afecto emocional hacia esas personas. La mayoría de republicanos catalanes, como de los republicanos españoles, aceptamos las reglas de juego actuales, respetamos a las personas que encarnan este símbolo de unidad nacional española, somos lo bastante inteligentes como para saber que según qué expresiones agresivas consiguen justo lo contrario de lo que buscan y esperamos con paciencia que un futuro más radicalmente democrático sirva para superar formas arcaicas, y en cualquier caso forzadas, de representación del Estado.

¿HUBIERAN SUPERADO LA «CRISIS DEL TÁMPAX»?

No se si la Monarquía española hubiera resistido la crisis de la separación del príncipe Carlos con Diana Spencer y la célebre metáfora del támpax que el de Gales susurró a su Camila. Creo que no. De hecho, por espacio de mes y medio, en el 2007 de un cierto vapuleo, tuvo que salir el rey en la Universidad de Oviedo, el uno de octubre de ese año, diciendo que «la Monarquía había proporcionado el más largo periodo de estabilidad y prosperidad vividos por España». Es decir, el pueblo soberano no ha tenido nada que ver en esto de la democracia sino la Monarquía. Lo llamativo de aquella intervención fue que la hiciera el rey y hablara de la institución tras dos semanas de quema de imágenes suyas en algunas localidades catalanas, ya que, hasta entonces, casi nadie había salido a defender tan antidemocrática institución. Después, todo cambió y de ahí vino el derroche de la celebración del setenta cumpleaños por todo lo alto.

No le veo, pues, a la justicia española abriendo investigaciones parecidas a las británicas sobre la muerte de Diana de Gales y Dodi al Fayed con la esperanza de que se permita probar o descartar para siempre la teoría de que no se debió su muerte a un mero accidente en París, sino a un atentado inspirado por el duque de Edimburgo y ejecutado por los servicios secretos británicos el 31 de agosto de1997.

Tampoco veo a la justicia española, que ha maltratado al hijo de Alfonso XIII, don Leandro, sentenciando que «el interés público importa más que la privacidad de la Familia Real británica». Y es que un tal Robert Brown acudió a los tribunales para demostrar que es sobrino de la reina Isabel II y, por tanto, el único hijo de la princesa Margarita.

Lo decía Dickie Arbiter, ex secretario privado de la reina y de los príncipes de Gales, en una entrevista que le hizo Eduardo Suárez en *El Mundo*, cuando le preguntaban sobre los cosas que se hacían en España con dinero público. «Si hay dinero público de por medio –contestaba–, esa persona tiene que responder por él. No sé como funciona esto en España, pero en Inglaterra todo el mundo puede ver como se gasta el dinero de la Familia Real. Lo único que tiene que hacer es abrir los libros».

A esto, el periodista le comentaba que eso no ocurría en el Estado español y el funcionario británico contestaba: «Entonces la Monarquía española no es transparente. Pero la nuestra lo es. Sabemos perfectamente cuántos viajes ha hecho el príncipe Andrés, cuántos coches ha usado este año, cuántos kilómetros ha hecho en ellos. Y yo creo que por eso la Monarquía es tan popular en Gran Bretaña, porque no se esconde nada a la gente».

Nada que ver con lo que hubiera contestado Alberto Aza el actual Jefe de la Casa Real, un funcionario que sigue actuando con la mentalidad de hace treinta años, cuando era uno de los fontaneros del presidente Suárez.

EL REPORTAJE HAGIOGRÁFICO DE LOS PRINCIPES DE ASTURIAS

Ustedes recordarán la censura total y absoluta que hubo en España en relación con la boda de los Príncipes de Asturias. Mientras la prensa de todo el mundo destacaba que el heredero español iba a casarse con una divorciada, nieta de un taxista, en España todos estábamos sumergidos en hectolitros de almíbar mientras se ocultaba e ignoraba uno de los perfiles de la noticia que tenía el componente de que quién les iba a casar, el cardenal de Madrid. Rouco y Varela, el mismo que se manifestó contra el divorcio, nunca ha oficiado ningún matrimonio en el que uno de los novios llegase divorciado al altar.

Por eso, ingenuo de mí, y ante tanta manipulación, formulé la siguiente pregunta parlamentaria:

> El pasado martes 18 de mayo, TVE dedicó un amplio reportaje a las biografías de don Felipe de Borbón y de doña Letizia Ortiz. En ningún momento se dio posibilidad alguna a una nota discordante ante aquella catarata de loas, propio de un país sin democracia. Nadie que pusiera en cuestión el dispendio del erario público ante un acto privado de esta envergadura, ni nadie que, con sentido republicano, ofreciera un contrapunto ante un pensamiento «políticamente correcto», tuvo entrada en un informe hecho por una televisión pública.
>
> Paradójicamente, el nuevo director de los Servicios Informativos de TVE dijo el pasado 14 de mayo en su primera reunión con los medios de comunicación lo siguiente: «Éste es el momento para conseguir hacer unos informativos absolutamente independientes. Me lo creo, lo voy a intentar y no voy a desfallecer». Fran Llorente, director de los Servicios Informativos de TVE, desveló algunos de los cambios y novedades que, poco a poco, va a ir introduciendo en el área de informativos. «Queremos construir una televisión pública de calidad en la que se escuchen todas las voces. Ser un referente informativo, y para ello vamos a buscar un equilibrio en la información que refleje una sociedad compleja y un mundo más amplio.» Por todo ello, este Senador pregunta al Gobierno lo siguiente:
>
> ¿Qué tiene que ver lo dicho por el señor Fran Llorente, director de los Servicios Informativos de TVE, con el citado reportaje y la exhaustiva, extenuante y acrítica información habida sobre la citada ceremonia?
>
> Palacio del Senado, 19 de mayo de 2004
>
> Iñaki Mirena Anasagasti Olabeaga

Respuesta del Gobierno:

La anterior Dirección de los Servicios Informativos de TVE decidió elaborar dos espacios que ofrecieran a la audiencia un perfil personal de S. A. R. el Príncipe de Asturias y de su prometida doña Letizia Ortiz. La Dirección General de RTVE, tras su toma de posesión, y la nueva Dirección de los Servicios Informativos asumió estos documentos televisivos y decidió publicarlos el pasado martes día 18 de mayo, en la Primera Cadena en la franja horaria de las 22,00 horas, con el título «Especial Informativo». Fue una apuesta informativa de 238 minutos, que tuvo una cuota de pantalla o *share* de 19,2 puntos y una audiencia de 2.160.000 espectadores, situándose entre los espacios más vistos del día.

La referencia a las biografías de don Felipe y de doña Letizia respondió al tratamiento que dos directores distintos de informativos consideraron correctas, y que en su tratamiento informativo contaron con opiniones de expertos, historiadores, catedráticos, políticos, y hasta con opiniones de personas con ideología republicana que expresaron libremente sus puntos de vista, a veces diferentes, como no podría ser de otra manera, y todo ello hilvanando con un texto aséptico, objetivo e imparcial.

No es cierto, tampoco, que dejaran de escucharse otras voces discrepantes como contrapunto de un hecho que –hay que tenerlo muy presente– ha sido un acontecimiento de Estado que tuvo su momento culminante en la «Boda Real» del Heredero de la Corona; acto al que, por cierto, asistió el *lehendakari*, miembro a su vez del partido al que pertenece su señoría.

Una prueba de que hubo otras opiniones contrarias a la boda, emitidas por los Servicios Informativos de TVE, han sido las manifestaciones y pasacalles de colectivos antiglobalización que pudieron verse y escucharse –incluidas banderas republicanas y eslóganes de protesta– en todos los telediarios de los días 21 y 22 de mayo.

Además de estas manifestaciones, también se publicó en los telediarios –y se cita textualmente– que «distintas organizaciones sociales y partidos políticos han decidido no participar en los actos de la Boda Real, como ERC, Izquierda Unida y los partidos que forman el Grupo Mixto». En otro momento se habló, igualmente, de la protesta y manifestación del llamado Movimiento Popular contra la Boda Real y de sus concentraciones en diferentes puntos de Madrid.

Respecto al cuestionamiento de la apuesta de don Francisco Llorente por unos informativos independientes y de calidad, es preciso señalar que los telediarios han dejado de informar de noticias de contenido sensacionalista o de mal gusto, impropias de una televisión pública. A cambio se publican informaciones de carácter social, cultural y divulgativo, que están teniendo una gran aceptación entre la audiencia y la crítica. En cuanto a la independencia, es evidente que el cambio en los Servicios Informativos ha sido radical en orden a la imparcialidad, pluralismo, objetividad y equilibrio informativos.

En todo caso, la atención prestada al acontecimiento por los Servicios Informativos se corresponde con el interés mostrado por la opinión pública por el acontecimiento que nos ocupa: más de 25 millones de personas siguieron en algún momento este hecho informativo. Una mayoría que merece el mismo respeto que las minorías para las cuales La 2, también en TVE, fue una alternativa real y también de calidad.

La Directora General de RTVE

Carmen Caffarel Serra

Curiosa respuesta. De cien impactos meten dos semicontrarios y diluidos; es decir, nadie que pueda argumentar en serio y de forma articulada, y, al parecer eso les justifica; lo mismo que el hecho de que el *lehendakari*, como presidente de una comunidad autónoma vaya a un acto social en función de su representación. Pero lo que blinda cualquier información contraria radica en que el Sr. Fran Llorente haya decidido «dejar de informar de noticias de contenido sensacionalista o de mal gusto impropias de una televisión pública». Con esta cláusula usted jamás se enterará de nada para poder formarse una idea cabal de lo que hacen ésta familia con nuestros impuestos. Es algo de mal gusto.

PREGUNTA SOBRE LO QUE HACEN LOS PRINCIPES

Algo más debió molestar al Gobierno mi pregunta sobre por qué se informa como se haría en Tailandia sobre unos príncipes cuyo trabajo no está contemplado en ningún sitio:

Tras hacerse público el embarazo de doña Letizia Ortiz, los Príncipes de Asturias emprendieron viaje, denominado oficial, a la Comunidad Autónoma de Baleares. Llama la atención que, mientras la Constitución española no encarga papel alguno al Príncipe de Asturias, al parecer, para el Gobierno, todo lo que hace don Felipe de Borbón es oficial, cuando técnicamente esto no es así, de no ser que tenga un encargo especial, por delegación expresa, bien del Gobierno, bien de las Cortes Generales, cosa que no se daba en este caso.

Pero llama más la atención que en la radio y televisión pública española se destine una corresponsal especial, doña Sagrario Ruiz de Apodaca, esposa de Lorenzo Milá, con objeto de hacer un seguimiento diario de la agenda de los príncipes, quien destacó en todas sus informaciones comentarios que eran pequeños partes médicos sobre la situación de doña Letizia como consecuencia de su embarazo; leyendo incluso una nota de la Casa Real que decía que una de las ausencias a un acto estuvo motivada, no por cansancio, sino por las circunstancias por las que atraviesa la esposa de D. Felipe de Borbón.

Mientras el presidente del Gobierno describe a don Juan Carlos como un rey republicano, la televisión oficial española ofrece un perfil informativo tan chusco en estos casos que para sí hubieran querido el Príncipe de Gales y su esposa Camila Parker Bowles, en un país democrático que sí sabe lo que es una Monarquía y, que a ésta hay que respetarla pero no adularla las veinticuatro horas del día como si se tratara de la ex Casa Real nepalí.

Consultado este carísimo cubrimiento informativo, se nos ha dicho que no hay en toda Europa una situación semejante hacia ninguna de las parejas herederas de las monarquías europeas. Sólo es posible encontrar algo similar en la anterior situación de dictadura que vivía España, donde una información oficial de este estilo era llevada a cabo por el NO-DO sin que hubiera la menor critica, como no podía ser de otra manera, a nada que pudiera hacer el llamado Generalísimo.

Por todo esto, este senador desea conocer si el Gobierno ha dado alguna Instrucción a RTVE para que en lugar de información objetiva en el caso de los Príncipes de Asturias, se dediquen a la hagiografía, o al reportaje rosa y si esto es así, ¿no cree el Gobierno que sería mejor que tratamientos ensalzadores de este tipo deberían estar en los espacios propios, de lo que se llama «prensa del corazón» y no en el lugar de la información seria, ya que tratamientos especiales y desmesurados como éstos quitan espacio a noticias de mayor enjundia?

Palacio del Senado, 13 de mayo de 2005

Iñaki Mirena Anasagasti Olabeaga

Y aquí la respuesta que obtuve del Gobierno:

El Gobierno, como norma, no da instrucciones a RTVE sobre el contenido de su programación y sus informativos. Como ha manifestado en reiteradas ocasiones, este Gobierno respeta escrupulosamente el trabajo de los profesionales del ente público y no interfiere en sus consideraciones y criterios periodísticos.

El Gobierno, en este sentido, respeta la plena autonomía del ente y en relación con la noticia a la que alude Su Señoría, sólo se pueden destacar las consideraciones de interés público que han podido tener en cuenta los profesionales del ente, dada la relevancia política del personaje.

CHANNEL 4 DESAFÍA A LA CASA REAL BRITÁNICA

Frente a una RTVE volcada acrítica y hagiográficamente hacia la Casa Real española, en monarquías parlamentarias democráticas y consolidadas eso no ocurre, como por ejemplo en Gran Bretaña. Mientras por aquí se cerraba *El Jueves*, en Londres los hijos de Lady Diana Spencer, Guillermo y Enrique, enviaban una carta a ese canal de televisión para que no emitieran imágenes de su madre. Y no es que yo sea partidario del todo vale, ni que todo sea libertad de información, sobre todo si se hiere la sensibilidad de dos jóvenes que no quieren que ciertas imágenes de su madre moribunda sean transmitidas por televisión; pero resalta este hecho extremo, por un lado, por el hecho extremo, por el otro, el español, cuando en este país no hay una sola información sobre esta familia intocable.

Y es que es fiel a su espíritu iconoclasta.

A pesar de la carta, Channel 4 provocó las iras de la realeza británica al mantener en su parrilla un polémico documental con imágenes de Diana de Gales tras el accidente que acabó con su vida. Ante el revuelo provocado por el reportaje, los hijos de la difunta habían remitido una carta a la cadena para exigir la censura de los planos más polémicos. Pero los reproches de los príncipes no sirvieron de nada. «Creemos que es un filme responsable que ilumina importantes aspectos del accidente a través del testimonio de testigos y de un número limitado de fotografías no explícitas», explicó el canal.

El escándalo estalló cuando el dominical *The Observer* reveló que Channel 4 rompería uno de los escasos tabúes que todavía respetaban los medios británicos: la publicación de imágenes de Diana en plena agonía. De inmediato, los responsables del canal desmintieron la noticia y puntualizaron que sólo emitirían un plano de un médico aplicando una mascarilla de oxígeno a la princesa, cuyas facciones quedaban ocultas. Sin embargo, estas explicaciones no convencieron a la Casa Real, por lo que ambas partes negociaron un visionado previo de la controvertida cinta para tratar de acercar posturas. Al final, tanta diplomacia no sirvió de nada. Los representantes de la Corona se quedaron espeluznados ante el contenido de un documental que, según ellos, no aportaba información novedosa a los ciudadanos, pero que hería profundamente a los hijos de la difunta.

La cadena aseguró que las fotografías no formaban parte del material considerado tabú por la prensa británica y que, de hecho, habían sido ya utilizadas en el pasado por *The Sun* y la BBC. «Tenemos la convicción de que el programa no va mas allá, ni visualmente ni en el tono, que otros programas de la televisión británica», aseguraba el director de contenidos de Channel 4, Kevin Lygo, en su carta de respuesta a los príncipes. «Lamentamos sin ambages la angustia que ha podido causar a los príncipes la cobertura de prensa de estos días sobre el programa [...], pero Channel 4 ha de contrapesar esas comprensibles emociones con el importante valor público que creemos que contiene este documental», sostuvo Lygo.

¿Se imaginan algo así en España? No, ¿verdad? Pues ésa es la prueba del algodón.

LA INSTITUCION MÁS VALORADA

Es uno de los comentarios recurrentes que se hacen sobre el general Franco. Al parecer, le debió de preguntar alguien sobre el dedicarse o no a la política y Franco debió contestar: «Haga como yo. No se dedique a la política». No es extraño, pues, que esta actividad de servicio con todo lo que esto supone sea un renglón denostado en las encuestas cuando sorpresivamente la Monarquía es la institución más valorada.

Claro está, la afirmación tiene trampa porque sólo se hacen tres preguntas sobre la Monarquía en las encuestas del CIS. Son estas: el grado de confianza de la Monarquía, la importancia del rey como árbitro y moderador del régimen y el grado de importancia de D. Juan Carlos para el funcionamiento de una democracia que ha cumplido ya tres décadas.

Seguramente harán otras, aunque nunca las publican. No sería políticamente correcto que la gente opinara sobre las cacerías del rey, sus infidelidades matrimoniales, la relación con sus amigos los comisionistas, la manera cómo despidió a Sabino Fernández Campo, sus relaciones con Mario Conde, Ruiz Mateos, Javier de la Rosa y Kio, sus vacaciones y un largo etcétera que nos irían conformando una imagen diametralmente distinta a la que se exhibe gracias a la férrea censura existente.

Curiosamente, el Centro de Investigaciones Sociológicas (CIS) aclaró en un comunicado, por primera vez, que en su banco de datos había al menos 46 preguntas relacionadas con el papel y las opiniones sobre la Monarquía.

Al parecer, había hecho una encuesta sobre la inmigración a mediados del 2004 y, como coincidía que por esas fechas era la boda de Felipe y Letizia, incluyó dos preguntas en relación con dicho enlace.

Las preguntas objeto de polémica en algunos foros de opinión fueron las siguientes: «¿Con qué interés ha seguido las noticias relativas a la boda del Príncipe Felipe?» (con un 50,3 por 100 de encuestados que manifestaron poco o ningún entusiasmo) y «¿Está de acuerdo con algunas de las cosas que dice la gente sobre la Monarquía?» –p. e., «asegura la sucesión del poder político», «es una institución de origen divino» o «es algo superado desde hace tiempo».

Estas respuestas seguramente no tienen nada que ver con las cuatro que me dio al Gobierno sobre el seguimiento de este sarao en RTVE, en el que nos vimos envueltos como un acto de propaganda acrítico de la institución.

¿Resistiría la institución monárquica encuestas y barómetros semestrales con preguntas libres sobre la Casa Real? Creo que no. No resiste la libertad de expresión, como para resistir la libertad de cuestión y de opinión. Y sin embargo, ésta es una de las claves de por qué se sigue diciendo interesada y mentirosamente que es la «institución más valorada». Son encuestas dirigidas para obtener la respuesta que se busca y luego se manipula la información.

En diciembre de 1989, cuando el CIS preguntó sobre la Constitución y las instituciones democráticas, ese *juancarlismo*, que aún hoy pocos discuten aparentemente y que a algunos preocupa, se ponía de manifiesto cuando, a pesar de la mayoritaria aceptación de la figura del rey, el 42 por 100 de los encuestados consideraba superada la institución monárquica como sistema político.

Treinta años después, estamos como estamos porque la manipulación se ha hecho mucho más sutil, y más técnica y más constante.

LO QUE PENSABA LETIZIA

Lucía Méndez es una gran periodista. Trabaja en *El Mundo* y en este periódico escribió el 9 de noviembre de 2003 un trabajo muy documentado sobre «Las tres vidas de Letizia». Curiosamente, comenzaba el mismo de la siguiente manera:

> Uno de aquellos amaneceres en los estudios de CNN Plus en Torre Picasso, cuando el canal de noticias acababa de ponerse en marcha, la presentadora del tramo matinal se quejó –lo hacía a menudo– del exceso de informaciones políticas. Prefería los temas sociales.
>
> «¿Qué tenemos? ¿Más política, más País Vasco y más principito?» Otras veces se refería al Príncipe de Asturias como Felipito [...]

En otro apartado de este trabajo, la periodista comentaba que a Letizia en los pasillos de RTVE la llamaban Letizia, «la Ficticia»...

Pues bien. Si esto opinaba Letizia del abuso informativo sobre Felipito, ¡qué podemos pensar los demás! Pues eso.

LA DEMOSTRACIÓN FINAL

En mayo de 2008, en una de esas múltiples recepciones, el rey hizo del presidente del Gobierno, José Luis Zapatero, en declaraciones a una periodista de *El Mundo*, un panegírico que irritó a la derecha y confundió a más de un cortesano por su desmesura. Sus complejos de origen frente a la izquierda le hicieron decir lo siguiente de Zapatero: «Es un hombre muy honesto. Muy recto. Que no divaga. Sabe muy bien hacia qué dirección va y por qué, y por qué hace las cosas. Tiene profundas convicciones. Es un ser humano íntegro». Le faltó pedir para él un premio Nobel o su beatificación.

Esta escandalosa declaración rompía cualquier mesura y neutralidad de su cargo, ya que no la aplica a otros, basándose su magistratura en su aparente imparcialidad. Fue tal la metedura de pata que fue acallada por la casa Real, que llamó a todas las redacciones de periódicos y medios audiovisuales pidiendo no se destacaran, ni comentaran, ya que ellos emitirían un breve comentario para apagar el incendio que su patoso jefe había iniciado una vez más.

Según los bomberos de La Zarzuela, los comentarios realizados «muestran la corrección institucional del jefe del Estado». ¿No es un chiste?

Sobre el carácter excepcional de que el rey valorara a un presidente del Gobierno en ejercicio, el citado portavoz de la Casa Real señaló que no era la primera vez que el rey realizaba comentarios de este tipo sobre los jefes del Ejecutivo. «Lo que ocurre –arguyó el muy cínico– es que en unas ocasiones se han publicado, y en otras, no.»

Ahí estaba la madre del cordero. Por una vez se habían publicado y mostrado al público la ligereza del personaje que había quedado como un cochero y el problema creado no era la boca suelta del monarca, sino que la periodista las había hecho públicas y eso dañaba la imagen sobre la neutralidad de la Institución. Ergo, hay que seguir aplicando la autocensura.

En el PSOE, su entonces secretario de organización, José Blanco, se puso la peluca y la levita de alto mayordomo de la Corte y respondió solemne: «No valoro las declaraciones del rey, sólo las respeto». Y se quedó tan ancho.

Mucho más hábil y sincero, Alfredo Pérez Rubalcaba, comentó en la radio sobre lo sucedido lo siguiente: «Las palabras del rey fueron inapropiadas, aunque aquí todo el mundo tiene derecho a tener la guardia baja».

Para un miembro del Gobierno todo había sido un problema de guardia baja que por una vez no había sido censurado.

Mejor demostración de la censura existente, para acabar este capítulo, imposible.

CAPÍTULO XIV

EL DISCURSO DE NAVIDAD DE JUAN CARLOS I

El 24 de diciembre de 2007 cayó en lunes. Ese día todavía se comentaban los premios de la Lotería, pero políticamente, casi todos los medios de cobertura estatal criticaban duramente al *lehendakari* Ibarretxe. Se le recriminaba contraponer en plano de igualdad, el terrorismo de ETA y un atentado tan brutal como el asesinato de los dos guardias civiles ocurrido en Capbreton, con actuaciones judiciales, policiales y con la política penitenciaria. No había tal, pero la crítica se consideró procedente y así se hizo. No había bula con el *lehendakari* Ibarretxe.

Contrastaba la dureza de la crítica con el anuncio del mensaje del rey a las nueve de la noche de esa Nochebuena en todos los medios de comunicación excepto en ETB. Se llegó a decir y repetir que, como colofón a ese *Annus Horribilis* que había vivido D. Juan Carlos, éste se referiría a él. De hecho, cuatro días después en el palacio de La Moncloa, el presidente del Gobierno José Luis Rodríguez Zapatero reconoció públicamente dos errores de ese año 2007: el haber dicho, hacía un año, la víspera del atentado en la T-4 del aeropuerto de Barajas, que «dentro de un año estaremos mejor» y el haber puesto fecha a la llegada del AVE a Barcelona, ¿Mostró debilidad? Creo que no. Personalmente se lo agradecí. De alguna forma engrandeció la política. Cuando uno se equivoca y lo reconoce, porque humano es errar, se acerca al ciudadano.

No fue así el caso del rey. «Mantenella, y no enmendalla» debe seguir siendo el lema de una Casa Real que le prepara sus discursos. Su alocución fue el clásico rosario de tópicos al uso, ajenos a todo lo ocurrido durante ese año. Como el teflón. La sartén sirve para freír pero nada se pega en ella. El rey sobrevuela los problemas y las realidades. La concreción sólo existe cuando no lee. Y ahí está el ejemplo del «¿Por qué no te callas?».

Curiosa –y desgraciadamente–, ETA en ese momento estaba organizando un salto en su ofensiva terrorista. Tras los atentados contra los dos guardias civiles, a un escolta y a un juzgado, atacó por primera vez desde el fin de la tregua la sede de un partido. Una casa del pueblo del Partido Socialista de Euzkadi en Balmaseda fue el objetivo de los terroristas, aunque los principales damnificados fueron una quincena de familias que tuvieron que pasar aquella Nochebuena fuera de su casa. La bomba de cinco kilos de explosivo, estalló pasadas las nueve de la noche de ese lunes, prácticamente a la misma hora en que todas las televisiones, emitían el mensaje del rey, reclamando unidad contra ETA.

EL DECORADO

Juan Carlos de Borbón pronunciaba su discurso de Navidad número 32. El primero lo había transmitido el mismo año del fallecimiento del general Franco en diciembre de 1975. En aquellas palabras sólo hubo alusiones positivas para el dictador fallecido.

Todavía estoy recordando éste mensaje que nos llenó de zozobra a todos los que buscábamos en aquella primera intervención algún dato que nos moviera a la esperanza. Pero eso no ocurrió en 1975.

En el 2007, a punto de cumplir en enero setenta años, el decorado era el tradicional. El nacimiento, la bandera y el árbol. Además, la foto escogida en ésta ocasión para adornar el despacho fue la del rey dispuesto a plantar un árbol en Santiago de Chile, donde había viajado el mes de noviembre para asistir a la cumbre anual de jefes de Estado y de Gobierno de los países latinoamericanos y en la que, con poca diplomacia, le había dicho al presidente venezolano Hugo Chávez aquello de «¿Por qué no te callas?». La frase fue utilizada convenientemente, y yo lo celebré, por la oposición venezolana destacando el «no» ante el referéndum convocado aquel 2 de diciembre en Venezuela para ratificar una reforma constitucional que llevaría al país a un sistema parecido al del régimen cubano. Afortunadamente prosperó el «no» y quizás aquella pifia política, por carambola, sirvió de bastante para que aquel país no cayera en una deriva totalitaria, aunque el chavismo criticara al monarca que, para una vez que improvisaba un discurso de cinco palabras, la hubiera organizado parda.

No fue el caso de su intervención esa Nochebuena. De hecho, el periódico *ABC* destacaba que «es el único mensaje que el rey pronuncia como jefe del Estado sin comunicar su contenido previamente al presidente del Gobierno. De esta forma, José Luis Rodríguez Zapatero debió de conocer el mensaje la Nochebuena cuando lo escuchó por radio o televisión como los demás españoles». Y este dato le parecía al *ABC* toda una hazaña digna de ser destacada.

Como hemos dicho la decoración incluía un nacimiento, la foto de la plantación del arbolito y la bandera constitucional sin presencia de la europea. Además del abeto, para el *ABC*, sobresalía algo para ellos muy importante. Decía así el hagiógrafo de la Corte:

> El cuarto elemento de la transmisión del mensaje de Navidad que más llamó la atención fue la atrevida corbata de don Juan Carlos, de un brillante color naranja. Y es que el Rey, que dentro de diez días cumplirá setenta años, sabe que esta es la única prenda de su armario que le permite innovar, como ocurre a todos los hombres con estilo clásico. Habitualmente, cuando don Juan Carlos aparece en un medio de comunicación con una combinación original –como la escogida la pasada Nochebuena–, ésta se acaba convirtiendo en tendencia de moda.

Sin comentarios.

EL DISCURSO

Tenía a mi familia esperándome para iniciar la cena de Navidad cuando les dije que debía escuchar el mensaje del rey. La expresión de sus semblantes fue fácilmente descriptible. «Lo vengo escuchando desde la época de Franco, y este año han anunciado alusiones a lo que ha ocurrido en el 2007», les dije. La verdad es que si no lo hubiera escuchado no me hubiera perdido nada porque todo fue de un convencionalismo gris oscuro, no naranja chillón, que nos transmitía el dato de que la Casa

Real había decidido no meterse en más charcos que los necesarios y bajar el perfil de la intervención sabedores que tras ella el botafumeiro de la clase política española y de los medios de comunicación iban a hacer el resto. Y así fue.

En su discurso, el rey Juan Carlos se centró en «los problemas que aún no hemos resuelto». Todo porque «pensar en España es pensar en los objetivos, valores y principios que, como gran familia, nos hemos fijado para hacer un país cada día mejor».

El primero de los retos a los que se refirió implicaba directamente a los partidos políticos. Consideró de «especial importancia» reclamar «de nuevo» a las formaciones políticas «mayores esfuerzos para alcanzar el necesario consenso en los grandes temas de Estado». No en vano, en la legislatura que estaba a punto de concluir, los ciudadanos habían sido testigos de cómo los dos partidos mayoritarios, el PSOE y el PP, no habían sido capaces de borrar sus diferencias y sentarse a hablar de cuestiones como el 11-M y la lucha contra el terrorismo. ¿Se referiría a eso?

También la VIII Legislatura pasará a la historia de la democracia española como la etapa en la que la derecha salió más veces a la calle (ocho ocasiones) para protestar por lo que calificaron de «cesión» del Gobierno a la banda terrorista ETA.

«La lucha contra el terrorismo reclama, sin duda, unidad. Sus crímenes, amenazas y extorsiones siguen presentes. Suponen un inaceptable ataque a nuestros derechos y libertades», expresó el rey.

En este sentido, recordó que 2007 arrancó con «rabia, indignación y sufrimiento» por el «brutal atentado» de la Terminal 4 del aeropuerto de Barajas, y añadió su «firme repulsa» ante el reciente «vil» asesinato de dos jóvenes guardias civiles en Francia. Dijo también que, en la derrota contra el terrorismo, España cuenta con «la abnegada y eficaz labor de nuestras Fuerzas y Cuerpos de Seguridad, así como con la firme acción de la Justicia».

El segundo gran bloque al que se refirió tenía que ver con «la atención de las carencias de muchas personas», principalmente jóvenes, mayores y los colectivos más vulnerables.

Más allá de la lucha contra «la pobreza y la exclusión», puso sobre la mesa algunas de las cuestiones sociales que más debate han generado. Apostó por «continuar profundizando en las medidas frente al desempleo, la carestía de la vivienda, los salarios más bajos, las desigualdades o las diversas necesidades sociales y asistenciales». Generalidades que suenan bien, las diga quien las diga.

Con los pésimos resultados de los estudiantes españoles en el informe PISA aún calientes, el rey apostó por «poner el empeño y los medios precisos para seguir elevando la calidad de nuestra educación». Y marcó una directriz tan genérica como obvia: «Debe responder a las legítimas aspiraciones de promoción personal y perseguir un armónico desarrollo colectivo, como sociedad moderna y cohesionada». Más generalidades.

Quien escribió el discurso al monarca no dejó de mencionar que hacía poco más de un mes una mujer de nacionalidad rusa había sido asesinada, presuntamente por su ex pareja, tras un infructuoso intento de reconciliación en un plató de televisión. Así entendió que «debemos impulsar la debida observancia de las reglas sobre contenidos televisivos». No se olvidó de la protección de la infancia frente a la programación de la pequeña pantalla. No estaría nada mal que así como en la televisión se protege la imagen de los niños, hiciera lo propio con sus nietos.

Tras alertar de los devastadores efectos de la droga y la necesidad de una mayor toma de conciencia por parte de todos en este ámbito, Juan Carlos I se refirió a la lacra de los malos tratos y a las muertes provocadas por los accidentes de tráfico. «Todos debemos contribuir a evitarlos.» Nada que objetar.

Antes de repasar las relaciones de España con el exterior, el rey insistió en la importancia de gozar de un desarrollo sostenible, «respetuoso con el medio ambiente, con nuestros paisajes y riquezas naturales». ¿Quién puede estar en contra de esto?

El año en el que mandó callar al presidente venezolano, Juan Carlos I aseguró que «es el momento para reafirmar nuestros sentimientos de hermandad con los países y pueblos iberoamericanos», porque «nada de lo que afecta a América nos es ajeno». Ni una mención al incidente.

En un año que no había sido especialmente amable con la Casa Real, no quiso cerrar el discurso sin agradecer las muestras de apoyo a la Corona y mostrar su compromiso de «servicio a España». Eso fue todo. Nada dijo de la Ley de la Memoria Histórica aprobada ese mes. No iba con el heredero de Franco.

REACCIONES DE LA PRENSA

Como es sabido, el día 25 no se venden periódicos y, por eso, hay que esperar al día 26 para leer los comentarios que el día 25 ya se han hecho por la radio y la televisión.

El País, en portada, destacaba: «El rey vuelve a exigir "cuanto antes" la unidad frente a ETA». En la misma información y de forma recuadrada, destacaba: «Ibarretxe irrita a los partidos al igualar atentados y justicia». La foto central de esa portada era la del presidente francés Nicolás Sarkozy de vacaciones en el Nilo con su entonces nueva compañera Carla Bruni.

El *ABC*, cuya única foto de portada volvía a ser la de Sarkozy con Bruni, en la parte superior y de margen a margen destacaba: «El Rey pide consenso antiterrorista mientras ETA comete otro atentado». En un recuadro y de forma destacada José María Aznar alertaba: «El referéndum vasco de autodeterminación pone en riesgo la continuidad histórica de España». ¡Casi nada!

El Mundo, y con la consabida fotografía de la pareja francesa, se dirigía a los dos partidos mayoritarios de ámbito estatal para decirles que «El Rey pide al PSOE y PP que hagan lo contrario que en estos 4 años». También apuntaba que la bomba de ETA en Balmaseda se había producido durante el mensaje Real. Al parecer esto era lo importante, no la bomba.

Público, por su parte, decía que «El Rey reclama consenso en los temas de Estado», pero después en su interior destacaba: «El fin de un año horrible en el palacio de la Zarzuela» y hacía un recorrido cronológico de las situaciones más delicadas a las que se había enfrentado el rey: extraño fallecimiento de Erika Ortiz el 7 de febrero estando él sospechosamente en Alemania; la petición de dar información sobre las cuentas reales y las preguntas parlamentarias; la portada de *El Jueves* que dio motivo al juez Juan del Olmo a decretar el secuestro de todos sus ejemplares el 20 de julio; la quema de fotos a partir del 13 de septiembre por jóvenes catalanes llevando una pancarta en la que se decía: «Yo también soy antimonárquico»; la petición de la presidenta de la Comunidad de Madrid al rey para que tratara mejor al periodista Federico Jiménez Losantos –a lo que, al parecer, el rey le respondió: «Le he dicho a Rouco que rece menos por mí y se preocupe más de los obispos»–; la visita a Ceuta y Melilla el 5 de noviembre precedida de fuertes críticas del Gobierno marroquí; el «¿Por qué no te callas?» del 13 de noviembre en la XVII Cumbre Iberoamericana tras la acusación del presidente venezolano Hugo Chávez al referirse al ex presidente Aznar como un fascista, y «el cese temporal de la convivencia» de la infanta Elena y Jaime de Marichalar anunciada el 13 de noviembre en plena bronca con Venezuela.

Frente a estos datos aportados por *Público*, el diario que se dice monárquico, el *ABC*, se despachaba con un reportaje, destacado en portada, de la periodista Almudena Martínez-Fornes que destilaba cursilería por todas partes y que llevaba un título que era todo un editorial: «El mejor año del Rey». Comenzaba así:

> Después de 32 años de reinado y de tres décadas de democracia –del mayor periodo de estabilidad, libertad y prosperidad que ha conocido España–, Don Juan Carlos ha vuelto a sorprender a los españoles, pero también a la comunidad internacional.
>
> Acostumbrados a la sutileza habitual del rey, que ejerce su autoridad con tanta discreción que casi nunca trasciende, algunos medios de comunicación han creído ver un *annus horribilis* para la Familia Real. Pero, más bien, 2007 ha sido el mejor año del rey. El año que Don Juan Carlos ha recibido más adhesiones y homenajes espontáneos en respuesta a una campaña antimonárquica desencadenada tras el verano; el año en el que ha logrado cumplir su viejo deseo de visitar Ceuta y Melilla, y en el que ha dado una lección de democracia y respeto a un dirigente venezolano que se creía con derecho a insultar a un presidente del Gobierno y a interrumpir a otro en presencia del rey, del «rey de todos los españoles». Todo ello, aparte de otras 230 actividades oficiales en las que ha participado Don Juan Carlos y de los quince viajes, seis de ellos de Estado, realizados en 2007.
>
> También ha sido el año de las adhesiones, alentadas por una ofensiva antimonárquica con diversos frentes. Por un lado, la derecha republicana, que desmantelara los restos del franquismo en los que esa derecha mantenía una situación privilegiada. Don Juan Carlos tuvo que escuchar cómo se pedía desde la cadena COPE, propiedad de la Conferencia Episcopal, que abdicara en su hijo, el Príncipe de Asturias. Fue el radiofonista Federico Jiménez quien emprendió

aquella campaña. A partir de ese momento, su programa empezó a perder decenas de miles de oyentes, según el último Estudio General de Medios.

Desde la izquierda radical separatista, grupos reducidos –que en el mayor de los casos apenas reunieron a 400 personas– empezaron a quemar fotos de los reyes. Unas protestas dirigidas no tanto contra la Monarquía sino contra el Jefe del Estado, con todas sus connotaciones. También tuvo que ver el rey cómo los Príncipes de Asturias sufrían el escarnio de un caricaturista injurioso de la revista *El jueves* que buscaba la fama a cualquier precio.

Pero todos estos ataques desencadenaron un aluvión de adhesiones sin precedentes por parte de casi todos los sectores de la sociedad. Desde hace meses, allá donde va un miembro de la Familia Real, los aplausos se prolongan más de lo habitual y no hay discurso que no incluya una alusión a la lealtad. Y en las encuestas, la Corona sigue siendo, con mucho, la institución más valorada por los españoles.

¡Qué raro!

REACCIONES POLITICAS

Como suele ser habitual también en estas ocasiones tanto el PSOE como el PP se ponen el traje de chambelán de corte y hacen su consabido comentario en clave de adhesión incondicional acrítica al monarca, faltando tan solo, tras sus intervenciones, la consabida jaculatoria de «¡Larga vida a Su Majestad!».

Y si en el PP puede tener su explicación, en el nominalmente republicano PSOE éstas cosas se extreman, y, curiosamente, con especial entusiasmo como fue el caso del ex diputado de IU y, en aquel entonces portavoz del Grupo Parlamentario del PSOE, Diego López Garrido, al que solo le faltó gritar los tres hurras de rigor y hacer una de esas ridículas genuflexiones que hacen las marquesas.

Sin decir de qué manera ni analizar el qué la pacificación y normalización en el País Vasco no se puede reducir a la búsqueda de la unidad tan solo de los partidos en la lucha antiterrorista, sino que tiene que pasar por la consecución de un amplio acuerdo político; el portavoz del

PSOE Diego López Garrido afirmó que su partido estaba completamente de acuerdo con el rey y que su llamamiento era muy oportuno.

«Unidad», dijo, es algo que el PSOE «siempre está y estará propugnando». Tras elogiar el papel del rey como una institución «muy relevante en nuestro país», que «ha sido, y seguirá siendo, esencial para la democracia avanzada que es la España constitucional», López Garrido calificó de «actual» su mensaje, al incluir problemas que «hay que solucionar», como el desarrollo sostenible, el cambio climático, la violencia contra la mujer o la siniestralidad vial. También destacó la coincidencia del PSOE con la «valoración positiva» que hizo el monarca de los «avances logrados» en crecimiento económico y social, y con su «visión optimista, de confianza en el futuro de España». Nada. Que para López Garrido el rey podía ser todo menos el sustituto de Pablo Iglesias.

Por su parte, el secretario de Comunicación del PP, Gabriel Elorriaga, recogió el guante lanzado por Juan Carlos I al reconocer la importancia del acuerdo político frente al terrorismo y afirmar que su partido hace «los mejores votos» para que sea posible recuperar «esa unidad de acción en el futuro». Elorriaga también valoró la alusión del monarca a la Constitución como clave de la convivencia, el desarrollo y la libertad. Según el PP, la Carta Magna encarna «la búsqueda permanente de los consensos entre todos los españoles, la garantía de la igualdad y de la cohesión entre todos». «Por lo tanto», añadió, «lo único» que hay que hacer, en su opinión, es «seguir valorando suficientemente la unidad, el consenso, la igualdad y seguir trabajando juntos para alcanzar esas metas».

Según apostilló Elorriaga, los españoles han demostrado que, cuando se tiene, «la voluntad necesaria, son capaces de encontrar solución a todos los problemas».

LA MÍA

Seguía yo teniendo a mi familia esperándome para la cena navideña y les pedí cinco minutos más de paciencia. «No ha dicho nada, y dejadme cinco minutos más para que cuelgue en el *blog* mi valoración.» Y, en caliente, escribí lo siguiente:

El pasado lunes 24, todos los informativos de los medios de comunicación españoles destacaron negativamente el mensaje que el *lehendakari* Ibarretxe había colgado en su página web. Ibarretxe felicitaba las Pascuas pero recordaba una serie de cuestiones pendientes en relación con la paz en Euzkadi, tras criticar, como no puede ser menos, a ETA.

Contrastó este tratamiento con el dado, de manera uniforme y ditirámbica, hacia la intervención del rey a las nueve de la noche de la Navidad, tras decirse previamente que después de un año complicado diría cosas.

Pues no. No dijo nada nuevo salvo repetir la colección de tópicos al uso, decirnos a los partidos lo que debemos hacer y no formular la menor autocrítica, como cuando en uno de estos mensajes habló de la financiación irregular de los partidos. ¿Se acuerdan? Consejos vendo que para mí no tengo.

«UN PAÍS CON UN VARIADO PATRIMONIO HISTÓRICO, ARTÍSTICO Y LINGÜÍSTICO, UNA AVANZADA ARTICULACIÓN TERRITORIAL Y UN PROFUNDO DINAMISMO» fue una de las cosas que dijo de pasada el rey.

Pero, por no decir, no dijo ni una palabra en gallego, catalán o euskera, aunque sí reconoció que vivimos en un Estado de «variado patrimonio lingüístico». Si esto es así, ¿le costaba tanto decir *Zorionak*, *Boas Festas* o *Bon Nadal*? Pues parece que sí. Ahora bien, ¿se imaginan ustedes algo parecido en Bélgica, a punto de romperse, con un rey hablando sólo en francés? Pues no. Y sin embargo, aquí sí. Y todos felices comiendo las uvas.

Y luego la unanimidad en el halago. ¡Qué bien ha estado! ¡Qué estupendo lo que ha dicho sobre la unidad! ¡Qué maravillosa alusión a Iberoamérica! ¡Fantástico que no aludiera a Chávez!

Bueno, pues éste es el secreto del por qué las encuestas hablan de que la Monarquía es la institución más valorada. A Ibarretxe, caña y caña, y al rey, oro, incienso y mirra. Y así hasta el próximo verano en Palma con *El Bribón*.

Hasta aquí lo escrito.

Cuando lancé éstas pocas letras, lo hice sin sentirme aludido por lo único que había dicho sobre las peripecias de aquel año 2007: «Además de agradecer las numerosas muestras de afecto personal e institucional hacia la Corona, esta noche quiero reafirmar mi profundo y permanente compromiso de servicio y de entrega a España y a todos los españoles».

Quien le escribió el discurso ya sabía de nuestras críticas a un mensaje propio de un rey exclusivamente castellano, pero poco le importó. Ya sabía que se había puesto en marcha el silenciador y su única preocupación se limitaba a que en el palacio de la Zarzuela estuvieran cerradas las ventanas para que no entrara en tromba el humo del incienso que comenzaba a expandirse por las cercanías y que constituían el aperitivo a los actos que se iban a organizar en conmemoración de su setenta aniversario al mes siguiente.

Del resto, ni la menor preocupación; pues hasta se habían juramentado para no dar pistas a la excesiva curiosidad sobre con quién celebraría esa Nochebuena el suspendido temporalmente Jaime de Marichalar. Todo lo demás estaba bajo control, señora baronesa. «España va bien. Y todos queremos mucho a Sus Majestades».

Nada. Como dicen en Venezuela sobre el *borboneo* político: no olvidan nada. No aprenden nada.

UN REY ESTRICTAMENTE CASTELLANO

Entiendo que el rey sea el jefe del Estado de España y que la lengua oficial del Estado sea el español o castellano. Impepinable. Lo malo para él es que la Constitución española habla de lenguas cooficiales y, además de esto, hay una cosa que se llama olfato, sensibilidad, mano política, respeto a las realidades naturales y otras muchas cosas.

Muestra de ello es la pregunta que le hice al Gobierno sobre el mensaje navideño del rey, que con buen criterio no transmite EITB, y la contestación que se me dio fue, como siempre, antológica. Toda una perla y toda una radiografía sobre la sensibilidad mesetaria en relación con otras realidades que no sean el castellano. Insisto en que una respuesta así sería inconcebible en Gran Bretaña o en Bélgica. Esta pregunta la formulé en el año 2006. La hubiera hecho en el 2007 ante lo que describo en este capítulo. Y la habría vuelto a hacer en el 2008. La pregunta fue ésta:

> El pasado 24 de diciembre, el rey Juan Carlos pronunció su habitual discurso de Navidad. En su disertación cometió un error al comentar que la ley

de dependencia había sido aprobada por unanimidad. No es cierto. Ni el Grupo Vasco, ni el Grupo Catalán la apoyaron, no por estar en contra de la filosofía de la ley, sino por invadir gravemente competencias estatutarias. No es de recibo, pues, que el rey cometa semejante desliz en un mensaje tan visto y comentado. En Bélgica hubiera ocasionado una crítica severa contra los servicios que preparan los discursos del rey.

Asimismo, el rey pronunció toda su disertación en castellano, a lo que lógicamente no hay ninguna objeción que realizar, pero lo hizo sin la menor mención hacia las tres lenguas cooficiales a las que no dedicó ni un *Zorionak*, ni un *Boas Festas*, ni un *Bon Nadal*.

Mientras el gobierno trabaja para que en la UE estos tres idiomas cooficiales sean conocidos, ¿considera el ejecutivo correcto que el jefe del Estado no haya tenido la más mínima deferencia hacia estas lenguas?

La respuesta del Gobierno fue la siguiente:

En el debate de aprobación del texto de la Ley 39/2006, de 14 de diciembre, de Promoción de la Autonomía Personal y Atención a Personas en Situación de Dependencia votaron a favor todos los grupos parlamentarios de la Cámara excepto los Grupos Catalán (CIU) y Vasco (EAJ-PNV), y se abstuvo la Diputada del Grupo Mixto perteneciente a Nafarroa Bai, justificándose tal voto en relación a la discrepancia sobre las competencias autonómicas al respecto.

En cuanto al mensaje de S. M. el Rey, se realizó íntegramente en la lengua oficial del Estado, de acuerdo con el artículo 3 de nuestra Constitución.

Esto fue todo. Reconocían que habían dado un dato falso y en relación con las lenguas cooficiales respondieron aplicando la letra muerta de la ley. Hace bien EITB en no transmitir este mensaje cada año. Digan lo que digan, sigue sin admitirse la pluralidad del Estado.

CAPÍTULO XV

EL DISCURSO DE NAVIDAD DE ALBERTO II

Al principio de ese mes de diciembre hice un viaje meteórico y tempranero a Bruselas, ya que hay un vuelo que sale de Bilbao los lunes a las siete menos diez de la mañana. Y va lleno. Se llega en dos horas, pero luego hace falta media más para, ya en el aeropuerto, llegar a la puerta de los taxis, y allí otra media de cola para coger uno.

El hotel estaba cerca del Parlamento Europeo; y en la habitación, por televisión, vi el reconocimiento, por parte de Chávez, de su derrota en relación a la reforma propuesta a su autoritaria constitución. Al poco me llamaron desde el *hall* el letrado, un senador socialista que se tenía que ir a Madrid nada más llegar, pues era ponente de la Ley del Cine, y la administrativa de la delegación. Les dije que antes de empezar el «Cuarto Encuentro Parlamentario sobre el futuro de Europa» deberíamos irnos a Chez León a tomarnos unas *moules*, iniciativa que aceptaron. Eso lo aprendí en tiempos de la democracia cristiana, cuando andábamos por aquellas callejas cerca de la Grand Place, engalanada ese día para la Navidad. ¡Qué tiempos!

Fuimos andando desde el hotel y pasamos por delante del palacio de Laeken, que tenía una bandera belga inmensa en su mástil. «¡Menudo lío tienen!» Fue lo que les dije a mis compañeros. Llevaban más de seis meses sin poder formar gobierno y empezaba a peligrar, para algunos, la unidad del país. Vi algunas banderas belgas en los balcones.

Sin apenas tomar el postre, volvimos nuevamente al Parlamento. Acababa de empezar a hablar Jaime Gama, presidente de la Asamblea Portuguesa. A los portugueses les había correspondido la presidencia aquel semestre, que culminaba entonces. Tomó después la palabra la vicepresidenta del Parlamento Europeo, la griega Rodi-Ktatsa-Tsagarapoulou. Los dos hicieron un buen resumen de lo que había significado la presidencia portuguesa y apuntaron los retos que le tocaría a la eslovena. Sobre todo el peliagudo asunto de Kosovo.

Mucha gente de la política española ha pasado por Bélgica: Felipe González, Almunia, Marín, Curro López del Real y muchos más, pero sobre todo muchos niños de la guerra. Lo he vivido en mi familia. Por caminos distintos, dos hermanas de mi padre, una hermana de mi madre y mi suegro fueron acogidos por familias belgas en 1937 después del bombardeo de Gernika. ¡Casi nada! Las asociaciones católicas funcionaron de manera muy eficaz, mientras la población pensaba que lo que estaba pasando en la Guerra Civil española era algo lejano que no iba con ellos más que para atender a aquellos niños al que una aparente cruzada católica quería hacer víctimas de aquella barbarie. Pero, a los tres años, ellos sufrieron la invasión alemana que les trastocó toda su vida y tuvo repercusiones en su Monarquía hereditaria.

Leopoldo III era el rey de los belgas desde 1934. Al producirse la invasión alemana en 1940, pidió un armisticio con las fuerzas invasoras y poco después se entrevistó con Hitler, pero pasó el resto de la guerra prisionero de los alemanes. Mientras tanto, el Gobierno belga organizó la resistencia desde Londres. Al finalizar la contienda el rey se exilió en Suiza, y aunque el plebiscito de 1950 decidió su reposición en el trono, las graves manifestaciones populares de protesta que siguieron hicieron que en 1951 cediera la corona a su hijo Balduino, que reinó hasta 1993. A su muerte le sucedió su hermano Alberto II, casado con la princesa Paola Ruffo di Calabria.

Lo ocurrido es España es una historia muy diferente. Por aquí un rey, Alfonso XIII, tiene que exiliarse en 1931. En 1936 apoya el golpe militar del general Franco. Su hijo, don Juan, mantiene una errática posición durante toda la dictadura con tal de recuperar el trono. En resumen, un rey impuesto por aquel general golpista que no se cansaba de decir que instauraba la Monarquía pero no la restauraba. Y, finalmente, una transición que aprueba una Constitución en la que no se plebiscita de manera singular si se quiere o no, como sistema de gobierno, la Monarquía, sino que se aprueba en el mismo paquete.

Nada que ver con Bélgica.

ALBERTO II, ¿REY DE LOS BELGAS?

La Monarquía siempre ha sido en Bélgica, junto a la religión católica, uno de los pocos nexos que mantienen unidos a flamencos y valones, distantes y enfrentados en todo lo demás.

Sin embargo, desde el 31 de diciembre del 2006 las cosas han cambiado. El idilio de Alberto II y sus súbditos parecía haber concluido, y una ola de críticas hacia la Monarquía se desató en el norte del país.

El motivo no fue otro que un discurso pronunciado por el rey ese día con motivo del Año Nuevo. Alberto II, dejando al margen el papel simbólico que le otorga la Constitución, aprovechó para criticar los intentos «separatistas» de los flamencos, tanto «los explícitos como los disimulados»

La preocupación del monarca era comprensible porque, o mucho cambian las cosas, o Bélgica desaparecerá en los próximos años. No en vano, el Vlaams Belang, un partido independentista, es ya la primera fuerza política del norte, y destacados intelectuales y empresarios flamencos suscribieron en diciembre un manifiesto por la independencia.

Pero las palabras del rey no hicieron más que azuzar el debate secesionista, y algunos políticos hablaban ya de limitar aún más los poderes de Alberto II para que ni siquiera pudiera elaborar discursos a medias con el Gobierno.

Los flamencos, más nacionalistas, conscientes de que la Monarquía es de lo poco que todavía une a los belgas, lanzaron sus diatribas contra Alberto II con la esperanza de que pronto el país hiciera aguas.

Los diarios *Het Volk* y *at Nieuwsblad* publicaron que aquel Gobierno, liderado por el liberal flamenco Guy Verhofstadt, era favorable a una limitación de las tareas del monarca, pero el primer ministro lo desmintió y defendió la figura del rey.

La idea de restringir los poderes del monarca no es nueva; de hecho, es un viejo sueño de algunos políticos flamencos, que desconfían del hijo de Alberto II, el príncipe Felipe, quien ya ha dicho más de una vez que, cuando le toque su turno, trabajará para reforzar el papel de la Monarquía.

Las palabras de Alberto II y la posterior reacción en Flandes volvieron a poner de manifiesto que algo no funcionaba en Bélgica. El sistema federal, vigente desde hace 25 años, ha acrecentado las diferencias entre flamencos y valones. Los primeros han ido ganando autonomía durante todo este tiempo y ya están preparando el terreno para dar un paso más cuando haya que revisar de nuevo las competencias de cada administración.

Según algunos especialistas, como la profesora de Bruselas Johanne Poirier, «a Bélgica le quedan al menos 15 o 20 años, después no hay nada claro».

Pero ante el alud de críticas desatado, el entorno del rey y éste recularon, y su discurso en el 2007 no tuvo nada que ver con el del 2006.

BÉLGICA

Y es que Bélgica es un país con dos comunidades muy diferenciadas y una minoría alemana, que hacen de este Estado tapón, cuya capital lo es también de la Unión Europea, algo a tener en cuenta. Y el rey belga, a diferencia del español, que sólo tiene referencias superficiales y folclóricas de la plurinacionalidad del Estado, sabe que maneja material explosivo. Nadie podría entender hoy en Bélgica un discurso de Navidad como el pronunciado por Juan Carlos I, tan ajeno a los problemas de nervio del país.

Quizá sea porque el general Franco tuvo buen cuidado de que la educación de aquel príncipe que llegó un buen día de Estoril en noviembre de 1948, no sintonizara con el país real sino con los valores de aquella dictadura. El caso es que no ha sido la misma la educación del actual rey belga que la del rey Juan Carlos

Por ejemplo. Alberto II, desde 1960 ha visto Gobiernos belgas inestables porque en Bélgica hay dos países en uno. En España hay tres pero aquí solo a efectos retóricos. Una España plural es inviable y el federalismo es un recurso y un discurso vacío de algunos partidos. El federalismo es un pacto entre iguales. Y España sólo hay una y, además, no quiere ser de otra forma; y cuando el rey habla de unidad en la diversidad sólo lo hace con palabras huecas y ausentes de contenido. La unidad es la suma de esfuerzos y voluntades, no una imposición del centro a la llamada periferia Y el discurso navideño del rey de España lo que refleja es el país castellano artificial que se empeña en defender, mientras día a día se va caminando hacía una situación parecida a la belga, al mismo tiempo que en el *Titanic* los músicos siguen tocando el que ¡viva España!

De hecho, Alberto II ya vio, a partir de los años sesenta, que su país no podía ser entendido sólo en valón (en francés), sino de forma bilingüe.

TRES COMUNIDADES

La independencia fue proclamada el 25 de agosto de 1830; se aprobó una Constitución (1831) que estableció en el país una Monarquía constitucional hereditaria con sistema legislativo bicameral y sufragio restringido; la corona fue ofrecida a Leopoldo de Sajonia Coburgo. La revolución industrial belga fue de las primeras de Europa.

Los problemas económicos y sociales, agravados en cierto modo tras la pérdida de las riquezas del Congo, aparecieron cada vez más vinculados a las posiciones lingüísticas y culturales. Así, ya el vasto movimiento huelguístico de 1960 sirvió, a la vez, para revelar la grave división lingüística y cultural en el seno de la comunidad nacional. El Gobierno de Gaston Eyskens (1958-61) no pudo resolver ninguno de los problemas planteados, y las elecciones de 1961 tampoco aportaron nada nuevo.

Los gobiernos que siguieron, encabezados por T. Lefevre (1961-1965), P. Harmel (1965-1966), P. V. Boeynants (1966-68) y Eyskens, otra vez (1968), no llegaron a modificar el agrio panorama. Convocadas de nuevo elecciones (marzo de 1968), en ellas retrocedieron los partidos tradicionales y progresaron los movimientos flamenco y valón. La hostilidad entre las dos comunidades continuó y a ella vino a sumarse, con más fuerza cada vez, la particularización de Bruselas como zona especial de bilingüismo.

El Gobierno que formó Eyskens en junio de 1968, coalición de social-cristianos y socialistas, se mantuvo en el poder hasta 1972. Durante su mandato, promovió el estudio de diversos proyectos de regionalización y realizó una reforma constitucional que consagró la autonomía de las regiones y la igualdad lingüística (1970). Al romperse la coalición, Eyskens convocó nuevas elecciones. En ellas (noviembre 1971) los partidos social-cristiano y socialista mantuvieron sus posiciones y el liberal sufrió fuertes pérdidas en beneficio de los movimientos federalistas valón, flamenco y bruselense. En consecuencia, Eyskens formó un nuevo Gobierno de coalición con social-cristianos y socialistas, que duró de enero a diciembre de 1972.

La problemática lingüístico-regional puso en crisis al gobierno de Tindemans, que dimitió en octubre de 1978. En las elecciones sucesivas (1978, 1981, 1985, 1987), no varió la distribución de escaños en el Parlamento, y este hecho repercutió en la estabilidad gubernamental, con varios gobiernos de coalición presididos por Wilfried Martens. En 1980, el Parlamento aprobó una ley sobre la regionalización del país que otorgó poderes autónomos a Flandes y a Valonia. En octubre de 1991, Martens presentó su dimisión ante las diferencias entre los partidos flamencos y francófonos de la coalición gobernante. El recurso a las elecciones anticipadas, (noviembre 1991) complicó aún más las perspectivas, por el crecimiento paralelo de la derecha flamenca y de los ecologistas valones. En febrero de 1992 los cuatro principales partidos llegaron a un acuerdo para formar un gobierno de coalición, presidido por el democristiano flamenco Jean Luc Dehaene. El Parlamento revisó la Constitución para proclamar el Estado federal (14 julio 1993).

CUATRO IDEAS VALIENTES Y CLARAS

Con este panorama, el mismo día que el rey Juan Carlos pronunciaba el discurso de Navidad que hemos glosado en el capítulo anterior, el rey de los belgas hacía lo propio.

El discurso, en francés y flamenco, fue televisado por los canales de televisión belgas, antes de abandonar por unas semanas sus actividades públicas, ya que debía permanecer en reposo como consecuencia de una operación de cadera que le había sido practicada en junio de 2007.

Bélgica había vivido seis meses sin gobierno, después de que el ganador de las elecciones del 10 de junio, Yves Leterme, no consiguiera formar una coalición y presentara su dimisión al rey el 1 de diciembre de 2007. Debido a ello, el Primer Ministro en funciones Guy Verhofstadt, aceptó el mandato del rey de formar un gobierno provisional para ocuparse de los asuntos urgentes del país mientras durara la crisis política y con el objetivo de estudiar las medidas oportunas que lleven a una reforma institucional de Bélgica.

De ahí que el rey, en su discurso de Navidad, no podía andarse por las ramas, como su homólogo Juan Carlos, y debió abordar en dos folios un mensaje claro y concreto que muy bien podía haberse leído en La Zarzuela, si este palacio no viviera a años luz de los problemas que dentro de poco pueden estallar también en la piel de toro.

Y como el documento no tiene desperdicio, permítanme que lo reproduzca íntegramente. Dijo así el rey belga:

> La Reina y yo, así como nuestra familia, os deseamos de todo corazón una Feliz Navidad y un próspero Año Nuevo.
>
> El año que termina ha conocido en el plano de la política y de forma indiscutible un periodo de prueba. Afortunadamente, la creatividad, el buen sentido y el espíritu de compromiso, que son cualidades marcadamente belgas, han terminado por imponerse.
>
> Como escribió acertadamente mi hermano, el rey Balduino, después de otro periodo difícil en 1981, permítanme que cite lo que dijo:
>
> «Sé que la prueba está ahí y que ella aporta a muchos de nuestros compatriotas inquietudes y sufrimientos, pero sé también que es en los tiempos difíciles cuando Bélgica reacciona de forma adecuada. Por eso tengo plena confianza en el futuro de nuestro país, porque creo en los recursos de los belgas cuando son… acosados».
>
> Se ha podido constituir un gobierno para abordar la solución de los problemas urgentes. Una reforma y una modernización de nuestro Estado Federal serán puestas a discusión. Agradezco a todas las personas que de una manera u otra han contribuido en este trabajo.
>
> Pero pienso que las dificultades vividas comportan para cada uno enseñanzas para el futuro. Quisiera por tanto compartir algunas con ustedes.
>
> 1. Para comenzar, hay que decir que es indispensable desarrollar y reforzar los contactos y los intercambios entre responsables en todas las áreas de

las Comunidades y Regiones diferentes. Tenemos la impresión de que nuestras relaciones están mejor organizadas y más estructuradas con los países extranjeros, y que no lo son tanto en el interior de nuestro propio país.

Con un indispensable espíritu de apertura, de respeto mutuo y de tolerancia no nos olvidemos de nuestros vecinos inmediatos, ciudadanos del mismo país. Resaltemos y favorezcamos el diálogo constructivo. Ello ayudará a cada uno a escuchar y a comprender las sensibilidades de unos y otros, y a progresar conjuntamente.

2. Yo lo he dicho a menudo, pero quisiera nuevamente insistir en ello con fuerza: es necesario, sobre todo para nuestros jóvenes, el conocer la lengua de las otras comunidades. Es una forma de civismo que hemos descuidado durante años. Y es por lo que esta evidencia es la primera condición para que nos comprendamos y nos apreciemos entre ciudadanos de comunidades diferentes. Los modos de aprendizaje de las lenguas se han modernizado de tal manera que no existe excusa alguna para no hacer este esfuerzo lo mas pronto posible. Por otra parte, la experiencia nos señala que es una ventaja en la búsqueda de un empleo.

3. El esfuerzo de acercamiento necesita también de una reconciliación entre comunidades. En nuestra historia ha habido, sin lugar a dudas, injusticias colectivas. Por eso importa superar estas heridas para favorecer el acuerdo que permita construir entre todos un futuro común. Este objetivo no es una utopía. Después de todo, la construcción europea está basada sobre una clara voluntad de reconciliación.

4. Finalmente, pienso que debemos involucrarnos de manera conjunta en la realización de proyectos movilizadores. Primeramente, me parece posible lograr, en el seno de esta Europa en marcha, un ejemplo de sociedad en la que diversas culturas vivan armoniosamente juntas en una misma entidad y enriqueciéndose mutuamente.

Esto no es un sueño imposible. Como os dije el pasado 21 de julio, veo ya muchos signos en nuestras regiones y comunidades, en los diferentes medios culturales, sociales, económicos y universitarios, lo mismo en los jóvenes que en los de más edad. Importa, pues, multiplicarlos y reforzarlos. Estar apegado a su identidad regional o comunitaria, promover el acuerdo en el interior de nuestro país y estar abiertos a la Europa del mañana son objetivos perfectamente compatibles. Asimismo, y al lado de ellos, hay otros campos de actuación con proyectos movilizadores para ser hechos de manera conjunta. No os cito más que dos que tengo en el corazón.

Sobre el plan de desarrollo, Bélgica puede contribuir a mejorar las condiciones de vida de la población del Tercer Mundo, y en particular aquellas de los habitantes de África Central que fueron ya experimentadas.

Pero también en nuestro propio país, dinamizando nuestra economía, ya que es necesario luchar eficazmente contra la pobreza; porque ésta se desarrolla sobre nuevas y preocupantes formas, y por eso debemos reforzarnos y adaptar nuestros medios para combatirla.

He aquí, señoras y señores, las reflexiones que quería compartir con ustedes en este periodo del año en el que la paz es tan a menudo evocada. La búsqueda de la paz comienza primeramente por nuestro propio país y en el corazón de cada uno de nosotros.

Nuevamente, Feliz Navidad y un exitoso nuevo año.

NADA QUE VER

Corto, claro, ajustado al terreno, sin perifollos ni repitiendo tópicos ya sabidos, Alberto II fue al grano. Fue un discurso en las antípodas del rey Juan Carlos, que podía haber hecho éste mismo discurso y haciendo, además, una mención más valiente a cómo acabar con el terrorismo de ETA y mencionar la aprobada Ley de la Memoria Histórica.

Sin embargo, el del rey Juan Carlos fue el discurso de un rey castellano del año 77. Es decir, de un Estado monolingüe y centralizado. Pero no hubo comentario alguno entre lo dicho por Alberto II y Juan Carlos. La prensa de Madrid lo silenció, y, si la democracia es un régimen de opinión publica, ahí tenemos una RTVE que invierte tiempo, dinero y espacio en seguir superficialmente lo más lúdico de los reyes y no trata asuntos como estos que tienen tanta enjundia en Europa. No se habla de ellos y, por lo tanto, no existen hasta que el problema estalla.

Sólo leí una reflexión mesuradamente crítica del analista Josep Ramoneda, en la que decía que el discurso del rey Juan Carlos podría ser una ocasión de reflexionar sobre lo que él llama la cultura de la unidad. «¿Falta cultura de la unidad en este país o cuando el rey habla de unidad lo hace en unos términos que responden a otra fase de la historia reciente? Para dar cuenta de una Transición, en líneas generales exitosa, que se fue tejiendo día a día, sin hoja de ruta alguna, evaluando fuerzas en cada momento, y buscando compromisos para ir saltando obstáculos, se construyó el mito del consenso. Ahora el consenso se utiliza como arma arrojadiza para descalificar al adversario cuando no se quiere pactar con él. Cuando el rey apela al consenso urgente en la lucha antiterrorista, podemos entenderle porque es difícil aceptar que en este tema haya el nivel de confrontación que se ha dado en esta legislatura. Cuando el rey apela a un mayor apoyo a las instituciones y poderes del Estado, sería exigible que diera una mayor precisión; pero se puede asumir que todo lo que ha ocurrido en esta legislatura en torno al poder judicial debilita efectivamente al sistema.

Pero cuando apela a la cultura de la unidad, hay materia para el debate.

En el ámbito político, ni el consenso ni la unidad pueden ser lo mismo en una democracia consolidada que en la Transición. El consenso en la Transición era necesario para sentar las bases del nuevo Estado. La confrontación es elemento esencial de la democracia. Y los momentos de unidad sólo pueden salir de ella. Lo que es exigible a los dirigentes políticos es claridad en la presentación de sus propuestas y en la definición de sus objetivos. Y consecuencia en la confrontación política. Esto es lo que se echa de menos. Y esto es lo que desprestigia a los políticos. Y si hay algunos terrenos en los que se pueda llegar a acuerdos de consenso, tiene que ser como fruto del debate y la deliberación democrática; no por una especie de imperativo *a priori*. Esta es la única cultura democrática de la unidad. Tal como ha ido la última legislatura, a día de hoy, la unidad no es posible en España. Y si ahora, precipitadamente, los dos grandes partidos empezaran a ponerse de acuerdo en todo lo que les ha separado, sonaría a estafa.

El rey habló de unidad en un año en que los engranajes de la Corona han dado algunos síntomas de fatiga. Y lo hace apelando a la Constitución como horizonte insuperable. También aquí el tópico es ya suficiente. La Constitución ha sido el punto de partida de la democracia, pero no es ningún punto de llegada. Tengo la sensación de que, más que insistir en un discurso voluntarista sobre la unidad, hay que seguir aprendiendo a convivir con las diferencias. Sólo a partir de ellas pueden tejerse los mínimos denominadores comunes a compartir. Así fue en los mejores momentos de la Transición. La apología de la unidad suena a unificación forzosa.

EL PRÍNCIPE LAURENT Y LOS REGALOS AL REY

No es que yo sea un forofo de la Monarquía belga, pero, quizás al tener el país que tienen, han tenido que hacer de la necesidad virtud y, por lo menos, el rey, en su mensaje de Navidad, les envía a sus ciudadanos cuatro consejos sobre lo que él considera tienen que hacer en Bélgica para vivir mejor. En Madrid, quien le hace los discursos al rey Juan Carlos glosa cuatro cosas de lo hecho por el Gobierno, condena el terrorismo y felicita las Pascuas; y, como novedad, saca a la palestra una corbata naranja que hace las delicias de los chambelanes del *ABC*, mientras portavoces del PSOE y del PP se derriten ante unas palabras que, diga lo que diga, siempre comentarán que han sido excelsas. ¿Es esto serio?

Por eso, incursionando algo más sobre la Monarquía belga y para terminar este capítulo, habría que recordar que, mientras la Familia Real española goza de patente de corso para todo, en Bélgica, el príncipe Laurent ha tenido que declarar por un escándalo en la Marina que, quizá, sea mucho menos importante que el tráfico de influencias de la familia Urdangarin en Mallorca o la compra de su mansión en Barcelona, o la vida de cuento de Jaime de Marichalar.

Y es que, en Bélgica, un escándalo sacudió la corte cuando el hijo menor de los reyes, el príncipe Laurent, admitió que estaba al corriente de que el dinero con el que su consejero personal le ayudaba a decorar y mantener su casa procedía de la Marina; pero aseguró desconocer su origen fraudulento.

Pero, por muy príncipe que es, no le quedó más remedio que ofrecer su testimonio en el juicio que el Tribunal Correccional de Hasselt celebró contra doce empresarios y altos oficiales de la Marina por supuestas facturas falsas y desvío de fondos de la Marina belga. En total, se desviaron más de dos millones de euros en fondos de esta institución del Ejército con distintos fines, entre ellos la rehabilitación de la casa del príncipe. Laurent de Bélgica, que en los años 90 no tenía suficientes ingresos para decorar y mantener la mansión que sus padres le habían regalado, insistió en que siempre confió plenamente en la legitimidad de las acciones de su consejero.

Según los investigadores, se habrían abonado en especie –muebles, electrodomésticos o trabajos de reforma–, y por un valor de más de 175.000 euros los servicios prestados por el príncipe, quien tiene el cargo honorífico de teniente general de la Marina. Un desvío de fondos de la caja general de la Marina

Se trata de una primicia en la historia judicial belga, puesto que nunca antes un príncipe había sido procesado en un caso de delito.

Frente a esto, ¿alguien se imagina a Iñaki Urdangarin procesado por sus tráficos de influencia, la decoración de sus casas, las millonarias vacaciones y demás? ¿Alguien se pregunta de qué vive la infanta Elena y quién paga su casa? ¿Alguien protesta por el regalo de *El Bribón* al rey?

No, ¿verdad? Éstas son preguntas impertinentes e indiscretas, de ahí que se entienda mejor el discurso del rey Juan Carlos en Navidad que el discurso del rey Alberto, también en Navidad. Lo único en común fue que nos felicitaron las Fiestas. ¡Qué amables!

Como resumen comparativo entre Juan Carlos y Alberto, vaya este comentario. Resulta que el doce de mayo del 2005, con motivo de la aprobación del matrimonio homosexual, respondiendo a la comparación con la «abdicación temporal» del rey Balduino durante 35 horas para no firmar la ley del aborto, Juan Carlos de Borbón contestó: «Yo soy el rey de España, no el de Bélgica». Más claro, en todo, agua.

CAPÍTULO XVI

SETENTA EL PADRE, CUARENTA EL HIJO

Coincidiendo con el setenta aniversario del nacimiento del rey, en enero de 2008, ocurrió paralelamente un hecho de la máxima importancia en el Nepal que los medios de comunicación españoles minimizaron. Esos días aquel pequeño país acababa con dos siglos de Monarquía. Se había decidido que el rey sería destronado y que la guerrilla maoísta se integraría en el ejército. El Parlamento de Nepal había decidido establecer una República federal democrática. El impopular rey Gyanendra sería depuesto. Había llegado al trono en junio de 2001, tras la controvertida matanza en el palacio real, y le dieron 15 días para irse a su casa. A Alfonso XIII, en 1931, sólo le dieron de tiempo hasta la caída del sol.

Por esos días, también los Saboya, herederos del último rey de Italia, habían pasado de la gratitud por el regreso del exilio a pedir al Estado una millonaria indemnización por los daños sufridos durante 56 años de su alejamiento del país. La reacción del Gobierno italiano fue tajante, al explicar que no sólo no se pagaría nada a los Saboya, «sino que se responderá pidiendo un resarcimiento por los daños causados a la Historia de Italia por la ex familia real», en alusión a cuando el padre de Humberto II, Víctor Manuel III, cumplió la petición del dictador Benito Mussolini, gran amigo de Franco, firmando las leyes raciales permitiendo que fueran deportados y asesinados miles de judíos italianos, junto a otros cargos contra la familia real.

En dimensión menos dramática, Fabiola de Bélgica, esposa del difunto rey Balduino, de ochenta años y que se dedica a cultivar su fe religiosa y la memoria de su esposo, fue también por esos días centro de una polémica cuando se airearon las cifras del salario de la Casa Real belga con motivo de la revisión anual para añadir la inflación, un mecanismo que se aplica a todos los trabajadores de aquel país y que se extiende a monarcas, príncipes y reinas viudas. Fabiola recibiría ese año millón y medio de euros. Ante las críticas y las especulaciones sobre el destino de los fondos (*Le Soir* se preguntaba si irían a España o a las arcas de Renovación Carismática Católica), la Casa Real belga publicó el desglose de gastos.

A diferencia de España, los belgas supieron que Fabiola dedica un millón de euros a salarios (cuenta con unos 25 colaboradores, incluidos los de su secretaría personal). El resto se va en viajes, visitas y gastos de mantenimiento del palacio, en porcentajes similares al rey Alberto. Pero las críticas no han cesado. El problema radica en que la dotación de Fabiola supera en un 50 por 100 a la de su querido sobrino Felipe, que asume la mayor parte de los actos oficiales, por ser el heredero. Pero lo importante de éste debate es que sobre éstas cosas se habla públicamente en Bélgica y no pasa nada.

Por esos días también se recordaba en Portugal el regicidio en el que fue asesinado el rey el 1 de febrero de 1908. En la plaza del Comercio de Lisboa, Manuel Buica y Alfredo Costa, vinculados al movimiento secreto Carbonaria, dispararon contra la carroza real. Don Carlos y su primogénito murieron en el atentado. La reina y el infante Manuel resultaron ilesos. Este último reinó hasta el 5 de octubre de 1910, cuando se proclamó la República y Manuel II inició su exilio en el Reino Unido. Un siglo después, y mientras en España todo era hablar del setenta aniversario del rey Juan Carlos, el gobernante partido socialista portugués y las formaciones de izquierda rechazaron en el Parlamento el «voto de pesar» propuesto por los dos únicos diputados del partido Popular Monárquico, integrados en el PSD. El actual heredero don Duarte Pío de Braganza, jefe de la Casa Real portuguesa, dijo que su país «todavía no cuenta con una democracia madura porque los ciudadanos no tienen la posibilidad de elegir el régimen en el que quieren vivir». Don Duarte se refiere al artículo 288 de la Constitución, que «obliga al respeto por la forma republicana del gobierno». En España, la Monarquía fue aprobada de matute en un mismo paquete y sin posibilidad de debate alguno.

Éste era, pues, el contexto sobre lo que pasaba en otros países en relación con una institución caduca, mientras en España sólo se podía hablar bien del rey en su setenta aniversario.

NO APTO PARA DIABÉTICOS

«Don Juan Carlos ha tomado las riendas de su imagen. Los "anasagastis" y pirómanos han quedado en el mayor de los ridículos» decía María Eugenia Yagüe el día del cumpleaños del rey. Al día siguiente, en su sábana dominical, Pedro J. Ramírez escribía que «seguramente lo que más le había entristecido al rey en el 2007 había sido la crisis matrimonial de su hija, pero que la acumulación en el perchero de cosas tan diversas como la quema de fotografías del rey en Cataluña, el encontronazo con Chávez en Santiago de Chile o la majadería que dijo Anasagasti sobre la imaginaria ociosidad de los Borbones, hacía ineludible una clarificación sobre lo que comenzó siendo presentado, más o menos jovialmente, como el *annus horribilis* de la Corona y ha terminado convertido por algunos en una dramática ofensiva en toda regla contra su titular».

De este tenor hubo otros muchos comentarios aquellos días en los que se organizó en toda regla toda una ofensiva de comunicación y relaciones públicas, sin posibilidad alguna de contrapunto, culminando en una cena en el palacio de El Pardo. Fueron quince días de bombardeo mediático de tal intensidad, que el columnista David Gistau llegó a escribir que «era puro No-Do, era un chute de publirreportaje monárquico como los que antaño cerraban junto al himno las emisiones de la televisión, y no solo en la estética. También en la nueva ofensiva de la propaganda de algodón de azúcar, del culto a la personalidad con que se está oreando la figura del príncipe en la inminencia de su 40 aniversario».

¡Cómo sería de abusivo el tratamiento absolutamente antidemocrático del asunto que, persona tan poco sospechosa de no querer lo mejor para la Monarquía como Luis María Anson, les llegó a alertar que se estaban pasando siete pueblos! «La propaganda en torno al rey durante el último mes ha sido a todas luces excesiva. Los publicitarios saben que si no se aplica la ley de la dosificación, la repetición excesiva puede volverse en contra de lo que se quiere potenciar. No podemos tener rey hasta en la sopa. La opinión pública terminará hartándose.» «Esos periodistas que nos han hecho sufrir una machacante e insoportable apología de los salvadores, progresistas y beatificados 70 años del rey» (Carlos Boyero *dixit*). Lo escribió también Raúl del Pozo en mayo del 2007 cuando nos atufaron con toneladas de incienso a raíz del nacimiento de la segunda hija de los príncipes: «Nunca se ha visto tanta lisonja, tanta coba, tanto halago, como si la chusma se hubiera vuelto, de pronto, asiática, como si la nieta nacida fuera la de Kim il Sung».

Pero todas estos comentarios eran sólo pequeñas ráfagas perdidas en la niebla porque la radio, la televisión, los desplegables de los periódicos, los editoriales y toda la información se centró en ésta efemérides con pinta de que alguien quiso sacarse la espina del verano, sin que todo ello fuera apto para diabéticos; informando sobre un rey y una familia cada vez más encerrada en una burbuja de pijerío profesional como bien la definió Gistau.

En los regímenes totalitarios la propaganda se impone sin obstáculos, hasta que, como ha señalado Sartori, se produce la saturación y pierde crédito y eficacia. Quizás por eso y para no igualar padre con hijo, le dieron a éste último, en su cumpleaños, en menos de un mes, su consabida dosis de adulación, pero algo más reducida.

SETENTA IMPACTOS UNO A UNO

A pesar de la contestación que me diera el gobierno a mis preguntas parlamentarias, la nueva dirección de RTVE es más *juancarlista* que el director de la televisión de Tailandia con el rey Bhumibol, ya que ¿de qué otra manera puede enjuiciarse el que se prepararan setenta testimonios laudatorios, setenta, ni uno más ni uno menos, setenta, para que a todas horas, en todo momento tuviéramos a setenta personalidades de la política, del deporte, de la sociedad, de la economía, del cine, en fin, de todo lo que se moviera, diciéndonos lo bien que lo hacía el rey, lo sensible que era, la democracia que había salvado, lo buen deportista que era, lo sensible que es a la cocina española y así todo en aquellos setenta publirreportajes de 30 segundos en los que se había buscado incluir desde Zapatero y Aznar hasta Clinton pasando por Arzak, los presidentes de los dos grandes bancos, Savater, Imanol Arias, Carmen Iglesias o Woody Allen?

Nadie criticó que allí no estaba la sociedad, salvo Manuel Hidalgo, que incluso comentó que «el ejército, pasadas sus veleidades golpistas, ha tenido una actitud impecable, pero ¿es todavía necesario hacerle la pelota por si acaso?». Aludía Hidalgo a que la contribución de RTVE no se quedó en los setenta pildorazas de incienso y almíbar que nos lanzaron sino al documental «Juan Carlos, rey constitucional» dirigido por Pedro Erquicia y en otro especial de *Informe Semanal;* programas todos ellos descompensados, sin la menor crítica, ni dejar pasar tan siquiera una voz republicana, sin que nadie les dijera que además del ejército y de ETA había otras cosas y en las que, además, D. Juan Carlos no ha hecho absolutamente nada.

Pero no fue sólo RTVE, sino Antena 3 que fue la primera que empezó con el botafumeiro con su reportaje «El rey cumple setenta años» realizado por sus servicios informativos, o Telecinco en sus informativos y en el espacio de María Teresa Campos «El Laberinto de la Memoria» con sus tres entregas.

Fue la reacción ante el mes y medio al garete que tuvo el barco de la Monarquía española cuestionada y quemada en efigie por una minoría, según se reiteró hasta la saciedad, pero que encendió varias luces rojas del cuadro de mando del salón del trono que había pedido una respuesta adecuada a los dos meses de marras. Y la respuesta se produjo en aquel mes de enero del 2008 con el doble cumpleaños del padre y del hijo. Setenta el padre, el 5; cuarenta el hijo, el 30 de enero.

De ahí que los meses de noviembre y diciembre fueran de intenso trabajo en La Zarzuela. Había que contrarrestar la imagen de boxeador sonado que dio el monarca, y desde la sala de prensa y acontecimientos se organizó todo el sarao donde se buscó, no la celebración de un cumpleaños sino la adhesión a un régimen. Y tuvieron todo bajo sus pies para hacerlo.

Un mes de loas sin ninguna, ninguna pero es que ninguna, voz discrepante. Ni una. Ni de muestra. Ni para no parecer algo hecho a la búlgara. Ni hablar. Había que lograr que todo el mundo se retratara. Y se retrató.

Por eso Gaspar Llamazares dijo aquello de que lo que se estaba conmemorando debería haber sido una celebración privada que no debería haberse mezclado ni utilizado como una acto de reafirmación y adhesión a la Monarquía como régimen. Pero al pobre Llamazares, como el día de las elecciones, pocos le hicieron caso. Por ahora.

Analizando su país, decía desde Italia Beppe Grillo, agitador político y creador de un superfamoso *blog*, que los diarios y los telediarios ya no son más que oficinas de *marketing* de los grandes grupos de poder, desde los bancos hasta los políticos. «No puede haber democracia en Italia cuando una sola persona (Berlusconi) controla tres televisiones, 20 periódicos y un gran grupo editorial.» Pues bien si este señor se diera una vuelta por España se llevaría las manos a la cabeza. No hay ningún medio en la piel de toro de hoy que ose decir la verdad sobre esta institución instaurada por un dictador.

Cuando hay algo consolidado como el Pacto del Olvido, es como si se quisiera tapar con tierra una herida profunda; porque si hay una herida profunda lo que hay que hacer es airearla con cuidado, sí, pero airearla, porque si no se pudre. Berlusconi, pues, una hermanita de la caridad.

CENA EN EL PARDO

Alfonso XIII, abuelo de D. Juan Carlos, acabó sus días en su exilio de Roma bajo el fascismo mussoliniano. Gobernó casi treinta años y su gran pecado político, además de sus incursiones africanas, fue el haber propiciado la dictadura del general Primo de Rivera.

Quizás, desde su exilio abrigó la esperanza de volver de la mano del general Franco a quien fue felicitando por sus batallas en la Guerra Civil, pero no captó bien con quién se jugaba los cuartos, como tampoco en su día supo de verdad quién era quién en aquella España que él mangoneó. El propio Ortega y Gasset, desde *El Sol*, glosaba así su reinado: «¡Cuántas ventajas se habrían derivado si esta caterva de palatinos que rodearon al rey le hubieran aconsejado que, de vez en cuando, escuchara a los intelectuales, a los periodistas, y a los industriales y a quienes notablemente podían haberle llevado el eco sincero de la opinión pública!».

¡El eco sincero de la opinión pública!

Aquí sólo lo políticamente correcto es la opinión publicada. Sin ella, no hay nada más que mensajes elaborados, muy elaborados, muy pildorizados, muy bien dirigidos sobre la importancia capital de la Monarquía para que todos vivamos felices y contentos; porque, al parecer, sin un señor en La Zarzuela pendiente de nosotros todos viviríamos peor, los nacionalismos romperían por enésima vez España y la democracia en Europa se resentiría.

Pero la prueba del algodón fue aquel mes y medio donde todo pareció posible y una juventud que no vivió aquella transición de pies de barro hizo que mucha gente se preguntara «¿Y por qué no?».

Por todas estas razones, y para conjurar cualquier veleidad, fue por lo que se organizó por todo lo alto en el palacio de El Pardo una cena de gala en honor del cumpleañero que contó con la presencia de casi todo el arco parlamentario, personalidades de la Transición, y hasta el *lehendakari* Ibarretxe al que presionaron de lo lindo para que acudiera, haciéndolo éste finalmente.

Y para acabar el mes, volvimos a tener nuestra consabida ración de cumpleaños, ésta vez del príncipe; en menor escala para no oscurecer al padre, pero con la misma cohetería almibarada típica de los hagiógrafos oficiales de las cortes del XIX.

«Es por ello –decía David Gistau– que al príncipe se le está promocionando el perfil bajo, la identificación con lo que Rajoy llama "la gente normal", aquello que siempre permitió decir a los cortesanos que el futuro rey es igual a cualquier joven de su tiempo. Es un argumento, en principio paradójico, que viene a decir que la Monarquía tendrá más posibilidades de permanecer cuanto menos parezca una Monarquía. Cuanto menos agravien los privilegios. Cuanto menos deslumbren los armiños, las cacerías y las regatas.»

MAR O GOLF

Al terminar éste libro se cumplían, quince años del fallecimiento del padre del rey, don Juan de Borbón, a quien conocí en algunas de estas recepciones. Recuerdo en especial la de la visita del presidente Mario Soares. Estaba hablando con el rey cuando nos interrumpió Emilio Botín, puro en mano y dedos en el chaleco preguntándole al rey lo siguiente: «Señor, mar o golf». Eran los tiempos de los comentarios sobre un posible traslado del veraneo de Mallorca a la Magdalena y a Comillas; ya que las amistades peligrosas aconsejaban un verano más discreto. Y, en ese contexto, nos interrumpió este hombre para preguntarle si le organizaba viajes por mar o campeonatos de golf. Ante eso, me volví y le dije: «Educación».

En Venezuela hay una máxima muy gráfica ante situaciones como ésta: «El niño que es llorón ¡y la madre que lo pellizca!».

Bueno, pues este año 2008 comenzó con el cumpleaños del rey y de su hijo con la botadura del *Juan Carlos I* en el Ferrol. Por eso no está mal que terminara con las preguntas y respuestas del gobierno sobre los nombres a los buques de la Armada y la negativa del gobierno a ponerles nombres de políticos democráticos.

ROGER DE LAURIA

Pregunta:

Este senador no hubiera realizado la presente pregunta si previamente el Gobierno no hubiera accedido a cambiar el nombre de la nueva y moderna fragata *Roger de Lauria* por el de *Almirante Juan de Borbón*. Es preciso recordar que Roger de Lauria fue un almirante del siglo XIII que, a las órdenes de la Corona de Aragón, salvó Cataluña de una invasión francesa tras una victoria naval en el golfo de Rosas.

Sin embargo, este hecho histórico ha sido eliminado para dar paso al recuerdo a D. Juan de Borbón, llamándole almirante cuando en su vida ejerció de tal y cuando su biografía, en relación con el pasado régimen, fue tan notable. El que en 1978, a golpe de decreto se le nombrara Almirante Honorario, no le da derecho a dar su nombre a ningún buque.

No es de recibo que mientras en Chile y en Brasil el ejército pide perdón por su reciente pasado, aquí, como recordó D. Luis María Anson a cuenta del desfile del pasado 12 de octubre 2004, «durante casi cuatro décadas los españoles asistieron a un Desfile que celebraba la Victoria de unos compatriotas sobre otros. Los ejércitos vencedores en la tragedia de la Guerra Civil despojaron al pueblo de la soberanía nacional. España se convirtió en un país ocupado por su propio ejército, que se puso genuflexo al servicio de un generalísimo autócrata, caudillo de la dictadura, de la represión, del espíritu miserable de la venganza, de la hollada libertad de expresión».

De ahí que parezca incongruente que el Gobierno haya cambiado el nombre de *Roger de Lauria* por el de *Almirante Juan de Borbón*, que tantas concomitancias tiene con el régimen anterior.

Por esta razón este senador solicita se le conteste las razones para tal cambio.

Respuesta:

La decisión de asignar el nombre de *Almirante Juan de Borbón* a la segunda fragata de la clase F-100, se adoptó siguiendo una tradición centenaria española de asignar nombres de la Familia Real a los buques de la Armada. Es también el caso de otros buques que sirven en la actualidad: patrulleros Infanta Elena e Infanta Cristina, fragata Reina Sofía y portaaviones Príncipe de Asturias.

De la vinculación de S.A.R. Don Juan de Borbón con la Armada y de la razón por la que ostentaba el empleo de Almirante, son testimonio los siguientes reales decretos:

Real Decreto 1636/1978, de 8 de julio, por el que, a iniciativa del Almirante Jefe del Estado Mayor de la Armada, se le nombró Almirante Honorario de la Armada «como prueba del reconocimiento y afecto debidos a su persona, su sereno patriotismo y amor permanente a España, y como testimonio de su vinculación a la Armada desde su ingreso en la Escuela Naval Militar».

Real Decreto 1477/1992, de 4 de diciembre, por el que, a propuesta de su Presidente, el Gobierno promovió a S.A.R. Don Juan de Borbón y Battenberg al empleo de Capitán General de la Armada, con carácter honorífico, «en reconocimiento a su profundo amor a España, a sus Fuerzas Armadas y como testimonio de sus vínculos especiales con la Armada desde su ingreso en la Escuela Naval Militar».

Asimismo, en 1987, Su Majestad Británica la reina Isabel II, otorgó al Conde de Barcelona el empleo de Almirante Honorario de la Marina británica.

No obstante, no se descarta que en un futuro, se asigne a otro buque de la Armada, como ya ha sucedido en el pasado, el nombre de Roger de Lauria, marino por el que la Armada siente un legítimo orgullo.

NOMBRES DE POLÍTICOS DEMOCRÁTICOS

Pregunta:

El pasado 19 de enero 2005 el Gobierno contestó a este senador una pregunta parlamentaria sobre el porqué había decidido no ponerle el nombre de *Roger de Lauria* a una fragata sino el de *Almirante Juan de Borbón*.

En contestación a tal pregunta y como si la respuesta viniera de un Gobierno monárquico de la derecha española, se nos contestó que tal decisión venía de una larga tradición de asignar nombres de la Familia Real a los buques de la Armada.

Como a este Senador le parece que tal respuesta es digna de ser dada por un Gobierno de encendidos monárquicos hacia quien no hizo absolutamente nada en su vida, ni por España ni por nadie más que por sí mismo, es por lo que solicita del gobierno le conteste si piensa cambiar esa tradición y poner en el futuro a los buques de la Armada nombres de políticos democráticos que murieron en el exilio, en la cárcel o bajo el pelotón de fusilamiento, como Niceto Alcalá Zamora, Indalecio Prieto, Largo Caballero, Julián Zugazagoitia, Femando de los Ríos, Julián Besteiro o Lluís Companys que fue nada menos que ministro de Marina y, por tanto, acreedor de un respeto un millón de veces mayor que don Juan de Borbón que sólo tripuló el *Giralda*.

Respuesta:

Además de otorgar nombres de miembros de la Familia Real, la Armada ha denominado sus buques con nombres de ciudades, regiones, islas, santoral, marinos ilustres, combates navales y otros. También ha utilizado nombres de personas cuya vinculación con la Armada es incuestionable, como es el caso de Blas de Lezo, Alvaro de Bazán, Méndez Núñez, Patiño y Marqués de la Ensenada; estos dos últimos, ministros a los que se les debe el extraordinario impulso que recibió la Armada a comienzos del siglo XVIII.

Así que, de momento, nada.

CAPÍTULO XVII

ONCE RECOMENDACIONES DEMOCRÁTICAS PARA IR TIRANDO

Mientras en todo el mundo se vive una aguda crisis económica que Zapatero reconoció seis meses después de desatada y el españolito de a pie dejaba de viajar por el mundo y sacaba brillo al botijo, a la mesa plegable, y la tienda de campaña para pasar las vacaciones del 2008, Felipe de Borbón buscaba nuevo barco. El anterior se había hundido en aguas del Mediterráneo y el entristecido príncipe no podía pasar su verano sin barco propio. El CAM.

El CAM, hundido en Valencia, estaba valorado en dos millones de euros y había sido estrenado en el 2007 en Barcelona. Con él regateó en aguas de Palma de Mallorca durante el verano.

Frente a esta desalentadora noticia para las gentes que tengan algo de sensibilidad ante la cosa pública, leyendo entre líneas una extensa biografía que Lola Galán le hacía al diestro José Tomás, ésta destacaba asombrada que el torero no le reza a la Virgen ni a los santos en las fatídicas horas previas a las corridas, y uno de esos días, para pasmo general, «no brindó ninguno de sus toros al rey de España, presente en la plaza». ¡Olé!

Pero son pocos todavía los que no caen en esa coba continua y servil impropia de gentes con dignidad. Está muy presente una Transición, silenciada con la censura, y resumida por Manuel Vázquez Montalbán como «un cuento de hadas, con un rey bueno y unos políticos sensatos hermanados por el dios menor de las sobremesas».

Bueno, pues este libro empieza a acercarse a su fin, dejando en el tintero muchas y sabrosas anécdotas que, como el propio libro, caerán en el silencio; porque el hecho de que un senador se haya atrevido a escribir semejante alegato contra un tabú describe el clima de superficialidad, temor, falta de rigor, papanatismo, y demasiados intereses, hacia una institución caduca que rompe la tan cacareada igualdad que la Constitución española consagra en su primer artículo. Pero así son las cosas señora baronesa y así nos gusta vivirlas.

Gratuitamente, y sin que nadie de la Casa Real me lo haya pedido, sólo para que vean que no soy tan negativo ante ellos, a continuación voy a presentar once recomendaciones. He querido que sean once y no diez, para que no me equiparen a Moisés.

En 1977 me tocó viajar a Caracas con Carlos Garaikoetxea, a la sazón presidente del EBB del PNV, y con Juan Ajuriaguerra, un histórico dirigente condenado a muerte por la dictadura que en aquel entonces era diputado por Bizkaia.

En ese viaje fuimos a visitar distintas personalidades venezolanas, una de las cuales fue el presidente del Congreso de los diputados y dirigente de Acción Democrática, Gonzalo Barrios. Al ser yo presentado, Ajuriaguerra para completar mi perfil le dijo que yo también era «súbdito venezolano». Era una descripción técnica que incluso la consagraban los pasaportes. «Aquí no tenemos súbditos –le contestó el venezolano–. En este país todos somos ciudadanos.» Ajuriaguerra le dio la razón. Y a mí me gustó la puntualización. Ojalá por estos lares no hubiera ni súbditos ni vasallos ni cortesanos, sino que todos fuéramos ciudadanos, con todo lo que esto supone a la hora del tratamiento. Ni Señoría, ni Excelencia, ni Señor. Sólo ciudadano. Basta y sobra.

Otro dirigente histórico del PNV fue D. Manuel de Irujo, diputado en tiempos de la República, ministro de los gobiernos de Largo Caballero y Negrín, presidente del Consejo Federal del Estado español del Movimiento Europeo, senador en 1977, un hombre que era el clásico político de una época en la que aquella generación no dejaba carta sin contestar, ni folio en blanco sin rellenar. No se qué hubiera sido de ellos en ésta época de Internet.

Irujo, que se había pasado la friolera de cuarenta años en el exilio, comenzó a percibir cómo tanto a Dionisio Ridruejo como a Areilza les daba por señalar cómo tenía que ser la democracia en España a la muerte del dictador; y, un poco cansado de tanta pedagogía gratuita, escribió un contundente artículo cuyo título lo decía todo: «Los conversos a la cola».

Pues bien, D. Manuel, que podía haber añadido a la lista de los conversos a Juan Carlos de Borbón, me solía escribir de todo y para todo, y siempre acababa diciéndome: «De lo que le pido haga usted lo que quiera y pueda y, si no, a Cestona de los papeles». Era una expresión simpática.

Es lo que pretendo hacer con estas recomendaciones como ciudadano; no como súbdito, ni como vasallo, que no lo soy. Y si no gusta, a Cestona de los papeles.

Por eso pretendo apuntar una serie de cuestiones que creo ineludibles por democráticas que se deberían hacer sin tan siquiera cuestionar si Felipe de Borbón tiene que ser el próximo jefe del Estado. Esa es otra cuestión. Estas son hoy simples recomendaciones de urgencia. Son las siguientes:

1. Urge solicitar al Ministerio de Justicia incluir la recomendación 1589 del Consejo de Europa que pide la derogación de las leyes que permiten la apertura de procesos penales contra periodistas. La inclusión de ésta recomendación en la legislación española implicaría la derogación del artículo 491 del Código Penal. Lo mismo cabe atribuir a la quema de efigies del Jefe del Estado. En Estados Unidos, quemar una bandera norteamericana no es delito.

2. Reformar el artículo de la Constitución 57-1 en relación con la primacía del varón sobre la mujer, y el 63-3 en relación a la capacidad del rey de declarar la guerra y hacer la paz. Se vio en el caso de la guerra de Iraq que éste artículo es inservible.

3. Pedirle al Gobierno que cumpla el artículo 66-2 de la Constitución que atribuye a las Cortes Generales la capacidad de controlar la acción del gobierno. Hemos visto cómo el gobierno no se deja controlar en todo lo que afecta a la jefatura del Estado manteniendo una opacidad incompatible con éste artículo tan claramente redactado de la Constitución.

4. Eliminar de los tratamientos reales todo ese residuo de siglos anteriores que separan la figura del jefe del Estado del resto de los mortales, dando a entender que el rey sólo responde ante Dios y ante la Historia. Si Alfonso XIII, al renunciar al trono el 14 de abril de 1931, dijo que no renunciaba a ninguno de sus derechos «porque más que míos son un depósito acumulado por la Historia, de cuya custodia ha de pedirme un día

cuenta rigurosa», hay que recordar que esa cuenta rigurosa tuvo lugar en noviembre de 1931 destituyéndole a él y a todos los descendientes quitándoles cualquier derecho. Siendo la actual Monarquía una instauración propuesta por la dictadura de Francisco Franco y no una restauración, no vienen a cuento todos esos tratamientos de Majestad, Alteza, Señor, y demás tratamientos diferenciadores. Basta el respetuoso usted para poner a cada uno en su sitio como ocurre en todos los países que no son dictaduras, y cuando hasta la jerarquía eclesiástica ha quitado esos absurdos tratamientos medievales.

5. Recomendar a Felipe de Borbón que aprenda euskera, gallego y catalán como ocurre en Bélgica con el heredero a la Corona. Toda esa educación militar ha estado de sobra y pudo ser comprensible en la persona de Juan Carlos educado por la dictadura militar, pero no tiene ningún sentido en un estado plurilingüe y plurinacional como el actual.

Y para que no se diga que soy sólo yo quien hace recomendaciones, traigo aquí una de las cien propuestas «para Defender y Fortalecer la democracia» que el director de *El Mundo* publicó en una separata el 7 de febrero de 2008. Fue ésta:

6. «La Constitución española establece algo que no existe en Europa y que es profundamente antidemocrático como es la impunidad e inmunidad de todos los actos del Rey, incluyendo aquellos que pertenecen al ámbito delictivo. El rey hoy es irresponsable ante la justicia. En consecuencia, nadie puede indagar en la vida privada del Rey y de su familia. Negocios, relaciones personales, amistades íntimas, encargos, prebendas, favores. Conductas que en cualquier país democrático serían objeto de indagación minuciosa por parte de los medios de comunicación y de los organismos a ello destinados respecto al presidente de la República. Aquí es algo impensable. La inviolabilidad del Jefe del Estado español no tiene paralelo en derecho comparado actual y es un privilegio que debe desaparecer».

7. Si no se va a investigar en serio y en profundidad lo que ocurrió el 23-F, déjese por favor de vender la especie de que fue el rey quien salvó la democracia aquella noche aciaga, cuando él, con su actitud hacia el general Armada creó las condiciones para que se produjera aquel despropósito tan grave. Que, pasado el tiempo, por favor, no mientan tan descaradamente.

8. El Gobierno debe saber en cada momento donde se encuentra el Jefe del Estado, y si éste sale al exterior debe notificar sus desplazamientos; y no como en la actualidad, que D. Juan Carlos utiliza el aparato del Estado para sus desplazamientos personales, habiéndose dado el caso, y de manera pública, que el presidente del Gobierno ha tenido que reconocer que no sabía donde se encontraba el rey, lo que impedía firmar un nombramiento.

9. Nunca el rey ha reconocido públicamente nada que tenga que ver con una República que mandó a su abuelo al exilio por haber propiciado una dictadura, ni ha tenido jamás un reconocimiento serio y continuo hacia una de las dos Españas. Con la excusa interesada de que hay que mirar al futuro, la República, la sublevación militar contra un régimen legítimamente constituido, la persecución a los perdedores, la manipulación de la historia, todo eso aparentemente no ha existido para el actual jefe del Estado que debería ya, de una buena vez, ser respetuoso con la historia y asumirla tal y como fue.

10. Habida cuenta que la Familia Real no existe a efectos constitucionales y a la que solo se le nombra en el artículo 65-1 a efectos de recibir de los Presupuestos del Estado una cantidad global para su sostenimiento, el de su Familia y Casa, «distribuyéndola libremente la misma», es por lo que las llamadas infantas no deberían tener ninguna asignación protocolaria. Deberían ser tan sólo, como lo que son, parte de su familia y nada más. Gentes anónimas a efectos protocolarios.

11. Incompatibilidad de la Familia Real.

El Parlamento estudiará y aprobará un régimen transparente de incompatibilidades para los miembros de la Familia Real. El mismo régimen reglamentará las donaciones de particulares y empresas, y los patrocinios de actividades. La Casa del Rey deberá presentar ante el Congreso la contabilidad anual de sus gastos, incluyendo la relación de personas que reciben asignaciones públicas.

Éstas son meras sugerencias de un ciudadano ante lo que ha visto y que, si se aplicasen, trabajarían curiosamente en beneficio de una institución en la que personalmente no creo por obsoleta, y antidemocrática; pero como ahí está, pues simplemente deseo que mejore en tanto en cuanto la juventud no comience a despertar del letargo al que le han sumido sus mayores aplicando recetas e información del pasado para problemas de futuro.

Y, como decía Salvador Dalí, «lo mínimo que se le puede exigir a una estatua es que se esté quieta».

Pues eso.

CAPÍTULO XVIII

SU GRACIOSA MAJESTAD APOYÓ PÚBLICAMENTE A PATXI LÓPEZ

Hemos llegado al último capítulo del libro. El año 2008 y lo que va del 2009 transcurren mansamente bajo un férreo control informativo a todo lo que tenga que ver con la Familia Real. Si lo ocurrido en agosto y otoño de 2007 cogió desprevenido a más de uno, la Casa Real y el Gobierno se han puesto de acuerdo para que algo así no vuelva a repetirse, y si sucede, se silencia. Ya está. Muerto el perro, se acabó la rabia. Veamos algunos de los hechos ocurridos.

TAMBIÉN NOS QUEDA EL HUMOR

Y llegó la crisis. Para todos, menos para Su Majestad. En los Presupuestos Generales del Estado aprobados en diciembre de 2008 todos los sueldos y salarios oficiales fueron congelados; bueno, todos menos uno: el de Su Graciosa Majestad. La propina casi llegó a los tres millones de euros. Pero, eso sí, D. Juan Carlos fue consciente de que España vivía un momento difícil. El 12 de octubre, en Palacio, se refirió a la crisis y, tras comentar que ahora es necesario aguantar el tirón, abogó por buscar una línea de actuación coordinada en el ámbito de la Unión Europea como mejor opción para hacer frente a la complicada situación financiera mundial. El detalle del monarca fue muy agradecido. ¡Qué majo!

Aquel 12 de octubre recordé lo que me pasó en Colonia (Alemania) en 1976. Habíamos ido a un mitin de un candidato de la CDU, y éste le criticaba a su adversario socialista del SPD: «Es como Cristóbal Colón –decía– que cuando salió no sabía adónde iba; cuando llegó, no sabía dónde estaba; cuando volvió, no sabía de dónde volvía, y además lo hizo todo con el dinero de los demás».

Algo así hizo este rey tan preocupado por una crisis que comenzaba a ser brutal y que él palió subiéndose el sueldo. ¿A que el chiste es bueno?

Y es que, para dar ambiente a aquella efemérides, a Mariano Rajoy se le había escuchado a través de un micrófono indiscreto el día anterior en A Coruña aquello de «Mañana tengo el coñazo del desfile», y ese comentario le había hecho blanco de una dura campaña de prensa y del PSOE por faltarle al respeto a las Fuerzas Armadas. Para mí, nunca Rajoy se había mostrado más ocurrente ni más descriptivo, lo que le obligó a estar al día siguiente en el dichoso desfile y en palacio con la boca más cerrada que el puño de Botín. Y sin embargo, aquel comentario nos había ilustrado a todos sobre lo que pensaba el líder de la derecha en relación con las paradas militares tan gratas a algunos. De ahí que, ante las posibles meteduras de pata del monarca, ¿qué hizo la Casa Real? Pues muy sencillo: suprimir la presencia de periodistas en la recepción para que de así *El País* pudiera escribir con gran satisfacción al día siguiente: «Más que nunca, don Juan Carlos ejerció como anfitrión. Y su familia fue el centro indiscutible de la recepción de la Fiesta Nacional». No me digan que no son enternecedores el comentario y la defensa que este medio hace de la libertad de expresión.

Quizás por ello y por algunas cosas más Paolo Vasile, el gurú italiano de Telecinco, le dijo a Esther Esteban en una entrevista en febrero de 2009 que el Gobierno no le llama ni presiona, ni nadie lo hace en su nombre.«Es mucho más agobiante la relación en ese sentido con la Casa Real.» A confesión de parte, relevo de pruebas.

Es comprensible, por tanto, que la Monarquía, el Ejército y la Policía, fueran según el CIS las instituciones más valoradas en diciembre de 2008. Las peor valoradas, la Justicia, el Congreso y el Senado. Los encuestadores pasaron una nota a los medios sobre cómo veían los españoles al rey, de quien no habían preguntado nada sobre su vida privada ni sobre sus meteduras de pata. «El Rey se sale de la tabla. Una inmensa mayoría de españoles cree que, sin su presencia, la Transición no hubiera sido posible, que su figura es una garantía de orden y estabilidad, que ha sabido ganarse la simpatía de los españoles y que ha probado que la Monarquía podía cambiar y adaptarse a las exigencias actuales.» Amén.

Quizás por esta razón en aquellas Navidades la Casa Real se puso una vez más la Constitución por montera y decidió desconocer los idiomas cooficiales, una reiterada vez más, y felicitar en castellano, inglés y francés.

La más políglota de la familia debe ser la infanta Elena, que tradujo la felicitación al francés y al inglés, metió en la foto veraniega a sus dos hijos y se cargó al pobre de Marichalar. Los duques de Palma, afincados en Catalunya, aparecían rodeados de sus cuatro vástagos con un texto redactado sólo en castellano.

Ante eso, protestamos, y lógicamente nos contestaron de esta manera: «No se trata de un documento o discurso oficial (que siempre hacen en castellano). No hay ningún requisito sobre cómo escribir dichas felicitaciones, que son una cuestión absolutamente personal de cada miembro de la familia real». Y lo redondearon con esta patriótica afirmación: «Algunas felicitaciones se envían al extranjero y es una mera cuestión de cortesía». Al parecer, la cortesía real se circunscribe al extranjero y no al cumplimiento de la ley. ¿A que también este chiste es bueno?

Por eso sólo nos queda, de momento, el humor. Tomarlos a broma. No son gente seria. Son como una serie tipo *Los Simpsons* pagada por el contribuyente, y aunque los tiempos no estén para muchas alegrías, la defensa que hicieron de su «delito» tres humoristas es el instrumento que se debería seguir, mucho más que la quema de estampas regias. La cosa fue así.

Las tribulaciones del oso Yogui

Todo comenzó el 28 de octubre de 2006, cuando los humoristas gráficos de *Deia* publicaron en su suplemento satírico llamado «Caduca hoy» un fotomontaje en el que se caricaturizaba al monarca español junto con un oso muerto sobre un barril. El 31 de octubre de ese año, el mismo diario publicaba un artículo de Nicolás Juan Lococo titulado «Las tribulaciones del oso Yogui», que dos días más tarde, el 2 de noviembre, también apareció en las páginas de la sección «Iritzia» de *Gara*.

Dos meses más tarde, el fiscal jefe del tribunal especial español, Javier Zaragoza, interpuso una querella contra Lococo, Rodríguez y Ripa argumentando que los acusados habían ultrajado a la Corona española. El magistrado Fernando Grande-Marlaska archivó la causa al interpretar que tanto el fotomontaje como el texto del filósofo estaban amparados, «aun cuando afecten a la más alta institución, en el ejercicio legítimo del derecho a la libertad de expresión». Consideró que la crítica, «siempre que no tenga una voluntad exclusiva de menosprecio», «engrandece» la institución monárquica «haciéndola más cercana a la sociedad».

Descontento con la decisión del juez, el fiscal jefe presentó un recurso, que propició la reapertura del caso en el mes de junio. Zaragoza consideraba que ambas obras estaban lejos «de la sana controversia y se centran en la figura del monarca, con dosis de difamación». El fiscal solicitó, en aquel momento, una fianza de 12.000 euros, y 10.800 más en concepto de una multa para cada una de los acusados.

Como es habitual en los juicios del Juzgado Central de lo Penal, su titular, José María Vázquez Honrubia, adelantó el fallo al terminar la vista: «Teniendo en cuenta la naturaleza del escrito y de la composición fotográfica, por poco, por muy poco, no se ha traspasado la línea» que limita la libertad de expresión. «Considero –prosiguió el magistrado– que hay una duda razonable en que ustedes hayan tenido la intención de afectar a las instituciones que defienden el Estado constitucional, por lo que quedan absueltos.»

Lococo se emocionó y lloró. No era previsible otra reacción en alguien que echó mano de Carlomagno, Eco, Quevedo y Galdós para defenderse. Además, recitó versos, enseñó libros y dijo ser un oso, al que su novia llama a veces «osito», y señaló que aquel martes fue apoyado moralmente por dos congéneres que salieron a pasear en Cantabria. Se definió como contrario al terrorismo y a «todo lo que hay que estar en contra»; republicano; poskantiano; «profundamente católico, conservador en lo moral, liberal en lo económico, socialista en lo social», y en lo religioso, «entre Juan XXIII y Escrivá de Balaguer».

Arte para malpensados

Lococo explicó que quería que su artículo «Las tribulaciones del oso Yogui» fuera una «obra de arte», que «no tendría que ser juzgada en la Audiencia Nacional, sino en la Real Academia». Surgió porque la figura del rey siempre «ha sido muy negativa para él», por el rey Herodes y el descubrimiento de que los Reyes Magos no existen.

Preguntado sobre por qué escribió que «por esta vez el rey de copas no es quien nosotros pensamos, sino nuestro congénere, el bueno de Mitrofán», Lococo respondió que «quería explicar a la población que el borracho era el oso, porque la gente es muy mal pensada». Aseguró que nunca quiso llamar alcohólico al rey y que no pretendía ofender a sus nietos con la frase «no estaría de más que se diera la voz de alarma a los ositos de peluche, incluidos los de Froilán y toda la cuchipanda, no sea que el mequetrefe de su abuelo, despechado por no encontrar ejemplares en la fauna, la emprenda a tiro limpio con ellos».

El escritor, que hasta los seis años se crió al lado de un oso de peluche al que tenía mucho cariño –«sólo cuando lo vi colgado con pinzas al salir de la lavadora me desengañé del asunto», dijo–, aseguró que dos plantígrados le animaron de cara al juicio. «Paseando por un monte de Cantabria, dos osos salieron a darme apoyo moral, porque hay una conexión espiritual entre los osos humanos y los del zoo», aseveró.

Asimismo, se mostró convencido de que si su texto se hubiese publicado en *La Razón*, en vez de en *Deia* y *Gara*, «no habría pasado esto», y subrayó que no era él quien vertía sus opiniones en el artículo. «No hablaba yo, hablaba el oso Yogui. Yo no quiero que maten a los Borbones ni que cuelguen a los monárquicos», manifestó en su defensa.

CUCHIPANDA ES «CARIÑOSO»

En una sala de vistas presidida por una foto del rey Juan Carlos, Lococo se vio obligado a explicar una por una las distintas expresiones recogidas en su artículo que el fiscal consideraba ofensivas. Así, dijo que el término «mequetrefe» que empleó para referirse a don Juan, el padre del rey, «era el lenguaje del oso Yogui, que es muy enriquecedor y que tenía un espíritu añejo».

A la hora de argumentar la calificación de «soberano irresponsable» con la que describió al rey, precisó que era para denunciar que «el monarca debería tener un comportamiento más ejemplar y someterse a la ley porque es reincidente. Ya mató otro oso en Rumanía».

También reiteró que no pretendía ofender cuando se refirió a los nietos del rey como la cuchipanda. «Es un término de cariño, como si digo cuchifritín o pocholo. A Froilán le tengo cierto aprecio y a su madre también. Creo que han sido injustamente tratados por la Constitución», dijo Lococo, quien sacó de una cartera varios libros hasta que el juez le espetó: «Bueno, vale ya, que parece usted un vendedor».

Injuriar no interesa

En un tono mucho más serio, los otros dos acusados negaron que quisieran llamar borracho al rey con su fotocomposición. Rodríguez afirmó que ni a *Deia* ni a ningún periódico le interesa injuriar a nadie, y que en el acervo popular nunca había oído que se dijera que el rey bebía en exceso.

Explicó que, para utilizar un elemento en un chiste, es fundamental que sea conocido, por lo que no era su objetivo hacer referencia a esa supuesta afición del rey, sino a que como cazador bebe cazalla.

El fiscal Pedro Rubira, que también recurrió a Shakespeare («¿Es que al rey, si le pinchan, no sangra?») como ejemplo de que a cualquier ciudadano le molestaría que le llamaran «borracho», pidió una condena de multa de 10.800 euros para cada acusado por lo ofensivo de las expresiones utilizadas, que consideró «soeces y zafias».

La defensa de los periodistas de *Deia*, ejercida por Txema Montero, aprovechó la cita de Shakespeare utilizada por el fiscal para negar que el monarca deba tener especial protección: «La sangre del rey es tan roja como la mía», aseguró.

Durante el interrogatorio fiscal a Rodríguez y Ripa, Rubira insistió sobre todo en el tamaño del barril sobre el que se recuesta el oso. El primero explicó que se trató de que pareciera un perro San Bernardo, y que en las caricaturas se deformaba todo. Añadió: «La cabeza del rey también es más grande de lo normal. Equivaldría a un peso de 200 kilos».

Por su parte, Lococo, al salir de la Audiencia Nacional recién absuelto, pidió al rey que le dijera al príncipe que abdique «por el bien de España»: “Seguirán teniendo todas las posesiones, que no se marchen de

España y que tengan el título de rey como honorífico. Entonces hasta yo sería un monárquico honorífico», agregó.

Una media docena de periodistas siguieron el juicio haciendo caricaturas y tomando notas. Al salir, se les acercó un espontáneo con un oso de peluche rosa que sujetaba en sus brazos un botellín de cerveza. Los recién absueltos acabaron posando con el oso y varias de las pancartas pro republicanas que llevaba. La principal decía: «Los osos rusos por la República».

Vuelta al franquismo

En su alegato, el abogado de los humoristas de *Deia*, Txema Montero, explicó que «estamos viendo un retroceso de la libertad de expresión que afecta en los últimos tiempos a la prensa satírica cuando se refiere a las altas instituciones del Estado, y que en algún sitio hay que poner la línea roja para que los periodistas satíricos sepan a qué atenerse». Una tarea que encomendó al juez: «Él ha dicho que en esta ocasión no han traspasado esa línea roja por muy poco. Ahora tendrá que señalar en la sentencia dónde está el límite».

A la espera de que se acote dónde dar el último trazo de una viñeta para no terminar en el banquillo de los acusados, Montero se mostró «convencido» de que «la prensa satírica no va a quedarse impávida y tratará de buscar nuevas formas más sutiles y audaces de expresarse críticamente contra los poderes del Estado». «Tendremos que volver a aquellos tiempos del franquismo en los cuales *La Codorniz* abría diciendo: "Parte meteorológico de España: en el sur frío, en el norte reina un fresco general procedente de Galicia"»; tal es el ejemplo que puso el abogado, para quien «el debate es que el rey tiene un blindaje especial». «No sabemos si al rey le ha gustado o no la caricatura o si se siente ofendido. Simplemente porque a la fiscalía le parezca, en nombre del rey, que se siente ofendido, ya acusa a estos señores», criticó Montero, quien reiteró el carácter humorístico del fotomontaje.

En definitiva, que estuvieron muy bien los cuatro y nos señalaron el camino a seguir, porque, de verdad, todavía nos queda el humor, que es más disolvente que cualquier discurso o ley.

CUANDO EL REY APOSTÓ PÚBLICAMENTE POR PATXI LÓPEZ

A los buenos españoles, entendiendo por tal a los seguidores de aquella «España, Una, Grande y Libre», no les solía gustar que el rey le hiciera carantoñas políticas al *lehendakari* Ibarretxe. De hecho, más de una vez han protestado por lo que consideraban un exceso de atención hacia un presidente «separatista», que, sin embargo, tenía hacia el jefe del Estado todas las consideraciones. Va en el cargo. No ha habido acto en Euzkadi con el rey donde no haya estado el *lehendakari*, ni haya habido un *aurreskulari* levantando la pierna hasta el infinito al son del txistu y el tamboril.

Pero, al parecer, estos amores, y no lo sabíamos, no eran correspondidos. Se descubrió en un acto previo a la campaña electoral vasca de 2009, en un rápido viaje de la pareja real para inaugurar la biblioteca de la Universidad de Deusto, diseñada por el arquitecto Rafael Moneo. Biblioteca que pedimos se llamara «Leizaola» en recuerdo del segundo *lehendakari* que impidió la volaran en 1937, pero el actual rector Oraá nos negó la sugerencia con cajas destempladas. Al parecer, este jesuita proveniente de una familia de la derecha vascongada no desea que se recuerde lo que hizo por ellos un hombre de bien. El caso es que el rey, a pesar de lo que me dijo en su día de que estaba harto de visitar el País Vasco invitado o por los jesuitas o por el BBV, visitó Bilbao a finales de enero de 2009. Una semana después se iniciaba la campaña electoral vasca. Las cosas estaban al pil-pil y, en eso, el lunes 2 de febrero, en *El Correo*, la columnista Tonia Etxarri, beligerante antinacionalista, escribió lo siguiente: «A López, hoy por hoy, no le contradice nadie. Hasta el mismo rey no oculta su entusiasmo. En su reciente visita al País Vasco cuentan que don Juan Carlos, en un acto público, le espetó al candidato socialista, señalando al *lehendakari*: "Patxi, a ver cuando ganas a éstos, ¡que llevan casi treinta años en el Gobierno!». Y en otra conversación con el candidato del PP, Basagoiti, no pudo ser más explícito: «Vosotros lo que tenéis que hacer es apoyar a Patxi».

Ese lunes repicaron todos los teléfonos. Perplejidad. ¿Es éste el que nos arbitra y modera, la instancia neutra que vela por todos? ¿Y cómo dice estas cosas él, que lleva 34 años sin que lo haya elegido nadie?

Escándalo en Ajuria Enea, en Sabin Etxea y en todos los lugares sensatos del país. Espeso silencio en Madrid. El rey acababa de meter, una vez más, la pata hasta el corvejón. Pero era en Euzkadi. Si hubiera dicho «Oye, Mariano, a ver cuando le ganas a estos socialistas, que llevan cinco años gobernando mal y no saben cómo salir de la crisis», se hubiera armado la de Dios es Cristo. Pero ocurría en Euzkadi y, una vez más, un manto de silencio cubrió el despropósito de un rey patoso y borde que espero le hiciera caer del guindo al bueno del *lehendakari*.

Yo, como no podía ser menos, le dije públicamente las verdades del barquero, pero el silenciador oficial se hizo presente. Registré una pregunta al Gobierno. Más silencio. ¿Qué pintaba D. Juan Carlos de agente electoral de Patxi López? Si este hombre se entrometía así en la campaña vasca, ¿qué no habría hecho el 23-F? Pero la caravana multicolor se llevó la gansada.

Y no era cosa menor. Esos días se decía que el rey, de forma poco patriótica, tiene el corazón blanco (Real Madrid), pero nunca fue al Bernabeu durante la presidencia de Calderón, y eso que una vez dijo: «A ver cuando echáis al ... de Capello». Y lo echaron.

El caso es que las elecciones se celebraron el 1 de marzo y ganó ampliamente el PNV, con cinco parlamentarios más que el segundo partido, el de Patxi López, así como con ochenta mil votos de diferencia. Pero Ibarretxe, siguiendo el consejo del rey, fue desbancado. Eliminada la izquierda *abertzale* del Parlamento Vasco, se juntaron el agua (López-PSE) con el aceite (Basagoiti-PP) y lograron lo que no se había conseguido en treinta años: «desalojar» al PNV de Ajuria Enea siguiendo ese atajo. En Galicia acababa de ganar el PP, y en Madrid y en Valencia el odio entre el PSOE y el PP hacía fundir todos los plomos. Sin embargo, el trofeo de caza, el punto verde en el mapa, fue pintado de rojigualdo en una Comunidad mayoritariamente nacionalista.

Yo recordé públicamente las palabras del rey en Deusto. Y las seguiré recordando, y ojalá nadie del PNV vuelva a las recepciones reales que, además de cómo feria de vanidades, sólo sirven para la mayor gloria de un señor con doble cara. Para nada más. Lo que diga el rey es irrelevante, porque, además, ni siquiera es cosecha suya. La institución está ya muy apolillada, y para lo único que vale es para que los señores se enfunden su frac y las señoras estrenen modelo.

Si tenía alguna duda sobre la institución, aquel día se me disipó, porque el rey tiene el deber de «abstención política» que se deriva del estatuto constitucional que lo consagra como jefe del Estado con funciones de arbitraje y moderación. «Su persona es inviolable y no está sujeta a responsabilidad y, de acuerdo con ello, sus actos han de ser refrendados por el poder Ejecutivo.» En definitiva, la Constitución deja al rey fuera del debate político, y esto es aplicable a los miembros de su familia.

Por otra parte, en razón de la naturaleza hereditaria de la institución monárquica, los reyes no son elegidos ni pueden ser revocados de su condición de tales por el electorado. La consecuencia es que, si deciden participar en el debate electoral, se implican en el mismo desde una posición de privilegio, porque su posición no puede ser rebatida en términos institucionales.

En definitiva, que el «¿Por qué no te callas?» y el apoyar tan gamberramente al candidato Patxi López fueron dos de los logros de este buen señor en los últimos tiempos.

Sinceramente me apena que, pasadas tres décadas, asistamos en democracia a consagrar una repugnante equivalencia entre la legalidad republicana y la ilegalidad franquista, que nunca, por cierto, ha sido juzgada, como tampoco lo fue en serio el 23-F. La generosidad asimétrica de la Transición se está rompiendo porque todo este mundo franquista reciclado ni ha olvidado nada, ni ha aprendido nada, ni ha perdonado nada. Y sigue siendo verdad aquello de Calvo-Sotelo: «Antes una España roja, que rota». Por eso, al rey le gusta más Patxi López que Ibarretxe.

DOS PELÍCULAS PARA TERGIVERSAR EL 23-F

Nadie supo a santo de qué, quince días antes del 28 aniversario del 23-F, Televisión Española y Antena 3 se dedicaron a emitir documentales de la época y dos películas a cuál más inverosímil. Casi treinta años después, al chaval que anda muy cercano hoy a la cuarentena, le siguieron contando la gran milonga del rey como «salvador de la democracia».

Y de eso se trataba. Otra será la historia cuando alguien se atreva a contar la verdad sobre lo que pasó aquella infausta jornada.

Y es que el asunto interesa. TVE, con su *El día más difícil del rey*, protagonizado por Lluis Homar, logró una media de 6,5 millones de espectadores y un inusual 31 por 100 de cuota de pantalla con esta historia; lo que convirtió a este telefilm en el más visto en la historia de la televisión española desde que en 1992 éstas cosas comenzaron a medirse con audímetros.

Yo, que en esos dos días vi la película completa, me pareció tediosa, infantil, con escenas y diálogos familiares surrealistas y cursis, y un inicio de la historia que era todo un poema: aquel día, cuando casi todo el mundo político seguía la investidura de Calvo-Sotelo en el Congreso, se ve al rey ir a jugar al paddel mientras en La Zarzuela unos obreros se enteran del golpe antes que el Jefe del Estado, ya que seguían la sesión por una radio puesta encima de una escalera en la que estaban subidos.

En la película que emitió Antena 3, uno de los militares resumía enfático lo que para él había supuesto aquella fecha: «Fracasó, pero creó tres mitos: el Rey, Suárez y el Guti».

En una entrega de un DVD del diario *Público* que había recibido el Premio Ondas al «Mejor Programa Especializado» en el año 2001, aparecía el general Armada en su casa de Galicia mostrando orgulloso sus palmeras y sus camelias. No vestía gorra militar de plato, sino una visera. Con una sonrisa en su boca, el que fuera condenado como máximo responsable del 23-F, comenzaba a hablar. Decía: «El 23 de febrero hice todo lo que pude. La prueba es que el resultado es buenísimo. Todo el mundo dice que la Monarquía se afianzó. Y como yo lo que buscaba era, primero, traerla y, luego, afianzarla, para mí todo el 23 de febrero es una satisfacción». A confesión de parte, relevo de pruebas. Más claro, agua.

A quien no le gustó cómo había quedado su padre esos días, fue al hijo del teniente coronel Antonio Tejero Molina, que escribió en el *ABC* una carta-artículo para defenderle ante el disgusto que le había producido el tratamiento mediático al golpista de la Guardia Civil. En ella hacía una alusión muy clara a los porqués de la actuación de su padre: «Realmente nos dolía España, mi padre y el momento en sí; aunque nos tranquilizaba la certeza, según nos habían dicho, de que el rey apoyaba y ordenaba tales hechos. Era un acto de servicio más, en un momento crítico por el cual atravesaba nuestra patria».

Este Ramón Tejero es sacerdote, y creo en lo que dice. No tiene por qué mentir a 28 años de aquello. Pero el silencio cubrió, una vez más, esta interesante carta pública. Me recordó noviembre del año 2007, cuando Jordi Pujol sacó a la luz su libro de memorias, en el que cuenta cómo el presidente Calvo-Sotelo le confesó las presiones recibidas para no juzgar a los golpistas del 23-F. Ahí queda eso.

Todo esto, pues, debería ser un auténtico reto para que un buen guionista y un valiente productor cuenten la verdad de lo que pasó aquella noche, aunque seguramente deberán rodar su película en el extranjero. Hoy por hoy, sólo se admiten bodrios como el comentado *El día más difícil del Rey*. Difícil sí, pero por su irresponsabilidad.

LA REINA LA ARMA EN SU SETENTA ANIVERSARIO

En el entorno de la reina debe haber gentes significadas del Opus Dei. No se entiende de otra manera que Dña. Sofía cayese en una trampa para aficionados y se sometiera a un tercer grado, que acabó en un polémico libro, con la periodista-escritora Pilar Urbano, numeraria de esta orden fundada por Escrivá de Balaguer.

De hecho, en otra dimensión, a mí me ocurrió algo parecido. Poco después de llegar a Madrid quiso hacerme una entrevista para una revista de la que era principal redactora e, ingenuo de mí, acudí a su casa, donde vivía en comunidad, y aunque recuerdo pocas cosas de aquel encuentro, sí me acuerdo del interés de la Sra. Urbano en ofrecerme una copita. La rechacé porque no tomo alcohol, pero aquello ilustra bien sobre la buena señora, que buscaba que yo tuviera la lengua suelta. Y no sé lo que dije, pero sí recuerdo que el presidente del Congreso, Félix Pons, me reclamó por algo sobre lo que opiné o medio dije o puso en papel Pilar Urbano.

De ahí que no me extrañase la polémica que estalló con la reina, sobre todo cuando se supo que la conversación no había sido grabada y que la periodista, salvo preguntarle por el tema vasco y los nacionalismos, le inquirió preferentemente por asuntos relacionados con la moral, llevando el agua a su molino, tras las respuestas propias de una señora de setenta años muy conservadora.

El libro copó todos los informativos de ese día y, aunque los dos principales partidos españoles, el PSOE y el PP, cerraron pronto filas con Zarzuela, ciertos sectores, desde el colectivo gay a las mujeres maltratadas, criticaron con dureza las opiniones de la reina.

Por si a alguien le quedaba alguna duda sobre la autenticidad del contenido de dicho libro, Pilar Urbano confirmó punto por punto aquellas declaraciones en la presentación, y los ecos del bochinche llegaron pronto al otro lado del Atlántico, donde el rey participaba en la Cumbre de Jefes de Estado y de Gobierno Latinoamericanos. Al enterarse del asunto, parece que montó uno de sus mayores berrinches, y ordenó a su entorno que hiciera algo para acallar aquel debate, que en España comenzaba a tomar mucha fuerza. Y, como siempre pasa, lo logró con el apoyo de los medios y un críptico comunicado de la Casa Real redactado en San Salvador, en el que sin membrete oficial decía: «Se trata de afirmaciones inexactas realizadas en el ámbito privado». ¿Cómo pueden ser inexactas y conocerlas ellos si están en el ámbito de lo privado? Realismo mágico zarzuelero.

Con todo, una vez más lograron su cometido. El incendio se apagó en treinta segundos. A mí me preguntaron mi opinión: «Dña. Sofía tiene todo su derecho a opinar de lo que quiera. Es la esposa del rey, no estrictamente una reina, y puede decir lo que piensa sobre el aborto, el matrimonio homosexual o la eutanasia, pero ella debe saber que, si se mete en ese jardín de rosas, las rosas tienen espinas y, por lo tanto, no sólo ella tiene derecho a opinar sino todo el mundo tiene derecho al debate político que ella suscita». Curioso, sin embargo, fue el comentario del portavoz del PP en Telemadrid, en el que censuraba la pérdida de neutralidad de la Corona, aunque horas después, y sin que nadie en el partido se lo pidiera, aparentemente, echó marcha atrás y expresó su «respeto total y absoluto a la reina».

El diputado crítico Gabriel Elorriaga comentó que las palabras de Pons le habían parecido intolerables. La vicepresidenta María Teresa Fernández de la Vega resaltó el impecable desempeño de las funciones constitucionales de la reina, y Zapatero casi propuso su proceso de beatificación. La más gráfica fue la hermana del rey, doña Pilar, quien a preguntas de los periodistas sobre la polémica frunció el ceño y dijo: «Una chorrada, como todas las vuestras». Y ahí quedó todo.

El 2 de noviembre celebró doña Sofía su cumpleaños asistiendo a un concierto de Zubin Mehta con toda la familia. El director indio le ofreció ocho versiones del «Cumpleaños feliz». Después, en La Zarzuela, hubo una cena, aunque no la multitudinaria que a raíz de la quema de efigies se le había hecho a su esposo en El Pardo el 5 de enero de ese año 2008. A los dos días, frente al Congreso, asistió a la Fiesta de la Banderita que organiza cada año la Cruz Roja para recoger donativos, y la noticia fue ésa y destacar que la polémica por sus declaraciones en el libro no se había hecho notar. No sé qué hubiera ocurrido si ese libro lo hubiera hecho Javier Ortiz y éste le hubiera preguntado por la Ley de la Memoria Histórica, el papel de su hermano Constantino en el Golpe de los Coroneles en Grecia, el tema vasco o qué ocurrió de verdad durante el 23-F. Pero estas cosas no ocurren en esta democrática Monarquía parlamentaria, faro del mundo y modelo a imitar en el universo.

ACLAMACIÓN A TRAVES DE LA OPACIDAD INFORMATIVA

De pequeños nos enseñaban en el catecismo: «¿Qué es la fe? Creer en algo que no se ve ni se conoce». Pues bien, la actitud de la Casa Real tras las continuas meteduras de pata del monarca ha sido resucitar el catecismo y pedir actos de fe y, lo más fácil, matar al mensajero. ¿Que el monarca, para una vez que improvisa un discurso de cuatro palabras –«¿Por qué no te callas?»–, la arma? Pues que no hable. ¿Que el monarca opina sobre Jiménez Losantos? Pues que no se sepa lo que dice. ¿Que la reina se explaya a gusto sobre los homosexuales, el aborto y demás temas candentes? Pues que no abra la boca nunca más ante periodistas.

¿Y cómo se hace eso? Con opacidad informativa. Ésta es la única manera para lograr que siga siendo «la institución más valorada», según las continuas y manipuladas encuestas del CIS. Que no se sepa lo que opina sobre nada y, como son fotogénicos, ¡qué majos son!, aunque se suban el sueldo en plena crisis, cosa que no ha hecho nadie en este país.

Pero la gente ya les va conociendo, y los jóvenes perciben de qué se trata; y como meterse con la prensa es algo de cuidado, no saben lo que han hecho. Porque como lo de esta gente es separarse del mundo de los mortales, llegará un momento en que se termine por calar el montaje.

El apagón informativo impuesto por la Casa Real a algunos actos oficiales presididos por el rey –el último, el celebrado el martes 6 de enero de 2009 con ocasión de la Pascua Militar, donde se impidió el acceso a los periodistas– soliviantó los ánimos de los medios de comunicación y de las principales asociaciones profesionales, que reclamaron que los actos a los que asiste el jefe del Estado deben ser «transparentes», con la única excepción de los que pertenecen al ámbito de su «estricta intimidad personal y familiar».

Lo ocurrido el día de Reyes fue la gota que colmó el vaso del malestar hacia la política informativa de La Zarzuela, porque es la tercera vez en menos de un año que la Casa Real veta el acceso de los periodistas a un acto oficial al que asiste el monarca.

Ese malestar contribuye a enrarecer las relaciones entre la Corona y los medios de comunicación, enturbiadas a lo largo de los últimos tiempos por episodios como la condena al semanario *El Jueves*, el juicio contra los autores de una viñeta humorística en *Deia* sobre la caza del oso Mitrofán o la controvertida biografía de la reina escrita por Pilar Urbano.

En esta ocasión se trataba de la tradicional recepción que don Juan Carlos ofrece en el Palacio Real al término de los discursos que el propio monarca y la ministra de Defensa, Carme Chacón, pronuncian con motivo de la Pascua Militar. Por primera vez desde que se celebra este acto, siempre el 6 de enero, los representantes de los medios fueron invitados a abandonar el edificio, sin mediar explicación alguna, al concluir las intervenciones del rey y la ministra.

Jamás se había impedido la presencia de periodistas en esa recepción, a la que asisten los miembros de la cúpula militar y representantes de los tres ejércitos y la Guardia Civil, además del presidente del Gobierno, José Luis Rodríguez Zapatero, y los ministros de Interior, Alfredo Pérez Rubalcaba, y de Defensa. Durante la recepción se sirve un cóctel y los informadores tienen ocasión de conversar, en un tono distendido –eso sí, sin cámaras ni micrófonos– con los miembros de la Familia Real y del Gobierno. Hasta ahora.

La Casa Real no ofreció ninguna explicación oficial para justificar ese cerrojazo informativo, pero extraoficialmente sostuvo que esas recepciones tienen carácter privado y, por lo tanto, están reservadas a las personas que don Juan Carlos estime oportuno invitar. Sin embargo, hay una razón extraoficial de mayor peso: que los políticos suelen mostrarse excesivamente locuaces con los periodistas y aprovechan la presencia de los informadores para hacer declaraciones, lo que resta protagonismo al rey, que es el anfitrión del acto. ¡Qué gran delito!

La presidenta de la Federación de Asociaciones de Periodistas de España (FAPE), Magis Iglesias, rechazó el primero de los argumentos: «Todo individuo, y por supuesto el rey, tiene derecho a que se respete su intimidad. Pero cuando don Juan Carlos ejerce sus funciones de jefe del Estado en un acto oficial, no puede apelar a esa intimidad. Y la Pascua Militar no tiene carácter privado». Mucho menos, cuando lo pagan todos los ciudadanos.

En parecidos términos se expresó Agustín Yanel, secretario general del Sindicato de Periodistas de Madrid (SPM) y responsable de Comunicación de la Federación de Sindicatos de Periodistas (FeSP): «Salvo en los actos estrictamente privados y familiares, el rey actúa siempre como jefe del Estado y máxima autoridad del país, y los medios de comunicación tienen la obligación de informar a los ciudadanos de lo que sucede en esos actos públicos».

El miércoles 7 de enero, al día siguiente de la Pascua Militar, Iglesias remitió un escrito al jefe de la Casa Real, el poco diplomático Alberto Aza, en el que expresó su «protesta por la progresiva exclusión de los periodistas en actos organizados por la Casa Real».

En esa carta –enviada también al responsable de Comunicación de La Zarzuela, Juan González Cebrián–, la presidenta de la FAPE argumentaba que «el jefe del Estado no debe organizar sus actividades oficiales ignorando que ejerce su autoridad en una democracia, de la que forman parte los medios de comunicación como artífices imprescindibles de la transparencia y el derecho a la información consagrados por nuestra Constitución». Y concluía: «Como quiera que el control social que ejercen los medios de comunicación, a través de los periodistas, es la mejor garantía de calidad de una democracia, desde la FAPE instamos a la institución que usted dirige a reconsiderar la decisión que terminó con una sana tradición de años, por la que la Monarquía española abría sus puertas a los periodistas, que podían informar de cuanto acontecía en las recepciones oficiales de Su Majestad el Rey».

La misiva iba acompañada de un documento aprobado el mes de diciembre de 2008 por la FAPE en el que se fijan los criterios éticos y periodísticos que deberían regir los actos oficiales presididos por el rey. Entre ellos, que los profesionales de la información «han de tener la posibilidad de dar cumplida cuenta de lo que acontece en un acto de relevancia, como son las recepciones que ofrece el jefe del Estado a los representantes de las fuerzas políticas y sociales del país».

El documento también recomienda a los políticos asistentes que hagan sus declaraciones a los medios de comunicación «antes de la celebración de la recepción y en un espacio físico distinto». Y exhorta a los periodistas a respetar los llamados *off the record*, es decir, las opiniones y comentarios que se realizan con el compromiso de que ni serán divulgados ni se revelará la identidad de la fuente.

Un portavoz de La Zarzuela señaló a un medio de comunicación que el jefe de la Casa Real aún no había respondido a la carta remitida por la FAPE, pero que lo haría «en su momento». Y añadió que en la recepción ofrecida por el rey el 12 de octubre de 2008 con motivo del Día de la Fiesta Nacional, a la que también se impidió el acceso de los informadores, estuvieron presentes decenas de periodistas. Sin embargo, los representantes de los medios de comunicación que acudieron a esa recepción lo hicieron como unos invitados más de la Casa Real, no como trabajadores en el desempeño de su labor informativa.

En definitiva, que así empezaron en Nepal y terminaron con la Monarquía, al hacerse lejana, poco útil y odiosa. Que sigan así y verán lo que cuesta el alquiler de una casa en el centro de Madrid.

Lo malo es que han acabado creyéndose que eso de que son la «institución más valorada» tiene la gran trampa de que al rey se le trata como a un semidiós, protegido con una mordaza puesta a la prensa, que sólo conoce una situación parecida en Tailandia.

En definitiva, esto significa que estamos ante una decisión de censura informativa. Las meteduras de pata del monarca con relación a Jiménez Losantos, el libro sobre la reina, la admiración del rey por Zapatero y demás informaciones se han considerado perjudiciales para la imagen de una Monarquía que basa su éxito en que nadie sepa que, tras esa fachada oficial, el rey está superdesnudo. Nada nuevo.

NIÉGATE A PAGAR LAS VACACIONES DE EL *BRIBÓN*

Tal podía ser el nombre de una de las plataformas que se podían crear en España pasadas ya las oportunidades de hacerlo con las bodas de las infantas y de Felipe, o los bautizos de Froilán y compañía.

La idea no es mala y ojalá se ponga en práctica, ya que en países considerados muy civilizados, más civilizados que la media, empiezan a estar hartos de que los llamados servidores del Estado se sirvan del Estado, es decir, del ciudadano, mucho más en tiempos de aguda crisis económica.

En Suecia, ante la polémica boda de la princesa heredera han sacado en Facebook la siguiente consigna: «Que se paguen su propia boda, como cualquier otro». Se estima que la boda más esperada por los medios sensacionalistas, prevista para el verano de 2010, tendrá un coste de unos 25 millones de coronas, esto es, unos 2,2 millones de euros. La posible financiación pública de esta cantidad ha sido la causante de este revuelo montado en la red, donde existen muchos grupos de protesta. Sin embargo, el grupo más numeroso de todos es el que se titula «Niégate a pagar la boda de Victoria», que en apenas cinco días ha pasado de 5.000 a casi 28.000 miembros.

Este enlace se enfrenta a demasiados obstáculos. Por un lado, está la disconformidad que el monarca Carlos Gustavo ha mostrado siempre hacia el pretendiente de su hija –al parecer, consideraba que Daniel Westling no es suficientemente bueno para Victoria–. A eso se le unen ahora los reproches de los suecos. «Creo que todas las personas valen lo mismo, también la realeza», declaró el creador de este grupo en el diario *Fredrik Nordqvist*.

Pocos días después del anuncio del compromiso, que se hizo público tras un Consejo de Estado en el palacio de Estocolmo el pasado mes de febrero de 2009, el rey Carlos Gustavo pidió fondos públicos extras al Ministerio de Finanzas, por encima de su asignación anual de 112 millones de coronas –8,7 millones de euros–. Como don Juan Carlos. Pero aquí se los dieron sin chistar.

En cualquier caso, las quejas de la ciudadanía han llegado al Parlamento sueco, y la oposición también se ha sumado a la protesta. Así, el republicano Partido de la Izquierda se ha mostrado públicamente en contra de una financiación pública. El pueblo sueco ya se ha rebelado. Habrá que esperar un año para ver si consiguen no soltar ni una corona para la boda real.

Con esta simpática noticia pongo, pues, fin al presente libro. Ojalá pongamos en circulación por aquí esta buena idea, para ir desmontando toda esa cortina de incienso y humo, de silencio y cabezazos, de mentiras y de censuras, y así la verdadera institución, la más valorada, no sea una herencia de un dictador sino un Parlamento sin cortesanos elegidos por el pueblo, que es su único soberano. Así sea.

ÍNDICE DE NOMBRES

Alcina, José 94

Almunia, Joaquín 19, 20, 47, 266

Alonso, José Antonio 13, 133

Azaña, Manuel 115, 190, 202, 216, 222, 223

Blair, Tony 22, 26

Irujo, Manuel de 46, 75, 292

Pons, Félix 19, 153, 310, 311

Rojo, Javier 11, 72, 73, 119, 133, 189, 195, 196, 198, 201, 217

ÍNDICE

FOCA

OTROS TÍTULOS PUBLICADOS

Zapatero «el rojo»
Juan Carlos Escudier y Esther Jaén

Recorrido de la vida política del presidente José Luis Rodríguez Zapatero desde su llegada inesperada al poder. Todas las etapas más relevantes de la legislatura son tratadas y puestas sobre la mesa a través de entrevistas y conversaciones con sus allegados: la formación del gobierno igualitario, el Estado de las autonomías, la tregua con ETA, la crisis con José Bono, el Estatut de Cataluña, son algunas de las cuestiones a las que el presidente se ha enfrentado y sobre las que los autores de este libro arrojan una nueva luz.

ISBN 978-84-95440-86-0
400 págs.

Zaplana
El brazo incorrupto del PP
Alfredo Grimaldos

El autor trata de desenmarañar toda la compleja trama de negocios y corruptelas que Eduardo Zaplana ha realizado a lo largo de su carrera política. Con prólogo de Javier Ortiz, el libro trata de poner en evidencia a la figura del portavoz del PP en el Parlamento sirviéndose de investigaciones y datos extraídos en su mayoría de sumarios y sentencias en los que Zaplana estaba implicado: el caso Naseiro o Terra Mítica son algunos de ellos. El libro cuenta con un anexo en el que se reproduce la conversación de Zaplana con Salvador Palop, extraída del sumario del caso Naseiro.

ISBN 978-84-95440-94-5
320 págs.

La muchacha del siglo pasado
Rossana Rossanda

Rossana Rossanda narra de manera autobiográfica el que ha sido un inextricable camino: la política y su propia vida. Desde muy joven entró a formar parte del PCI (Partido Comunista Italiano), un camino lleno de dificultades y esperanzas. Un destino ligado al funcionamiento de un sistema puesto continuamente en tela de juicio que sembró de desilusiones, rupturas y revisionismos el comunismo europeo. Con un estilo gratamente literario, la autora nos invita a acompañarla durante toda esta experiencia.

ISBN 978-84-95440-87-7
448 págs.

Colombia, laboratorio de embrujos.
Democracia y terrorismo de Estado
Hernando Calvo Ospina

La violencia en Colombia, consecuencia de la intransigencia política del Estado y de las enormes desigualdades sociales, es investigada en la presente obra a través de múltiples documentos y enmarcada en una historia que se remonta al siglo XIX. Se suceden los acontecimientos más determinantes en los que la voraz oligarquía nacional, Estados Unidos y ciertas potencias europeas, han intentado subyugar a un pueblo con el objetivo de apoderarse de sus inmensas riquezas naturales. Si en un pasado fueron las tropas oficiales las que arrasaban y sembraban la barbarie, ahora son los paramilitares. El poder y la economía del narcotráfico, sombra del presente, conviven en matrimonio permanente con un Estado que dice combatirlo. Como asegura el ex funcionario del Departamento de Estado e investigador William Blum, «el libro describe perfectamente la complicidad de Washington en la utilización del terrorismo y el tráfico de drogas para que el gobierno colombiano lleve la verdadera guerra: combatir el "comunismo"».

ISBN 978-84-96797-08-6
384 págs.

Piratas del Caribe
Tariq Ali

Una revolución recorre América Latina. Desde 1998, la revolución bolivariana llevada a cabo en Venezuela por Hugo Chávez ha concitado sobre su persona la atención mundial, que ve en él al principal desafiador del consenso neoliberal y de la política exterior estadounidense. Pero al mismo tiempo que sus reformas socialdemócratas radicales le han granjeado el aplauso mundial entre los pobres, ha sido objeto de una intensa hostilidad por parte de las elites venezolanas y los gobiernos occidentales. Basándose en experiencias de primera mano y en sus encuentros con Chávez, Tariq Ali pone de manifiesto cómo América Latina se ha visto polarizada por los puntos de vista del líder venezolano, y examina la agresividad (y las agresiones) de que ha sido objeto su administración. Asimismo, aborda la enorme influencia de Fidel Castro sobre Hugo Chávez y sobre el presidente boliviano Evo Morales.

ISBN 978-84-96797-03-1
288 págs.

El rompecabezas cubano
Fernando Ravsberg

Este libro es el resultado del trabajo de un corresponsal extranjero en Cuba. Todos los artículos que conforman el libro fueron noticia en su momento. Hoy, dada la trascendencia de los hechos narrados, constituyen una información clave para entender lo que ocurre en Cuba. Escrito en un lenguaje periodístico ágil, sencillo y directo, los textos se han reunido y organizado por temas y por la fecha en que fueron escritos.
No se trata de un libro de análisis político ni de un denso compendio de cifras macroeconómicas, sino de un conjunto de relatos sobre la vida cotidiana de los cubanos, en los que ellos mismos ofrecen su punto de vista, muestran sus impresiones, sus alegrías y sus frustraciones.
Son las piezas de un mismo rompecabezas que paradójicamente producirá imágenes distintas, como distintas son las perspectivas de cada lector. Sólo una cosa será común, y es que su visión estará mucho más cercana a la realidad, lejos de los estereotipos de la izquierda y la derecha que dibujan paraísos e infiernos según sus intereses.

ISBN 978-84-96797-04-8
480 págs.

Ensayo sobre el subdesarrollo
Latinoamérica, 200 años después
Augusto Zamora

En América Latina, desde la independencia, el periodo colonial ha sido utilizado por las oligarquías gobernantes como fuente de todos los males que aquejan a sus respectivos países, en un ejercicio consciente de manipulación que ha hecho que la historia latinoamericana, de tan deformada, se aproxime más a la mitología que al relato verídico de los hechos realmente acontecidos.
De esos mitos y de sus consecuencias trata este libro, que, como el dios Jano, tiene un rostro que mira al pasado y otro que mira al futuro. Se han evitado, en lo posible, las conclusiones y las recetas, pues no existen de carácter general, aunque, como cuando se construye una casa, hay pasos, pesos y materiales que no pueden evitarse sin riesgo de

que haya derrumbe. A los pueblos latinoamericanos hasta el derecho de la memoria se les ha negado. El presente trabajo trata, en la medida de lo posible, de marcar un nuevo rumbo que ayude a corregir esta situación.

ISBN 978-84-96797-14-7
336 págs.

Zapatero, 2004-2008
La legislatura de la crispación
Antonio Papell

La legislatura 2004-2008, que arrancó con la inesperada victoria del PSOE tras los terribles atentados islamistas del 11-M, ha sido escenario de una inquietante crispación política, que ha supuesto la ruptura de todos los puentes entre los dos grandes partidos y la completa erosión de los pactos de Estado que facilitan la estabilidad social y la salvaguardan de los efectos de la alternancia.
La mayoría socialista, que se había presentado a las elecciones con un programa de aplicación improbable basado en las tesis del llamado Republicanismo, desarrolló casi íntegramente su proyecto, auspiciando mediante cuatro actuaciones legislativas principales la emancipación de algunos colectivos dominados –Ley integral contra la Violencia de Género, reforma para permitir el matrimonio entre homosexuales, Ley de Igualdad, Ley de Dependencia–. La oposición, por su parte, embarcada inexplicablemente en la defensa de la teoría de la conspiración, practicó una crítica acerba basada en dos actuaciones del gobierno: el llamado proceso de paz y la reforma territorial, especialmente el Estatuto de Cataluña.
Si el periodismo de opinión consiste en entregar a la audiencia las herramientas para que construya sus propios criterios, en este libro se intenta proporcionar al lector los elementos de juicio con los que pueda evaluar un cuatrienio confuso, airado, cargado de enemistad política, que debería abrir paso a una legislatura mucho más constructiva y pacífica. Así tendría que ser si los grandes actores políticos han entendido cabalmente el mensaje de las urnas lanzado por los electores el 9 de marzo del 2008.

ISBN 978-84-96797-16-1
376 págs.

Las fronteras se cruzan de noche
Xaquín López

Las fronteras se cruzan de noche es un duro y tenso relato periodístico donde se denuncia el tráfico de niños en el Golfo de Guinea, que dibuja una siniestra línea paralela a la costa. En su origen se encuentran la poligamia y la extrema pobreza de la zona.

La ruta de esta nueva forma de esclavismo empieza en los poblados de Benín, un pequeño país de África occidental, y termina en las plantaciones de cacao de Costa de Marfil y en las canteras de Nigeria. Niños de hasta cinco años están condenados a recolectar habas de cacao en mitad de la selva marfileña o a cavar zanjas en las canteras de Abeokuta. Niños para los que, en pleno siglo XXI, palabras como infancia, educación o familia apenas son algo más que una lejana utopía.

ISBN 978-84-96797-13-0
240 págs.

Encuentro de civilizaciones
M. Emmanuel Todd y Youssef Courbage

El choque de civilizaciones no tendrá lugar. Al contrario, lo que se perfila a escala planetaria es un poderoso movimiento de convergencia. Y el mundo musulmán no escapa a la regla. De Marruecos a Indonesia, de Bosnia a Arabia Saudí, su demografía da testimonio de ello: subida del nivel de alfabetización de hombres y mujeres, descenso de la fecundidad, erosión de la endogamia... Cambios profundos que son, a un tiempo, signo y estímulo de una mutación en profundidad de las estructuras familiares, las relaciones de autoridad y las referencias ideológicas.
Sin duda, estos procesos no van a tener lugar sin generar crispaciones y resistencias. Pero estas reacciones no son tanto obstáculos a la modernizacion como los síntomas de su aceleración.

ISBN 978-84-96797-12-3
175 págs.

El riesgo antiterrorista
Anne Giudicelli

Sin tan siquiera mencionar el cenagal iraquí, los atentados –abortados o no– de Madrid y Londres lo han puesto perfectamente de manifiesto: desde septiembre de 2001, el enfoque de seguridad europeo y –aunque, evidentemente, en una medida totalmente distinta– estadounidense en materia de lucha antiterrorista contribuye, paradójicamente, a la dinámica de la amenaza y al desarrollo de sus capacidades de innovación y de transformación.
Esta constatación que, si seguimos ciñéndonos a Europa, aún no ha sido asumida a nivel político ni en Francia ni a escala continental, está, por el contrario, perfectamente integrada en los cálculos de los estrategas e ideólogos de Al Qaeda. Manifiestamente, ellos sí han entendido el funcionamiento tanto de las estructuras antiterroristas como de las mentalidades europeas. Y hoy saben explotar sus fallas y sacar partido de sus cegueras. Más allá de esta evaluación de la lucha antiterrorista, lo que llama la atención en este

pequeño ensayo es la mirada original que Anne Giudiceli arroja sobre materias a menudo calificadas como «reservadas». Una mirada de mujer, libre y emancipada, que nos sugiere pistas de reflexión inéditas y encaminadas a hacer disminuir una amenaza que no deja de crecer.

ISBN 978-84-96797-11-6
125 págs.

España, ombligo del mundo
Rosa María Artal

A través de exhaustivos datos, recogidos en su larga trayectoria profesional como reportera de *Informe Semanal* de TVE, Rosa María Artal analiza España comparada con el mundo y el curso global de nuestra sociedad: la crisis; una derecha que precisa renovarse a fondo; la memoria escurridiza de los españoles, con dos grandes hitos que han marcado nuestro presente –los atentados del 11-M y el proceso de paz con ETA–; la chapuza y la picaresca con el *ladrillazo* como cenit del reino de la trampa; el carácter de los españoles, fuera de los tópicos; las causas de un atraso funcional que no compagina con nuestro nivel de progreso...
Crítico, incisivo, documentado, *España, ombligo del mundo* señala nuestros defectos así como el potencial del que disponemos, en un apasionado alegato que busca un país mejor. España como reflexión, siempre inscrita en un mundo que también busca su norte. Cualquier minuto es un momento histórico para la autocrítica y el empeño de empujar hacia delante.

ISBN 978-84-96797-18-5
240 págs.

Los altos grados de la masonería
Galo Sánchez Casado

Desde su implantación en España en 1811 por el conde Alexandre de Grasse-Tilly, la masonería ha tenido un desarrollo de lo más diverso. *Los altos grados de la masonería* pretende devolver una parte de esa historia olvidada, con las persecuciones que los masones tuvieron que soportar a lo largo de tres siglos por parte de los gobiernos y de la Iglesia, y que empujaron a la masonería al exilio en varias ocasiones, la última en 1939.
De los diferentes ritos que conviven en su seno, el presente libro se ocupa del llamado Rito Escocés Antiguo y Aceptado, tal vez uno de los menos conocidos. El lector no sólo encontrará en sus páginas una narración de sus orígenes y evolución, sino también un instrumento para profundizar en los secretos del Arte Real y penetrar en el espíritu de la masonería a través del conocimiento de la formación de los grados o la composición de sus rituales.

Una obra más allá de leyendas y mistificaciones, que retrata la verdadera realidad de una institución que, a lo largo de su existencia, ha destacado en la lucha por la libertad y el progreso social.

ISBN 978-84-96797-20-8
496 págs.

Bancos, banqueros, bandidos
Josep Manuel Novoa

Los bancos están, una vez más, de actualidad. La opinión pública tiene la sensación de que son uno de los grandes causantes de la crisis que asola el planeta, y que, no obstante, son los principales beneficiarios de las medidas adoptadas por los gobiernos para paliarla. Incluso en época de vacas flacas siguen presentando beneficios millonarios, y cualquier lector tiene presente los mil y un instrumentos que, en forma de comisiones, cargos incorrectos, fluctuación de los tipos de interés, etc., les ayudan a engrosar sus cuentas de resultados. Los bancos siempre ganan, y quienes pierden son, invariablemente, los ciudadanos, convertidos en simples clientes.
Pero este libro no se limita a descubrir al lector los entresijos de este complejo ámbito, sino que surge con la vocación de constituir un compendio sobre el funcionamiento del sistema financiero. Así, ofrece un estudio de los seguros y de las peculiaridades de un sector que tiene enquistada la letra pequeña en sus pólizas. Analiza los resortes de la Bolsa y sus triquiñuelas para «sacar partido» de los inversores modestos, y explica cómo toda una serie de comparsas, como los auditores, los analistas de inversión o los medios de comunicación, reman en esa misma dirección.

ISBN 978-84-96797-29-1
413 págs.